U0104863

古典文獻研究輯刊

三八編

潘美月・杜潔祥 主編

第 7 冊

文獻學傳習錄（上）

司馬朝軍 主編

國家圖書館出版品預行編目資料

文獻學傳習錄（上）／司馬朝軍 主編 -- 初版 -- 新北市：花
木蘭文化事業有限公司，2024〔民 113〕
目 6+234 面；19×26 公分
（古典文獻研究輯刊 三八編；第 7 冊）
ISBN 978-626-344-710-3（精裝）
1.CST：文獻學
011.08   112022574

ISBN-978-626-344-710-3

9 786263 447103

古典文獻研究輯刊
三八編 第七冊   ISBN：978-626-344-710-3

文獻學傳習錄（上）

主　　　編　司馬朝軍
總 編 輯　杜潔祥
副總編輯　楊嘉樂
編輯主任　許郁翎
編　　　輯　潘玟靜、蔡正宣　美術編輯　陳逸婷
出　　　版　花木蘭文化事業有限公司
發 行 人　高小娟
聯絡地址　235 新北市中和區中安街七二號十三樓
　　　　　　電話：02-2923-1455／傳真：02-2923-1452
網　　　址　http://www.huamulan.tw 信箱 service@huamulans.com
印　　　刷　普羅文化出版廣告事業
初　　　版　2024 年 3 月
定　　　價　三八編 60 冊（精裝）新台幣 156,000 元
版權所有 · 請勿翻印

文獻學傳習錄（上）

司馬朝軍　主編

編者簡介

司馬朝軍，武漢大學管理學博士，復旦大學中國語言文學博士後，武漢大學珞珈特聘教授。現任上海社會科學院歷史研究所研究員。曾任教育部人文社會科學重點研究基地武漢大學中國傳統文化研究中心專職研究員、武漢大學四庫學研究中心主任、國學院專職教授、歷史學院兼職教授、信息管理學院專職教授，擔任經學、專門史、文獻學三個方向博士生導師。擔任《文瀾閣四庫全書》總編纂、《司馬氏志》主編、《傳統中國研究集刊》主編。著有「四庫學」系列著作，另外還著有辨偽學系列、目錄學系列、文獻學系列、國學系列著作。

提　　要

　　本書為司馬朝軍教授主編的「文獻學傳習錄」系列作品之一。從文獻的版本、目錄、校勘、校理、收藏及檢索等方面全面介紹文獻學的基礎知識。除了介紹紙質文獻的檢索，還介紹電子文獻的檢索。突出基礎性與實用性。對象預設為文史類的本科生及具有中等以上文化程度的文史愛好者。

目

次

上　冊

緒　論……………………………………………………… 1

　　第一節　文獻：從傳統到現代的轉換……………… 1

　　　一、文獻舊義 ………………………………………… 1

　　　二、文獻新義 ………………………………………… 7

　　　三、「文獻」釐定 …………………………………… 8

　　第二節　文獻學：從傳統到現代的拓展…………… 9

　　　一、文獻學之成見 …………………………………… 9

　　　二、文獻學之我見 …………………………………… 14

　　第三節　文獻學編纂模式的調整………………… 19

　　　一、文獻學編纂的現有模式 ……………………… 19

　　　二、文獻學編纂模式的重新調整 ………………… 35

　　第四節　文獻學的特點與定位…………………… 36

　　　一、文獻學的特點 …………………………………… 36

　　　二、文獻學的定位…………………………………… 38

第一章　文獻版本 ……………………………………… 41

　　第一節　版本概述 …………………………………… 41

　　　一、版本的概念及其相關問題 …………………… 41

二、版本的裝幀⋯⋯⋯⋯⋯⋯⋯⋯⋯ 48

三、版本的結構⋯⋯⋯⋯⋯⋯⋯⋯⋯ 55

四、版本的類型⋯⋯⋯⋯⋯⋯⋯⋯⋯ 59

第二節　版本發展簡史⋯⋯⋯⋯⋯⋯ 62

一、唐、五代刻本⋯⋯⋯⋯⋯⋯⋯⋯ 62

二、宋刻本⋯⋯⋯⋯⋯⋯⋯⋯⋯⋯⋯ 64

三、遼、金、西夏刻本⋯⋯⋯⋯⋯⋯ 67

四、元刻本⋯⋯⋯⋯⋯⋯⋯⋯⋯⋯⋯ 69

五、明刻本⋯⋯⋯⋯⋯⋯⋯⋯⋯⋯⋯ 72

六、清刻本⋯⋯⋯⋯⋯⋯⋯⋯⋯⋯⋯ 75

七、民國及以後刻本⋯⋯⋯⋯⋯⋯⋯ 77

第三節　版本鑒定⋯⋯⋯⋯⋯⋯⋯⋯ 78

一、版本鑒定概說⋯⋯⋯⋯⋯⋯⋯⋯ 78

二、版本鑒定的具體方法⋯⋯⋯⋯⋯ 80

第二章　文獻目錄⋯⋯⋯⋯⋯⋯⋯⋯ 93

第一節　目錄概述⋯⋯⋯⋯⋯⋯⋯⋯ 93

一、目錄的概念⋯⋯⋯⋯⋯⋯⋯⋯⋯ 93

二、目錄的功用⋯⋯⋯⋯⋯⋯⋯⋯⋯ 94

三、目錄的學習⋯⋯⋯⋯⋯⋯⋯⋯⋯ 99

第二節　目錄的體制與類別⋯⋯⋯⋯ 101

一、目錄體制⋯⋯⋯⋯⋯⋯⋯⋯⋯⋯ 101

二、目錄類別⋯⋯⋯⋯⋯⋯⋯⋯⋯⋯ 107

第三節　目錄簡史⋯⋯⋯⋯⋯⋯⋯⋯ 109

一、兩漢的文獻目錄⋯⋯⋯⋯⋯⋯⋯ 109

二、魏晉南北朝隋唐五代的文獻目錄⋯⋯⋯ 112

三、宋元的文獻目錄⋯⋯⋯⋯⋯⋯⋯ 120

四、明代的文獻目錄⋯⋯⋯⋯⋯⋯⋯ 129

五、清代的文獻目錄⋯⋯⋯⋯⋯⋯⋯ 132

六、現當代文獻目錄舉要⋯⋯⋯⋯⋯ 136

第三章　文獻校勘⋯⋯⋯⋯⋯⋯⋯⋯ 139

第一節　校勘概述⋯⋯⋯⋯⋯⋯⋯⋯ 139

一、校勘的基本概念⋯⋯⋯⋯⋯⋯⋯ 139

二、校勘的目的與內容 …………………… 140

三、校勘的條件 …………………………… 141

第二節　校勘簡史 …………………………… 143

一、先秦、兩漢的文獻校勘 …………… 143

二、魏晉南北朝的文獻校勘 …………… 145

三、唐五代的文獻校勘 ………………… 147

四、宋元的文獻校勘 …………………… 150

五、明代的文獻校勘 …………………… 152

六、清代的文獻校勘 …………………… 154

七、民國以來的文獻校勘 ……………… 159

第三節　校勘方法 …………………………… 161

一、對校法 ……………………………… 162

二、本校法 ……………………………… 164

三、他校法 ……………………………… 168

四、理校法 ……………………………… 172

第四章　文獻校理 …………………………… 177

第一節　文獻句讀 …………………………… 177

一、句讀釋義 …………………………… 177

二、句讀舉例 …………………………… 182

三、句讀技巧 …………………………… 188

第二節　文獻注譯 …………………………… 199

一、文獻的舊注 ………………………… 199

二、文獻的新注 ………………………… 207

三、文獻的翻譯 ………………………… 210

四、文獻的今譯 ………………………… 214

第三節　文獻校理簡史 ……………………… 216

一、先秦兩漢的文獻校理 ……………… 216

二、魏晉南北朝隋唐五代的文獻校理 …… 221

三、宋遼金元的文獻校理 ……………… 227

四、明代的文獻校理 …………………… 229

五、清代的文獻校理 …………………… 231

六、近代的文獻校理 …………………… 234

下　冊

第五章　文獻收藏 ……………………………………… 235
　第一節　文獻收藏概述 …………………………………… 235
　　一、文獻收藏的四大系統 …………………………… 235
　　二、文獻收藏的發展階段 …………………………… 239
　　三、文獻收藏的重要意義 …………………………… 241
　第二節　文獻收藏的特點、方法與思想 ………… 243
　　一、文獻收藏的特點 ………………………………… 243
　　二、文獻收藏的方法 ………………………………… 246
　　三、文獻收藏的思想 ………………………………… 253
　第三節　文獻收藏的歷史 ……………………………… 255
　　一、先秦兩漢的文獻收藏 …………………………… 255
　　二、魏晉南北朝隋唐五代的文獻收藏 ……… 258
　　三、宋遼金元的文獻收藏 …………………………… 268
　　四、明代的文獻收藏 ………………………………… 277
　　五、清代的文獻收藏 ………………………………… 286
　　六、近現代的文獻收藏 ……………………………… 294
第六章　傳統介質文獻檢索 ……………………… 299
　第一節　紙質文獻檢索的方法 ……………………… 299
　　一、字順檢索 ………………………………………… 299
　　二、分類檢索 ………………………………………… 303
　　三、其他檢索方法 …………………………………… 304
　第二節　紙質文獻檢索的基本途徑 ……………… 305
　　一、書名檢索 ………………………………………… 305
　　二、人名檢索 ………………………………………… 312
　　三、地名檢索 ………………………………………… 318
　　四、字詞句檢索 ……………………………………… 324
　　五、歷史年代與歷史事件檢索 …………………… 340
　　六、典章制度及法規檢索 …………………………… 343
　　七、其他 ……………………………………………… 345
　第三節　紙質文獻檢索的注意事項 ……………… 348
　　一、瞭解熟悉各種檢索途徑 ……………………… 349

　　二、選擇與甄別工具書 …………………… 350

　　三、注意查對原書或核對最新資料 ………… 351

　　四、注意綜合利用工具書 ………………… 351

第七章　電子文獻檢索 ………………………… 353

　第一節　中國知網 ……………………………… 353

　　一、文獻檢索 …………………………………… 353

　　二、出版物檢索 ……………………………… 357

　第二節　中國基本古籍庫 ……………………… 359

　　一、啟用 ……………………………………… 359

　　二、檢索 ……………………………………… 359

　　三、功能 ……………………………………… 361

　　四、工具 ……………………………………… 365

附錄一　常見數據庫檢索資源 ………………… 367

附錄二　《文獻學知識譜系、編纂模式與理論
　　　　建構》可行性分析 …………………… 401

附錄三　刀郎歌詞的模擬解讀 ………………… 411

後　記 ……………………………………………… 425

緒　論

第一節　文獻：從傳統到現代的轉換

一、文獻舊義

（一）文獻溯源

　　中華自古號稱「禮儀之邦」，禮學是關於處理天、地、人關係的大學問。而「文獻」一詞，最早就是和「禮」緊密聯繫在一起的：

　　　　子曰：「夏禮，吾能言之，杞不足徵也；殷禮，吾能言之，宋不

　　足徵也。文獻不足故也。足，則吾能徵之也。」〔註1〕

孔子如是說：「夏代的禮，我能講，但它的後代杞國卻不能找到足以印證的史料。殷代的禮，我能講，但它的後代宋國卻不能找到足以印證的史料。這是由於書證與人證不夠充足的緣故。如果證據充足，證據鏈完整，我就能夠證明了。」由於文獻出現了缺環，無法構成完整的證據鏈，孔子既無成籍可據，又沒有老於典故者質疑問難，無徵不信，所以他難以理清夏、商二代完整之禮，只剩下無可奈何的唱歎而已。宋趙順孫《論語纂疏》卷二引胡氏曰：「所謂文獻不足，非典籍與賢者全不可考也，特有闕耳。」又引輔氏曰：「典籍所以載是禮，而賢者又禮之所從出。典籍不足，則無以考驗其事實；賢者不足，則無以質問其得失也。」

　　《禮記・中庸》亦云：

────────────

〔註1〕《論語・八佾》。

—1—

子曰：「吾說夏禮，杞不足徵也。吾學殷禮，有宋存焉。吾學周禮，今用之，吾從周。」

宋真德秀《中庸集編》卷下解釋說：「此又引孔子之言。杞，夏之後。徵，證也。宋，殷之後。三代之禮，孔子皆嘗學之，而能言其意。但夏禮既不可考證，殷禮雖存，又非當世之法，惟周禮乃時王之制，今日所用，孔子既不得位，則從周而已。」元胡炳文《論語通》卷二曰：「夫子既能言之，豈不可筆之於書，猶曰無徵不信，其謹重如此。此凡三見。《禮運》以為之杞得《夏時》，之宋得《坤乾》。《中庸》則以為杞不足徵，有宋存焉。合而觀之，蓋雖得《夏時》《坤乾》之文，雖於宋略有存焉者，然其為文獻要皆缺略而不完也，故夫子謹之。」孔子生當春秋末年，禮崩樂壞，夏禮、殷禮已經不可詳考，只能說個大概；周禮也開始由衰變走向崩潰。「禮失而求諸野」，孔子迫不得已，只好求夏禮於杞，求殷禮於宋。文獻不足徵，只好採用類似後世文化人類學的方法。當代禮制史研究大師陳戍國先生〔註2〕說：

孔子名說他懂夏禮，「能言之」。可惜他沒有把夏禮寫進書裏傳下來，他的後學也只做過零星的記載。但是，自從王靜安先生運用他的二重證據法有力地證明《史記·商本紀》的世系基本正確之後，人們對《夏本紀》也有理由抱有信心，對夏的存在不再懷疑；現在可以說：夏禮作為夏代文明的代表，其存在也是毋庸置疑的。居今日而言夏禮，同樣由於書闕有間，困難頗多。好在有考古發掘的文物可作有關文獻的有力佐證，彌補文獻的不足，夏禮還是可以說個大概的。〔註3〕

陳戍國先生的《中國禮制史·先秦卷》對於三代禮制做了力所能及的鉤勒。孔子的這段話談論的中國文化史上的重大問題——禮制的因革損益，它需要與《論語·為政》中的另外一段話聯繫起來：

子張問：「十世可知也？」子曰：「殷因於夏禮，所損益可知也。周因於殷禮，所損益可知也。其或繼周者，雖百世亦可知也。」

當代思想家李澤厚先生由此窺見中國歷史的特徵：

中國新石器時期漫長發達，戰爭巨大頻繁，氏族體制結構完整，

〔註2〕為行文簡便，引述他人觀點時，一般直呼其名，敬請諒解。但對親炙過的老師或特別景仰的前輩則稱先生，以明學術繼承關係。

〔註3〕陳戍國：《中國禮制史·先秦卷》，湖南教育出版社2002年版，第102頁。

極具韌性，難以瓦解，乃重大特點，因之社會──政治發展雖歷經父家長制、早期宗法制、體系宗法制、地域國家、專制大一統國家、門閥貴族制、世俗地主皇權制以及近代趨向的出現等等階級，包括秦漢、魏晉、中唐、明清、近代各種重要歷史轉折，血緣家庭──家族作為社會細胞或支柱，卻始終未變，主宰、影響了各個方面，雖「十世可知」。這才是中國歷史特徵或關鍵所在。如何瞭解這一特點而展望未來，實待深入研討。因今日中國社會之最大發展即此支柱的瓦解崩潰而進入現代。〔註4〕

百世可知，告往知來，這也需要建築在深入細緻的文獻研究之上。研究任何學問都需要文獻足徵。如果文獻不足，又該如何處理呢？孔子強調闕疑。子曰：「多聞闕疑，慎言其餘，則寡尤。」此為孔子教子張干祿之術，亦為問學之道、治學之法。文獻不足徵，可謂「文獻學上的無奈」，孔子對此亦無可奈何。現代學者往往不知闕疑之理，不明慎言之道，穿鑿附會，強作解人，動輒「原創」，此乃現代學術之通病，早已病入膏肓，無可救藥。

（二）文獻解詁

什麼是文獻？前人有種種解釋，代表性的觀點有：

1. 文獻即書與人。東漢鄭玄將「文獻」解釋為文章、賢才，南宋朱熹分疏「文獻」之義：「文，典籍也；獻，賢也。」〔註5〕文章典籍即通常所說的書，賢才指博學多聞、熟諳歷史掌故之人。現代學者進而大膽推闡孔子的「文獻」含義：

> 一是指歷史資料，包括古代典籍、檔案等；二是指熟悉歷史、掌故的人。亦即是一指被固化了的「死資料」，二是指尚未被記錄下來的存貯在人腦中的「活資料」。從深層意義上來分析，孔子所說的「文獻」著重指的是兩個方面：一方面著重指的是「書面信息」，另一方面著重指的是「非書面信息」。所謂「賢」者，是我國古代對人的敬稱，多指有才華的人。這時的「獻」，可以理解為：人的學識以及對歷史、典章制度等的記憶。「獻」是「文」之魂，「獻」是「文」之體。「獻」，猶重於「文」。「獻」的真諦，是指人類思維信息，包括

〔註4〕李澤厚：《論語今讀》，生活・讀書・新知三聯書店 2004 年版，第 75 頁。
〔註5〕（宋）朱熹：《四書章句集注》，中華書局 1983 年版，第 63 頁。

知識、經驗、情趣等。〔註6〕

2. 文獻即書與言。元代馬端臨《文獻通考・自序》將文獻解釋為：

> 凡敘事，則本之經史，而參之以歷代會要，以及百家傳記之書，信而有證者從之，乖異傳疑者不錄，所謂文也。凡論事，則先取當時臣僚之奏疏，次及近代諸儒之評論，以至名流之燕談、稗官之紀錄，凡一話一言可以訂典故之得失、證史傳之是非者，則採而錄之，所謂獻也。

馬端臨將文與獻作為敘事與論事的依據：「文」是經、史、歷代會要及百家傳記之書；「獻」是臣僚之奏疏、諸儒之評論、名流之燕談、稗官之記錄。在他的影響之下，關於文獻的認識，便只限於一般的文字記載，不能表達為文字記載的東西，則不能稱之為文獻。顯然他已經將「文」、「獻」的差別縮小了〔註7〕。

3. 文獻即文學。章太炎先生以「文獻」釋「文學」。劉永濟先生云：「近人章氏太炎，務恢弘文域，考其論列，一切皆文。頗亦遠師舍人，可謂文家至大之域矣。」〔註8〕謝無量據章太炎論文編為《文學各科表》〔註9〕，表內經史子集無所不包，三教九流洗牌重組，有韻無韻皆在其中，圖書、表譜、簿錄、算草等無句讀之文亦榜上有名，章太炎先生心目中的「文學」已經與「文獻」混同為一。換言之，他完全將「文獻」與「文學」畫上等號。這可能與他博大的學風有關。

4. 文獻即書與口述。啟功先生認為：

> 我們由目錄來看古代都有些什麼書，這是文。但獻呢？沒法子，我有個朋友，他做錄音口述的歷史，這就是獻。用這辦法趕緊搶救這些老輩曾經經歷的事蹟，敘說了，用錄音把它錄下來，編成書，這個純粹屬於「獻」的部分。對「獻」有兩個方面的誤解，認為「獻」定在「文」裏頭。比如故宮，有個單位現在叫檔案館，在成立之初稱文獻館，其實「獻」是沒有了，都不過是清代的許多檔案，現在把它都叫文獻，這是一個方面。清朝湖南人李桓編《耆獻類徵》，耆是老人，獻是賢人，意即老年的賢人分類的傳記，一沓沓，多得很。這是清人傳記的集，沒個完。後來清中期錢儀吉編《碑傳集》《碑傳

〔註6〕倪波等：《文獻學導論》，貴州科技出版社2000年版，第9頁。
〔註7〕周文駿：《文獻交流引論》，書目文獻出版社1986年版，第6頁。
〔註8〕劉永濟：《十四朝文學要略》，黑龍江人民出版社1984年版，第9頁。
〔註9〕劉永濟：《十四朝文學要略》，黑龍江人民出版社1984年版，第9～10頁。

集補》《碑傳續集》，現在還有人編碑銘集、墓誌傳，又出現了名人
詞典，等等，都是獻。說是獻，事實還是文。真正口述才是獻的實
際材料。現在人多不瞭解「獻」的含義。這樣的東西外國有，如《胡
適口述自傳》，胡適在美國用口述自傳，他是用英文說的，唐德剛把
它變成漢語寫下來。當時這樣的名人口述很多很多。古代的文獻，
文是文字記載，獻是賢人，是活著的人記憶裏的古代的事情或他當
時經過的事情。所以文和獻並稱，它的含義就寬得厲害，我們要研
究，姑且把它合起來並稱。〔註10〕

按：李桓編《國朝耆獻類徵》720 卷，輯錄清太祖努爾哈赤天命元年至清宣宗
道光三十年 230 年間一萬多人的傳記資料，分 19 類。「真正口述才是獻的實際
材料」，這種解釋較前人更為準確。口述史學在國外比較盛行。史家汪榮祖先
生說：

> 近世錄音之具普及，在位者更可畢錄公言私語，鉅細靡遺矣。
> 〔註11〕
>
> 近代史家則絕不容杜撰人言，而尚「文證之考信」（Critical
> examination of documentary evidence）。確實可據之文證，貴有「當時
> 之紀錄」（Contemporary documentary），故無傳聞之失；復加考證，
> 辨其真偽，衡其高低，據之作史，乃信而可徵。
>
> 文獻考證既為史學重鎮，風尚所趨，蔚成「檔案之熱」，發最原
> 始之資料，以求其真。所謂「文獻無可取代，無文獻即無史之可言」
> （There is no substitute of documents; no documents, no history）。然文
> 獻考證既求史之全，之真，或如蘭克所謂「記事須如其所發生」，而
> 文證有限，史事難全，米什萊之撰《法國革命史》也，即感文獻難
> 徵，惟有力搜言證，有云：「吾所謂史證者，乃採自眾人之口，無論
> 農、商、老、幼、婦女，可聞之於鄉間酒肆、旅途驛站，始談晴雨節
> 候，繼談物價飛漲，卒談及帝政與革命矣。」
>
> 雖然，米氏之言證，就文獻考證派視之，乃口耳相傳，難為信
> 史之據，蓋口說無憑也。但近世錄音之具發達，則可存口言之真矣。
> 英國廣播公司（BBC）於三十年代之始，即有「聲庫」之設，迄今

〔註10〕 啟功：《啟功講學錄》，北京師範大學出版社 2005 年版，第 111～112 頁。
〔註11〕 汪榮祖：《史傳通說》，中華書局 2003 年版，第 8 頁。

早已汗牛充棟矣。至於「口述歷史」（oral history）亦日見通行，大可實聲庫之富藏。實錄之「言證……不啻可令史益為豐碩生動，亦更為可讀可信」。〔註12〕

近年來，口述史學被輸入到國內，也流行開來了。

5. 文獻即文字材料與活材料。李澤厚《論語今讀》將「文獻不足故也」解釋為「因為他們的文字材料和活材料太不充分了」，並加以引申發揮：「孔子講的古禮，都無法印證。自我作古，原意難尋，中國早有此解釋學傳統。君不見，中國傳統正是通過不斷的注、疏、解、說而一再更新麼？董仲舒、朱熹、王陽明以及其他許多大儒小儒，不都是這樣做的麼？他們不必另張旗號，別作他說，『不破不立』，而完全可以拭舊如新，推陳出新，這也就是『創造性的轉換』；至今似仍可以作為中國式的某種前進道路。」〔註13〕強調文字材料與活材料的相互印證，可謂妙解。董仲舒、朱熹、王陽明以及其他許多大儒小儒，在解釋原典時同樣會面對「文獻不足徵」的困境。漢儒規規焉，我注六經，不敢越雷池半步；宋儒往往六經注我，師心自用，偷樑換柱，販運私貨，美其名曰：「學苟知道，六經皆我注腳。」

總之，「文」的本義為文身，「獻」的本義為祭品，它們的引申如下：

文：文身→文字→典籍……書證——書面材料——文字材料

獻：祭品→奉獻→賢人……人證——口述歷史——活材料

自魏晉至隋、唐五代，史籍中除了封謚之號屢用「文獻」字樣外，少有關於「文獻」的語彙遺存。《宋史》中多有「文獻」與「文獻之家」的記載，元明時代也有類似記載。通過清代史籍已經可以看到，當時「文獻」已經成為通用語彙。〔註14〕《漢語大詞典》立了「文獻」與「文獻之家」兩個詞目：

文獻：有關典章制度的文字資料和多聞熟悉掌故的人。後專指有歷史價值或參考價值的圖書資料。

文獻之家：指博學多聞、熟悉典章掌故的人。〔註15〕

從歷史的角度來看，最初的「文獻」一詞大致相當於現在的「文獻」與

〔註12〕汪榮祖：《史傳通說》，中華書局 2003 年版，第 9～11 頁。

〔註13〕李澤厚：《論語今讀》，生活·讀書·新知三聯書店 2004 年版，第 86 頁。

〔註14〕王子今：《20 世紀中國歷史文獻研究》，清華大學出版社 2002 年版，第 2～4 頁。

〔註15〕羅竹風主編：《漢語大詞典》，漢語大詞典出版社 1997 年版，第 6 冊第 1546 頁。

「文獻之家」兩個詞，大約從金元之際開始裂變為「文獻」與「文獻之家」兩個詞，「文獻之家」的古義逐漸淡化，甚至消逝。此際，對於博學多聞、熟悉典章掌故的人往往贈以「文獻」的謚號，其實可以看作是「文獻之家」的縮稱。有人輕率對此舊注提出質疑：「竊以為『文獻』這個詞組，當解著上獻的書籍文章，不包含有賢人的意思。」〔註16〕有人竟然否定「獻」有「賢」之古訓，斷定孔子的文獻就是泛指一切圖書檔案資料〔註17〕。不明訓詁，不足為訓。著名中國哲學史專家陳來教授對這種詞源式的解釋也持懷疑態度，也未能深探歷史文化語義學之底蘊。

二、文獻新義

文獻新義較多，主要有以下幾種：

1. 指有歷史價值的圖書和文物資料。《辭海》《辭源》皆持此說。有人對此持反對意見：「文物屬於考古學的研究範圍，不應該把它包括在文獻的範圍之內。」〔註18〕

2. 為了把人類知識傳播開來和繼承下去，人們用文字、圖形、符號、聲頻和視頻等手段將其記錄下來：或寫在紙上，或曬在藍圖上，或攝制在感光片上，或錄製在唱片上，或存儲在磁盤上。這種附著在各種載體上的記錄，統稱為文獻。〔註19〕

3. 文獻：記錄有知識的一切載體。〔註20〕

4. 文獻是記錄信息與知識的一切人工附載物。〔註21〕

5. 文獻是記錄有信息、可作為存貯、利用或傳遞過程中一個單元處理的人工固態附載物。〔註22〕

6. 文獻（document，literature）：記錄有知識和信息的一切載體。由4個要素組成：（1）所記錄的知識和信息，即文獻的內容。（2）記錄有知識和信息的符號，文獻中的知識和信息是借助於文字、圖表、聲音、圖像等記錄下來並

〔註16〕邵勝定：《說文獻》，《文獻》1985年第4期。

〔註17〕朱建亮：《文獻信息學引論》，書目文獻出版社1992年版，第34～36頁。

〔註18〕張玉勤、趙玉鍾：《實用文獻學》，山西古籍出版社1998年版，第3～4頁。

〔註19〕李紀有等：《圖書館專業基本科目名詞解釋》，書目文獻出版社1984年版，第2～3頁。

〔註20〕《文獻著錄總則》GB3792.1～83。

〔註21〕倪波等：《理論圖書館學教程》，南開大學出版社1986年版，第26頁。

〔註22〕倪波等：《文獻學導論》，貴州科技出版社2000年版，第2頁。

為人們所感知的。（3）用於記錄有知識和信息的物質載體，如竹簡、紙張、膠卷、膠片等，它是文獻的外在形式。（4）記錄的方式和手段，如鑄刻、書寫、印刷、複製、錄音、錄像等，它們是知識、信息與載體的聯繫方式。〔註23〕

綜上所述，前一種說法否定「獻」有「賢」之古訓，在揚棄古義的基礎上開始與西文對接，涵化西學；後五種站在西學的立場上，突出了文獻的要素，大致可以歸納為「文獻三要素」：

1. 物質載體。這是文獻的外在形式。在世界是不同區域和時代，人們使用過不同的文獻載體。如古埃及的紙草文獻、古代兩河流域的泥板文獻、歐洲的洋皮文獻，我國古代的甲骨文獻、金文文獻、石刻文獻、簡帛文獻等。印刷術發明以後，紙質文獻在全世界廣泛使用。人類進入電子信息時代之後，電子文獻迅速席卷全球，「無紙化」的呼聲日益高漲。

2. 知識信息。這是文獻的內容。

3. 相應符號。它是連接文獻的內容與形式的橋樑。

至於記錄的方式和手段，如鑄刻、書寫、印刷、複製、錄音、錄像等，並不是文獻的要素，它們與其說是「知識、信息與載體的聯繫方式」，不如說是人類通過如此方式烙上文化的印記。

三、「文獻」釐定

「文獻」是如何完成從傳統到現代的轉換的？這只有從歷史文化語義學才能說明。「文獻」既是一個古老的舊詞，也是近代西學輸入後傳進來的一個新詞。漢語「文獻」在英語中大致對應的就有多種表述方式〔註24〕：

literature，來源於拉丁文 literture，多指科技文獻，後來泛指「文獻」，此外還有文學（作品）、文藝、著作等義。此詞大約出現在 1375 年。

document，來源於拉丁文 documentum。至遲出現於 1450 年，最早作為「教育」名詞使用，後來作為「文獻」使用，現在除了「文獻」外，還有公文、文件、文檔、檔案等義。

bibliography，可作為書目、書目提要、文獻來理解，亦可作目錄學、文獻學理解。源於希臘文「bibΛovpaΦia」，最初意即「書（bibΛov）的抄寫（tyΦau）」。印刷術發明以後，bibliography 又逐漸被解釋為「書的記錄」。1761 年以後，又

〔註23〕 周文駿主編：《中國大百科全書·圖書館學情報學檔案學》，中國大百科全書出版社 1993 年版，第 465 頁。
〔註24〕 倪波等：《文獻學導論》，貴州科技出版社 2000 年版，第 11 頁。

被解釋為「目錄學」。

　　我們推測，可能是日本人借用此一來自的漢字古詞「文獻」，沿襲並引申其固有含義，以對應西洋詞 document、literature、bibliography，成為現代通用的「文獻」一詞。當然，這一具體過程還有待進一步證實。但有一點可以肯定，「文獻」關鍵詞的確立，可以說是在古今演繹、中外對接的語用過程中實現的。〔註25〕

第二節　文獻學：從傳統到現代的拓展

　　「文獻」的新舊二義，決定了「文獻學」從傳統到現代的基本走向。

一、文獻學之成見

　　何謂文獻學？目前主要有以下六種觀點：

　　第一，文獻學即古文獻學。文獻學家孫欽善先生認為：

　　　　古文獻學以研究古代文獻典籍的形式內容和整理它的各個環節為骨架，構築了所需要的古代語言文字、古籍目錄版本、校勘辨偽、輯佚、古代歷史文化等有關知識，以及運用這些知識解決實際問題的方法，形成了一個獨立的學科。〔註26〕

　　　　古文獻學是關於古文獻閱讀、整理、研究和利用的學問。中國浩如煙海的古文獻是中國古代文化的載體，其形式和內容兩方面的特點決定了古文獻學是個交叉、綜合的學科。古文獻就形式而言，包括語言文字和文本形態，涉及中國古代語言文字學和和古籍版本、目錄、校勘、輯佚、辨偽、編纂學等（其中目錄、輯佚、辨偽學又與內容有關）。就內容而言，分具體和抽象兩個方面，具體方面包括人物、史事、年代、名物、典制、天文、地理、曆算、樂律等，涉及自然和社會、時間和空間諸多方面的實在內容；抽象方面主要指思想內容，需要緊密結合語言文字和具體內容由淺入深地剖析探求。按學術性質來分，古文獻學又分考據學和義理學，有關形式方面的文字、音韻、訓詁、版本、目錄、校勘、輯佚、辨偽諸學以及有關內容的考實之學均

〔註25〕關於歷史文化語義學，可參考馮天瑜先生主編的《語義的文化變遷》（武漢大學出版社 2007 年版）。

〔註26〕孫欽善：《中國古文獻學史簡編》，高等教育出版社 2001 年版，第 2 頁。

屬考據學，有關思想內容的剖析探求屬於義理學。〔註27〕
為求明晰，他又圖示如下：

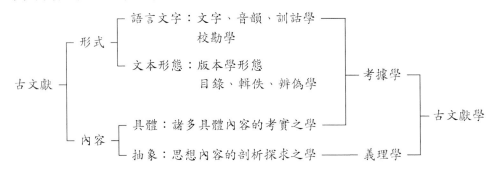

孫先生獨抱文獻究終始，豐碩成果傳四方，撰寫了《中國古文獻學史》《中國古文獻學史簡編》《中國古文獻學概論》《中國古典文獻學文選》等書，建立了一個古文獻學的教學與研究體系。平心而論，其縱向發掘之功甚偉，而橫向綜括之力稍顯不足。「古文獻學＝考據學＋義理學」的公式頗為新穎，但考據、義理之爭至今未能停止，換言之，漢宋之爭還在進行之中。筆者認為，義理學建築在文獻基礎之上，但並不依附在文獻學之上，它早已獨立門戶，最好不要將其拉進文獻學的體繫之中。有關思想內容的剖析探求之學與古文獻學早已分道揚鑣。中國思想史上的巨人，有的甚至是學術史上的侏儒（如康有為）；中國學術史上的巨人，往往是思想史上的侏儒（如乾嘉諸老）。像戴震那種兼具狐狸、刺蝟二型的學者實不多見。義理與考據確已分道揚鑣，分之雙美，合之兩傷。在某種程度上，「古文獻學＝考據學」倒是可以成立的。有人質疑考據學的合法性，認為考據只是一種方法與手段，是古文獻學研究的主要方法與手段。古文獻學是一門實證性的學問，講到底，它就是搞考證。考文徵獻，信而有徵。胡適形象生動地總結出考據學的口頭禪──「拿證據來！」文字、音韻、訓詁、版本、目錄、校勘、輯佚、辨偽諸學以及有關內容的考實之學無不強調證據，而義理學是不必拿證據的。只要言之成理，不必持之有故，過度詮釋也是可以的。

第二，文獻學即廣義的史學。近代文化巨匠梁啟超認為：「明、清之交各大師，大率都重視史學，或廣義的史學，即文獻學。」〔註28〕將文獻學等同於廣義的史學，將文獻學的領域推至最大，因為廣義的史學範圍至廣，可謂無所不包。顯而易見，梁啟超沒有給文獻學劃定明確的界限。

〔註27〕孫欽善：《中國古文獻學》，北京大學出版社 2006 年版，第 20 頁。
〔註28〕梁啟超：《中國近三百年學術史》，上海古籍出版社 1998 年版，第 18 頁。

　　第三，文獻學即傳統校讎學。王欣夫先生認為廣義的文獻學在課堂上是無法講授的，他堅持狹義的文獻學，他在《文獻學講義》一書中明確了三大主幹：「本課定為三個內容：一、目錄，二、版本，三、校讎。」〔註29〕程千帆先生《校讎廣義敘錄》云：「由版本而校勘，由校勘而目錄，由目錄而典藏，條理終始，囊括珠貫，斯乃向、歆以來治書之通例。」〔註30〕又在王欣夫的基礎上增加了典藏。文獻學即傳統校讎學，亦即治書之學，強調基本功。此說影響深遠。其實，自漢代劉向、劉歆父子以來，治書之學的範圍不斷擴大，並不限於目錄、版本、校讎與典藏，還涉及多門，如辨偽、輯佚、編纂、考證等。

　　第四，文獻學即國學。章太炎先生晚年在蘇州國學講習會的講稿，被弟子們整理為《國學講演錄》，所列目錄為：小學略說、經學略說、史學略說、諸子略說、文學略說。四部之外，將小學獨立。自今視之，《國學講演錄》完全可以易名為「文獻學概論」。王易《國學概論》分為經學、小學、哲學、史學四編，與章太炎先生相比，少了文學，也可易名為「文獻學概論」。

　　第五，文獻學即「豬跑學」。此說重視學習古代常識，係啟功先生之發明。《啟功講學錄》第三編的《整理者序》說：

　　　　啟功先生在北京師範大學所招碩士和博士的專業名稱被定義為古文獻學，但啟功先生對這一名稱並不十分贊同。他認為自己所講授的都是古代文化方面的常識，稱之為「學」就顯得大而空，實在有些不恰當。而「中國文化常識」一詞又似乎不能包括他所說的全部內容。於是，他就十分形象風趣地借用俗語所說「沒吃過豬肉總見過豬跑」的民諺，提出了「豬跑學」的概念。此語經過啟功先生的一些朋友的宣傳與解說，已經成為他對文獻學這門學科的非官方的生動全面的概括。

　　　　啟功先生認為「豬跑學」的內容是各種古代常識，而學習「豬跑學」的主要目的則是從事古籍整理。因此，本著使學生更好地學習和整理古代典籍這樣的非常實際的目的，啟先生從目錄、版本、校勘、書籍制度、文字、音韻、標點、注釋等方面，對前後幾屆學生進行了耐心細緻的講解和訓練。〔註31〕

〔註29〕王欣夫：《文獻學講義》，上海古籍出版社1986年版，第4～5頁。
〔註30〕程千帆、徐有富：《校讎廣義·版本編》卷首，齊魯書社1998年版，第6～7頁。
〔註31〕啟功：《啟功講學錄》，北京師範大學出版社2005年版，第109頁。

北京大學中文系吳小如教授如是說：

　　啟功（元白）先生多年前即稱自己給學生開設的課程為「豬跑學」。其意若曰，有的人雖沒有吃過豬肉，總見過豬跑。這是元白先生的自謙之詞，指課程內容帶有啟蒙性質，旨在教給學生關於文史方面的一些基本知識。而這一類所謂「常識」課，在目前各大學文史諸係本科的課程中早已不開，甚至連授課的老師對這方面的知識也不甚了了。但人們總以為這是些雞毛蒜皮的瑣細末節，知道與否無關重要。於是社會上才出現了稱別人的父親為「家父」、稱自己的父親為「乃父」這樣的硬傷。說起來看似小事，卻恰恰暴露出社會群體文化素質的嚴重欠缺。有的讀者希望《文史知識》月刊多發表一些普及性文章，我看這方面大有可為。故鄭重建議，希望能加強力度並長抓不懈地弘揚元白先生所倡導的「豬跑學」。

　　我寫此小文，是由於 2002 年 8 月號《文史知識》上刊載的丹晨兄一篇題為《用錯「家書」》的隨筆而引起的。從丹晨的文章中，我更體會到兩點：一、編輯先生和「有關人員」對「家書」的概念和範圍根本不清楚，連這種「沒有什麼可以討論的」常識，都一無所知，還說什麼「我們有意擴大了家書的範圍」，足見其文化素質的匱乏；二、當有人善意地指出某人在文章或言談中出現某處硬傷時，其第一反應乃是「文過飾非」，即找出託詞來護短，而缺乏從善如流的精神和虛懷若谷的態度。這後一種毛病似乎比出現硬傷本身更加嚴重，更令人擔憂害怕。其實丹晨所談也還不是「個案」。某名牌大學一位專治文史的教授竟把陳寅恪先生悼念王國維的詩文說成「悼亡」之作，不也是「擴大了範圍」，把「悼念亡妻」這一專用名詞「擴大」為「悼念亡友」了麼？

　　至於「學術警察」或「文化警察」的說法，那是若干年前某些人讀了具有訂訛糾錯內容的拙文而感到心裏不平衡，才把這項帶有諷刺意味的「桂冠」加在本人頭上的。2000 年北大校慶時，丹晨他們那一年級的校友返校，邀我出席並囑我講話，我隨口說起自己這件「榮膺桂冠」的事。散會後有好幾位同志都對我說：「先生這個『警察』一定要堅持當下去。」拜讀了丹晨兄的文章，一方面感到「吾道不孤」，一方面正如丹晨兄所說，面對這種到處出現「硬傷」的文

化滑坡現象，卻是焦慮與失望兼而有之。我想，正如對待社會上各種不正之風和違章違紀現象一樣，單靠少數公安人員來進行糾錯是無論如何也忙不過來的，何況真正的警察有職有權，而我們這種要筆桿子的「警察」是「光說不練」的，倘那些筆下出現「硬傷」的先生一味「虛心接受」而「堅持不改」，你縱寫出千言萬語也是無濟於事。要想真正「力挽狂瀾」，還須大家都來重視，集思廣益進行「綜合治理」，或於事不無小補。此即我之所以呼籲要積極弘揚啟老所講的「豬跑學」之故也。〔註32〕

啟功先生用「豬跑學」一詞指稱文獻學，睿智幽默，形象風趣，啟人茅塞，益人心智。「沒吃過豬肉」，謙虛地講自己沒有學問。到底他有沒有學問，是不是大師，我們姑且不論。「總見過豬跑」，指他曾親炙陳垣，耳濡目染，多少也知道一點做學問的門徑。

第六，文獻學即大文獻學。潘樹廣認為，現代文獻學與古典文獻學相異相通，從時間上分，有古典文獻學、近代文獻學、現代文獻學，從地域分則有中國文獻學、外國文獻學，從內容分有普通文獻學、專科文獻學。按其劃分，歷史文獻學屬專科文獻學。並指出「在相當長的時間裏，古典文獻學與現代文獻學兩支學術隊伍處於劃疆而治的狀態，他們有各自的研究機構和出版物，缺少溝通。在學科歸屬上，則長期處於分割與游移的狀態」，應建立「將古典文獻學與現代文獻學融為一體的廣義的文獻學。它以古今文獻和文獻工作為對象，研究文獻的產生、發展、整理、傳播、利用及其一般規律。它的研究內容，有理論研究、應用研究和歷史研究三個方面」。〔註33〕於鳴鏑主張與傳統「文獻學」相區別，「大文獻學」體系包括文獻生產學、文獻流通學、文獻整序學和文獻利用學。其學科結構，從時間上劃分有古典文獻學、近代文獻學、現代文獻學；從地域上劃分有中國文獻學、外國文獻學；從內容上劃分有普通文獻學、專科文獻學（文獻類型學、文獻信息學、文獻傳播學、文獻分類學、文獻編目學、文獻計量學、文獻流通學、科技文獻學、社科文獻學）；從過程上劃分有文獻生產學、文獻流通學、文獻整序學、文獻利用學等。〔註34〕

〔註32〕吳小如：《積極弘揚「豬跑學」》，《文史知識》2003 年第 2 期。

〔註33〕潘樹廣：《大文獻學散論》，《圖書館工作與研究》2000 年第 3 期；《論古典文獻學與現代文獻學的交融》，《蘇州大學學報》2000 年第 4 期。

〔註34〕於鳴鏑：《試論大文獻學》、《再論大文獻學》，《圖書館工作與研究》2000 年第 1、6 期。

此外，我們還可以列舉幾種有代表性的說法：

謝灼華認為，文獻工作是考證典籍源流、闡述學術源流、分析書籍類別、辨析史料價值和內容，提供學術資料的基本內容。研究文獻的收集、整理、分析和利用的科學，可稱為文獻學。

洪湛侯在《古典文獻學的重要課題——兼論建立文獻學的完整體系》一文中，明確提出了文獻學是關於文獻研究和整理的一門學問，他按照四大版塊體（文獻形體）、法（文獻整理方法）、史（文獻學歷史）、論（文獻學理論）建構其《中國文獻學新編》一書。〔註35〕

邱均平認為，文獻學是以文獻體系和文獻工作系統為研究對象，研究文獻情報資源的分布、結構、功能和文獻管理及利用的一般規律的科學。〔註36〕

林申清認為，文獻學是以文獻和文獻工作研究為對象，以文獻的產生、發展、搜集、整理、傳遞及規律為主要內容的應用科學。〔註37〕

謝灼華、洪湛侯的觀點傾向於傳統，邱均平、林申清立足於現代。邱均平所言文獻學還主要指文獻計量學，不足以概文獻學之全。

陳譽等人認為，文獻學（documentation science；documentics）是以文獻和文獻發展規律為研究對象的一門科學。研究內容包括：文獻的特點、功能、類型、生產和分布、發展規律、文獻整理方法及文獻與文獻學發展歷史等。〔註38〕

總之，以上各家各派，自成方圓，他們都從各自的角度促進了文獻學研究的繁榮，推動了文獻的發展。當然，各家之說也都有其局限，為後來者留下了繼續思考與探索的空間。

二、文獻學之我見

中國古代雖無「文獻學」一詞，但「文獻之學」始見於明初。宋濂《文憲集》卷二十三《進賢朱府君碣》云：「夢炎晝夜奮勵，雖寐不敢忘學，既成，登至正辛卯進士第。夢炎通歷代文獻之學，如指諸掌，禮樂家賴之。」明俞汝楫《禮部志稿》卷五十一《尚書朱夢炎》云：「夢炎博學善記，通歷代文獻之學，如指諸掌。朝廷稽古，議禮審學，皆有力焉。」《明史》卷一三六：「朱夢

〔註35〕洪湛侯：《中國文獻學新編》，杭州大學出版社1994年版，第2～3頁。

〔註36〕邱均平：《文獻計量學》，科技文獻出版社1988年版，第1頁。

〔註37〕林申清：《現代文獻學定義綜述》，《大學圖書館學報》1990年第1期。

〔註38〕周文駿主編：《中國大百科全書·圖書館學情報學檔案學》，中國大百科全書出版社1993年版，第490頁。

炎字仲雅，進賢人。元進士，為金溪丞。太祖召居賓館，命與熊鼎集古事，為質直語，教公卿子弟，名曰《公子書》。洪武十一年，自禮部侍郎進尚書。帝方稽古右文，夢炎援古證今，剖析源流，如指諸掌。文章詳雅有根據，帝甚重之，卒於官。」可見，「文獻之學」指有關中國古代典章制度之學術，與後來的「文獻學」迥然不侔。中國自古並沒有一門專門的「文獻學」，但歷代學者在開展學術研究的同時，進行了大量文獻整理和研究工作，歷代文獻收藏家也積累了豐富的經驗。從中國古代文獻研究的情況來看，其內涵比較廣泛，除研究一般的文獻發展史外，還涉及文字的校訂，版本的鑒別，對內容得失的品評及目錄的編制等。

　　文獻學向來有「傳統」和「現代」之分。中國傳統文獻學源遠流長，如漢代劉向、劉歆父子校理群書，編纂《別錄》《七略》，開創了目錄、版本、校勘三位一體的古典文獻學，孫德謙《劉向校讎學纂微》一書概括了劉向校讎學的 23 項方法：備眾本、訂脫誤、刪重複、條篇目、定書名、謹編次、析內外、待刊改、分部類、辨異同、通學術、敘源流、究得失、撮指意、撰序錄、述疑似、準經義、徵史傳、闢舊流、增佚文、考師承、紀圖卷、存別義。鄭玄「囊括大典，磨鑷眾說，芟裁繁蕪，刊正漏誤，要其指歸，是定音韻，區別章句，精覈名數，稽考經制，範圍法象，申明義理，號鄭氏學，最為折衷」〔註39〕。南宋鄭樵《通志·校讎略》最早以專著形式系統討論文獻學的理論。清中期章學誠的「校讎心法」集中反映在《校讎通義》一書中，他揭示了校讎學的宗旨就是「辨章學術，考鏡源流」。現代的余嘉錫、劉咸炘、張舜徽、程千帆等先生雖各有開拓和補充，但其基本體系是一脈相承的。其主要研究對象是文、史、哲方面的古代典籍。

　　中國現代文獻學，則是近年來在西文學術思想影響下逐步形成的。古典文獻學與現代文獻學有明顯的差異。潘樹廣發現了它們的共同點：研究的對象都是知識的載體——文獻，研究的內容都是文獻的搜集、加工、傳播和利用。古典文獻家利用計算機網絡，大大提高了檢索能力，改變了往日以手工檢索的低效局面；現代文獻家所接觸的文獻，常常涉及到傳統文化的內容，豐富了傳統文化素養，可以保障研究工作的順利進行。兩者互補，相得益彰。於是欲貫通古典文獻學和現代文獻學，建構其大文獻學的新體系。當然，也有人存疑，如董恩林主編的《中國傳統文獻學概論》將文史學界所謂「文獻學」嚴格界定在「傳統的」、「古代的」意義上，與現代圖書情報系統的「文獻學」（即「現代

〔註39〕　（元）郝經：《續後漢書》卷六十五。

文獻學」）區別開來，認為無論是文學界的「古典文獻學」，還是史學界的「歷史文獻學」，其「古典」、「歷史」都是「古代」、「傳統」的意思，指的都是由校讎學發展而來的傳統文獻學。

漢語「文獻學」在西文中沒有確切的對應詞。1807 年出現的 bibliology 一詞是指研究圖書歷史及圖書紙張、印刷等各方面內容的學科，在中國多譯為「圖書學」；1814 年出現的 bibliolography 一詞除「目錄學」和「文獻目錄」兩個含義外，還指研究著作或出版物物質形態和版本流傳等內容的學科，在中國也譯為「文獻學」。documentation 一詞是在 1870 年首先在法語中使用的，該詞除用於商業外，還指利用文獻提供、鑒定事實或例證。1938 年國際文獻聯合會將 documentation 定義為：對人類各活動領域的文獻收集、分類和傳播。迄今為止，「文獻學」在國際上尚無一個為各國普遍接受定義。

文獻學既是一門古老的傳統學問，也是一門年輕的現代學術，對文獻學的研究對象、內容、特點及定位，迄今還沒有公認的結論。關注傳統文獻學與現代文獻學的巨大差異性，這可以說是目前文獻學研究上的一個難解的「結」。我們處在從傳統向現代轉折點上，不同的經歷可能有不同的視角，也會得出不同的結論。筆者最初學習中文，始則由傳統文獻學入門，繼而在圖書館學系深造，受到現代文獻學的洗禮，後來又進入中文站，這種複雜獨特的求學之路，讓我不斷地轉換腳色，不斷地調整思路。近來轉俗歸真，不遠而復，重新回到傳統文獻學的軌道上。這次回歸絕不是簡單的重走老路，而是在痛苦的思索中有所發現，有所創造。傳統文獻學側重於文獻「整理研究」，「現代文獻學」側重於文獻「開發利用」。兩者既有聯繫，也有區別；既要求同，又要存異；既需交融，亦不宜合一。筆者以為，傳統文獻學與現代文獻學短期內難以融為一體，文獻學還處於從傳統向現代轉換的過程中，創建「大文獻學」暫時還不具備條件。

下面簡要表述文獻學之私見，不當之處，敬請大家指正。

（一）研究對象

文獻學的研究對象是文獻。現在學界普遍將文獻學的研究對象預設為「古籍的文本」或「古籍整理的各個環節」，導致文獻學教材的編纂落入俗套。

此外，古文獻學的研究對象是古文獻，現代文獻學的研究對象是現代文獻。古文獻與現代文獻還存在鴻溝，短期內還難以填平。

（二）研究範圍

包括文獻的分類、源流、形制、版本、功用、辨偽、編目、編纂、收藏等。

普通文獻學與專科文獻學應該各有側重，前者關注文獻的理論性問題，如文獻的分類、源流等，後者重點研究形制、版本、功用、辨偽、編目、編纂、收藏等。如此，普通文獻學方可避免漫無邊界之弊端，專科文獻學亦可得到充足的發展。

（三）研究內容

文獻學本來有「普通」和「專科」之分。普通文獻學主要研究文獻本身，如理清文獻分類，辨析史料價值和內容，考證典籍源流，闡明學術流變。專科文獻學可以在各自的領域精耕細作，樹立典範。一般將專科文獻學作為文獻學的分枝學科，導致文獻學表面上不斷膨脹，實質上無法深入研究，其實是不妥的。

（四）研究任務

普通文獻學的任務主要是考鏡源流，辨章學術，最終為中國古典學的研究提供堅實可靠的平臺。「辨章學術，考鏡源流」，這本是中國古典目錄學的優良傳統，但現代目錄學家已經主動繳械，自動棄權，基本喪失了「辨章學術，考鏡源流」的話語權。廣義的古典目錄學實際上就是文獻學，張舜徽、程千帆等先生的廣校讎之學正屬此類，他們做了大量的工作，使文獻學的這一傳統不至中斷，功莫大焉。我們將「接著說」，明確地將「辨章學術，考鏡源流」八個大字作為文獻學的研究任務，既收復了失地，也繼承了傳統。辨章中華學術，考鏡文獻源流，這是一項光榮而神聖的使命。具體來說，主要有以下幾點：以學術分類為先導，重視解題工作，疏通古今源流，重估史料價值。

專科文獻學有各自的研究任務，如校勘學的任務是總結歷代學者校勘古籍的經驗和教訓，研究校勘古籍的法則和規律，以指導校勘實踐〔註40〕；訓詁學的研究任務是對零散的、感性的訓詁現象作理論上的歸納和總結，揭示規律，闡述義例，總結方法和手段，用以指導訓詁實踐。當然，專科文獻學的研究任務可以視為普通文獻學的具體任務。在專科文獻學已經逐漸成熟的今天，其具體任務還是由它們自身完成為好，否則，普通文獻學難以承受如此繁重的任務。俗語說得好：「戴著石磨跳舞，人又吃了虧，戲又不好看。」各行其道，則可免撞車。

（五）研究方法

1. 文獻考證法

文獻研究需要證據。證據充分，結論才可能穩妥可靠。前人把出色的研究

〔註40〕管錫華：《校勘學》，安徽教育出版社1991年版，第5頁。

比喻成「老吏斷獄」，因為證據充分、推理嚴密，所得出的結論成為不可推翻的鐵案。學術研究如同斷獄一樣，最忌孤證。

2. 二重證據法

王國維在清華研究院提出了考證古史必須適用「二重證據法」，即把傳世的古籍和地下發掘的材料互相印證，他在《古史新證·總論》中說：「吾輩生於今日，幸於紙上之材料外，更得地下之新材料。由此種新材料，我輩得據以補正紙上之材料，亦得證明古書之某部分全為實錄，即百家不馴之言亦無不表示一面之事實。此二重證據法，惟在今日始得行之。雖古書之未得證明者不能加以否定，而其已得證明者不能不加以肯定，可斷言也。」在真正意義考古學沒有進入中國以前，我國學者大體上在文獻資料中兜圈子，所以難免信古太甚或疑古過頭，自從王氏提出「二重證據法」，以考古材料與古文獻結合起來探求古史的真面目，才有可能克服盲目信古和過分疑古的缺陷。王國維是用歷史學研究的方法考證文獻，陳直則是用文獻學研究的方法考證歷史，只有于省吾是用文獻學研究的方法考證文獻。〔註41〕

3. 三重證據法

（1）陳寅恪總結的「三重證據法」

陳寅恪曾在《王靜安先生遺書序》中總結王國維研治古史的方法有三……①「取地下之實物與紙上之遺文互相釋證」，②「取異族之故書與吾國之舊籍互相補證」，③「取外來之觀念與固有之材料互相參證」。「釋證——補證——參證」，有人認為是「三重證據法」。

（2）楊向奎的「三重證據法」

即文獻、考古和民族學相結合的方法。他在《管子新探序》中說：「陳寅恪先生謂王國維先生治學之特點，是以古器物與古文獻相結合，因而成績斐然。但今日視之，仍有不足，必須與民族學結合。文獻、考古和民族學之綜合研究，遂為治中國古代史之不可缺者。」今按：「二重證據法」乃王國維自己總結，並非出自陳寅恪。

（3）葉舒憲的三重證據法

葉舒憲以《人類學「三重證據法」與考據學的更新》一文作為《詩經的文化闡釋》一書的「自序」，正式提出了「三重證據法」。三重證據是指傳世文獻

〔註41〕馮勝君：《二十世紀古文獻新證研究》，齊魯書社 2006 年版，第 6 頁。

與考古材料之外的文化人類學所提供的域外的、原始的、民族的、民俗的資料。鄧喬彬認為「三重證據法」的名詞或可質疑，但用文化人類學來「破譯」古代文化所取得的實績確實是令人振奮的。若不為名詞所限，本著聞一多、鄭振鐸等前輩學者的開創精神，在當代學者勇於探索的啟發下，儘管不採用「三重證據法」的說法，或不限於文化人類學的方法，但沿著文化學的研究路子，應該可以在古代文學的研究中繼續有所創造，有所建樹。

（4）毛佩琦又提倡歷史研究中的「三重證據法」

傳統的史學研究所引用的證據大都出自傳世文獻。「二重證據法」在方法上與傳統史學對於證據的處理相銜接，即尊重傳統史學，又擺脫了傳統史學的局限，是由傳統史學向近代史學的一項重要變革。他的第三重證據是社會調查。社會調查作為一種研究方法，在社會學、人口學、人類學、經濟學等等學科中被廣泛運用，但一直很少將其與歷史學相聯繫，或者說一直沒有明確將其作為史學研究的一種方法。〔註42〕

4. 五重證據法

饒宗頤在《古史重建與地域擴張問題》一文中說：「余所以提倡三重史料，較王靜安增加一重者，因文物之器物本身，與文物之文字記錄，宜分別處理；而出土品的文字記錄，其為直接史料，價值更高，尤應強調它的重要性。」〔註43〕他是在二重證據法的基礎上，將考古材料又分為兩部分——考古資料和古文字資料。最近，李學勤解釋說，饒宗頤已由三重證據擴充到五重證據：「五重證據分為直接證據和間接證據。直接證據首先是文獻，文獻又分為經典材料和甲骨金文材料，其次是實物，即考古學資料，間接證據則是民族學資料與異邦古史資料。只計直接證據，是三重，加上間接證據，是五重。」〔註44〕

第三節　文獻學編纂模式的調整

一、文獻學編纂的現有模式

由鄭鶴聲、鄭鶴春兄弟合撰的《中國文獻學概要》寫於 1928 年，1930 年出版。這是一部中國文獻學的開山之作，導言之外，分結集、審訂、講習、翻

〔註42〕《科學時報》2006 年 11 月 16 日。
〔註43〕饒宗頤：《新出土文獻論證》，上海古籍出版社 2005 年版，第 67～68 頁。
〔註44〕李學勤：《讀〈饒宗頤二十世紀學術文集〉》，《光明日報》2010 年 6 月 1 日。

譯、編纂和刻印六章。《例言》稱：「結集、翻譯、編纂諸端，謂之文，審訂、講習、刻印諸端，謂之獻。」如此界定，可謂自我作古。結集包括著錄與分類，審訂即校理與審查，編纂和刻印，此四端皆為文獻學的主要內容，但又將講習、翻譯作為文獻學的體系，並沒有得到後來者的效法。講習乃中國學術史、教育史的研究對象，翻譯後來亦獨立成學。

20 世紀 50 年代，王欣夫《文獻學講義》開創了「文獻學＝目錄學＋版本學＋校勘學」的新體系。20 世紀 80 年代，文獻學教材如雨後春筍，主要有：

張舜徽：《中國文獻學》，鄭州：中州書畫社，1982 年版。

吳楓：《中國古典文獻學》，濟南：齊魯書社，1982 年版。

王欣夫：《文獻學講義》，上海：上海古籍出版社，1986 年版。

羅孟禎：《古典文獻學》，重慶：重慶出版社，1989 年版。

倪波：《文獻學概論》，南京：江蘇教育出版社，1990 年版。

周彥文主編：《中國文獻學》，臺灣：五南圖書出版有限公司，1993 年版。

洪湛侯：《中國文獻學新編》，杭州：杭州大學出版社，1994 年版。

孫欽善：《中國古文獻學史》，北京：中華書局，1994 年版。

遲鐸、黨懷興：《中國古典文獻學綱要》，西安：陝西人民教育出版社，1995 年版。

王燕玉：《中國文獻學綜說》，貴陽：貴州人民出版社，1997 年版。

張玉勤、趙玉鍾：《實用文獻學》，太原：山西古籍出版社，1998 年版。

陳界、張玉剛主編：《新編文獻學》，北京：軍事醫學科學出版社，1999 年版。

熊篤、許廷桂：《中國古典文獻學》，重慶：重慶出版社，2000 年版。

潘樹廣等：《文獻學綱要》，桂林：廣西師範大學出版社，2000 年版。

孫欽善：《中國古文獻學史簡編》，北京：高等教育出版社，2001 年版。

杜澤遜：《文獻學概要》，北京：中華書局，2001 年版。

劉青松：《中國古典文獻學概要》，長沙：湖南大學出版社，2002 年版。

張三夕：《中國古典文獻學》，武漢：華中師範大學出版社，2003 年版。

牟玉亭：《中國古典文獻學》，北京：社會科學文獻出版社，2005 年版。

張大可、俞樟華主編：《中國文獻學》，福州：福建人民出版社，2005 年版。

孫欽善：《中國古文獻學》，北京：北京大學出版社，2006 年版。

董恩林主編：《中國傳統文獻學概論》，武漢：華中師範大學出版社，2008
年版。

上述普通文獻學的編纂模式大致可以歸納為「什錦拼盤」：

　　文獻學＝目錄學＋版本學＋校勘學＋辨偽學＋輯佚學＋考據學
　　＋編纂學＋文字學＋訓詁學＋音韻學＋……

這種「什錦拼盤」結構模式頗為盛行，至今方興未艾，但也值得懷疑。因
為文獻學各分支學科均已獨立門戶，且專著甚多。下面我們選擇性地介紹有關
情況。

（一）關於目錄學的著作

呂思勉：《經子解題》，上海：商務印書館，1923 年版。

杜定友：《圖書目錄學》，上海：商務印書館，1923 年版。

姚名達：《目錄學》，上海：商務印書館，1933 年版。

汪辟疆：《目錄學》，上海：商務印書館，1934 年版。

姚名達：《中國目錄學史》，長沙：嶽麓書社，2013 年版。

余嘉錫：《目錄學發微》，北京：中華書局，1963 年版；成都：巴蜀書社，
1989 年版。

張舜徽：《廣校讎略》，北京：中華書局，1963 年版。

昌彼得：《中國目錄學講義》，臺北：文史哲出版社，1973 年版。

來新夏：《古典目錄學淺說》，北京：中華書局，1981 年版。

武漢大學、北京大學合編：《目錄學概論》，北京：中華書局，1982 年版。

羅孟禎：《中國古代目錄學簡編》，重慶：重慶出版社，1983 年版。

徐召勳：《學點目錄學》，合肥：安徽教育出版社，1983 年版。

李日剛：《中國目錄學》，臺灣：明文書局，1983 年版。

呂紹虞：《中國目錄學史稿》，合肥：安徽教育出版社，1984 年版。

王重民：《中國目錄學史論叢》，北京：中華書局，1984 年版。

陳秉才等：《中國歷史書籍目錄學》，北京：書目文獻出版社，1984 年版。

許世瑛：《中國目錄學史》，臺灣：中國文化大學出版部，1986 年版。

謝灼華：《中國文學目錄學》，北京：書目文獻出版社，1986 年版。

昌彼得等：《中國目錄學》，臺北：文史哲出版社，1986 年版。

胡楚生：《中國目錄學研究》，臺北：華正書局，1987 年版。

申暢：《中國目錄學家傳略》，鄭州：中州古籍出版社，1987 年版。

曹慕樊：《目錄學綱要》，重慶：西南師範大學出版社，1988 年版。

張舜徽：《漢書藝文志通釋》，武漢：湖北教育出版社，1990 年版。

程千帆、徐有富：《校讎廣義・目錄編》，濟南：齊魯書社，1991 年版。

來新夏：《古典目錄學》，北京：中華書局，1991 年版。

喬好勤：《中國目錄學史》，武漢：武漢大學出版社，1992 年版。

高潮：《中國法制古籍目錄學》，北京：北京古籍出版社，1993 年版。

周彥文：《中國目錄學理論》，臺灣：學生書局，1995 年版。

周少川：《古籍目錄學》，鄭州：中州古籍出版社，1996 年版。

高路明：《古籍目錄與中國古代學術研究》，南京：江蘇古籍出版社，1997 年版。

程千帆、徐有富：《校讎廣義・目錄編》，濟南：齊魯書社，1998 年版。

柯平：《文獻目錄學》，開封：河南大學出版社，1998 年版。

餘慶蓉、王晉卿：《中國目錄學思想史》，長沙：湖南教育出版社，1998 年版。

倪士毅：《中國古代目錄學史》，杭州：杭州大學出版社，1998 年版。

李致忠：《三目類序釋評》，北京：北京圖書館出版社，2002 年版。

王錦貴主編：《中國歷史文獻目錄學》，北京：北京大學出版社，2003 年版。

彭斐章主編：《目錄學教程》，北京：高等教育出版社，2004 年版、2018 年版。

劉咸炘：《劉咸炘論目錄學》，上海：上海科學技術文獻出版社，2007 年版。

王紹曾：《目錄版本校勘學論集》，上海：上海古籍出版社，2011 年版。

崔建英：《崔建英版本目錄學文集》，南京：鳳凰出版社，2012 年版。

繆荃孫：《繆荃孫全集・目錄》，南京：鳳凰出版社，2013 年版。

白金：《北宋目錄學研究》，北京：人民出版社，2014 年版。

張固也：《古典目錄學研究》，武漢：華中師範大學出版社，2014 年版。

來新夏：《目錄學讀本》，上海：上海交通大學出版社，2014 年版。

馬開樑：《中國史部目錄學》，昆明：雲南人民出版社，2015 年版。

余川：《古籍版本目錄學論著精編》，北京：線裝書局，2016 年版。

傅榮賢：《中國古代目錄學研究》，北京：知識產權出版社，2017 年版。

劉淨淨：《千頃堂書目研究》，北京：北京圖書館出版社，2018 年版。

胡楚生：《中國目錄學研究》，臺北：學生書局，2019 年版。

蔣禮鴻：《目錄學與工具書》，杭州：浙江大學出版社，2019 年版。

辛德勇：《版本與目錄》，北京：生活・讀書・新知三聯書店，2020 年版。

王黎萍：《宋代目錄編制及其學術成就研究》，北京：中國書籍出版社，2020 年版。

程千帆等：《校讎廣義・目錄編》，北京：中華書局，2020 年版。

李鴻濤：《中醫古典目錄學概論》，北京：中醫古籍出版社，2020 年版。

陳曉華：《清代目錄學研究》，北京：光明日報出版社，2020 年版。

鄭建明：《目錄學》，北京：科學出版社，2020 年版。

倪梁鳴：《民國目錄學研究》，北京：北京聯合出版社，2021 年版。

郝潤華：《目錄學講義》，西安：西北大學出版社，2021 年版。

柯平：《目錄學》，北京：科學出版社，2022 年版。

柯平：《中國目錄學史》，北京：中國社會科學出版社，2022 年版。

司馬朝軍：《國故新略：新七略》，臺北：花木蘭文化事業有限公司，2023 年版。

（二）關於版本學的著作

葉德輝：《書林清話》，長沙：觀古堂自刻本，1912 年版；北京：古籍出版社，1957 年版。

錢基博：《版本通義》，上海：商務印書館，1931 年版；北京：古籍出版社，1957 年版。

孫毓修：《中國雕版源流考》，上海：商務印書館，1934 年版。

陳國慶：《古籍版本淺說》，瀋陽：遼寧人民出版社，1957 年版。

毛春翔：《古書版本常談》，上海：上海人民出版社，1965 年版。

趙萬里等：《中國版刻圖錄》，北京：文物出版社，1960 年版。

李清志：《圖書版本鑒定研究》，臺灣：文史哲出版社，1980 年版。

魏隱儒等：《古書版本鑒定叢談》，北京：印刷工業出版社，1984 年版。

施廷鏞：《中國古籍版本概要》，天津：天津古籍出版社，1987 年版。

戴南海：《版本學概論》，成都：巴蜀書社，1989 年版。

嚴佐之：《古籍版本學概論》，上海：華東師範大學出版社，1989 年版。

屈萬里、昌彼得：《圖書版本學要略》，臺灣：中國文化大學出版部，1989 年版。

李致忠：《古書版本學概論》，北京：書目文獻出版社，1990 年版。

程千帆、徐有富：《校讎廣義·版本編》，濟南：齊魯書社，1991 年版。

陳宏天：《古籍版本概要》，瀋陽：遼寧教育出版社，1991 年版。

曹之：《中國古籍版本學》，武漢：武漢大學出版社，1992 年版。

姚伯岳：《版本學》，北京：北京大學出版社，1993 年版。

徐國仟：《版本學》，北京：中國醫藥科技出版社，1994 年版。

盧賢中：《古代刻書與古籍版本》，合肥：安徽大學出版社，1995 年版。

李澤奉、劉如仲主編：《版本古籍鑒賞與收藏》，長春：吉林科學技術出版社，1996 年版。

魏隱儒：《古籍版本鑒賞》，北京：北京燕山出版社，1997 年版。

李致忠：《古書版本鑒定》，北京：文物出版社，1997 年版。

李致忠：《宋版書敘錄》，北京：北京圖書館出版社，1997 年版。

陳先行、王世偉主編：《中國古籍稿抄校本圖錄》，上海：上海書店出版社，2000 年版。

吉文輝：《中醫古籍版本學》，上海：上海科技出版社，2000 年版。

王大妹：《中醫古籍版本學》，上海：上海科技出版社，2000 年版。

張麗娟、程有慶：《宋本》，南京：江蘇古籍出版社，2002 年版。

陳紅彥：《元本》，南京：江蘇古籍出版社，2002 年版。

黃裳：《清刻本》，南京：江蘇古籍出版社，2002 年版。

王桂平：《家刻本》，南京：江蘇古籍出版社，2002 年版。

黃鎮偉：《坊刻本》，南京：江蘇古籍出版社，2002 年版。

徐憶農：《活字本》，南京：江蘇古籍出版社，2002 年版。

姜德明：《新文學版本》，南京：江蘇古籍出版社，2002 年版。

李際寧：《佛經版本》，南京：江蘇古籍出版社，2002 年版。

黃潤華、史金波：《少數民族古籍版本：民族文字古籍》，南京：江蘇古籍出版社，2002 年版。

李致忠：《古籍版本知識 500 問》，北京：北京圖書館出版社，2004 年版。

姚伯岳：《中國圖書版本學》，北京：北京大學出版社，2004 年版。

黃永年：《古籍版本學》，南京：江蘇教育出版社，2005 年版。

曹之：《中國古籍版本學》第二版，武漢：武漢大學出版社，2007 年版。

曹之：《中國古籍版本學》第三版，武漢：武漢大學出版社，2015 年版。

程千帆、徐有富：《校讎廣義·版本編》，北京：中華書局，2020 年版。

姚伯岳：《中國版本學》，桂林：廣西師範大學出版社，2022 年版。

曹之、司馬朝軍：《版本學傳習錄》，臺北：花木蘭文化事業有限公司，2024年版。

（三）關於校勘學的著作

孫德謙：《劉向校讎學纂微》，出版地不詳：四益館，1923 年版。

陳垣：《校勘學釋例》，北京：中華書局，2004 年版。

劉咸炘：《續校讎通義》，出版地不詳：劉氏自刻本，1928 年版。

杜定友：《校讎新義》，上海：中華書局，1930 年版。

胡樸安：《校讎學》，上海：商務印書館，1931 年版。

蔣元卿：《校讎學史》，上海：商務印書館，1935 年版；合肥：黃山書社，1985 年版。

蔣伯潛：《校讎目錄學纂要》，北京：北京大學出版社，1990 年版。

胡樸安：《古書讀校法》，合肥：安徽教育出版社，1985 年版。

張舜徽：《中國古代史籍校讀法》，上海：上海古籍出版社，1962 年版。

吳孟復：《古書讀校法》，合肥：安徽教育出版社，1983 年版。

戴南海：《校勘學概論》，西安：陝西人民出版社，1986 年版。

倪其心：《校勘學大綱》，北京：北京大學出版社，1987 年版。

錢玄：《校勘學》，南京：江蘇古籍出版社，1988 年版。

王雲海等：《校勘述略》，開封：河南大學出版社，1988 年版。

管錫華：《校勘學》，合肥：安徽教育出版社，1991 年版。

林艾園：《應用校勘學》，上海：華東師範大學出版社，1997 年版。

程千帆、徐有富：《校讎廣義‧校勘編》，濟南：齊魯書社，1998 年版。

管錫華：《漢語古籍校勘學》，成都：巴蜀書社，2003 年版。

張湧泉、傅傑：《校勘學》，南京：江蘇教育出版社，2008 年版。

周餘姣：《鄭樵與章學誠的校讎學研究》，齊魯書社，2015 年版。

向宗魯：《校讎學》，北京：商務印書館，2017 年版。

程千帆、徐有富：《校讎廣義‧校勘編》，北京：中華書局，2020 年版。

程千帆：《校讎學略說》，浙江大學出版社，2022 年版。

（四）關於辨偽學的著作

顧頡剛主編：《古史辨》，北平：樸社，1926〜1941 年版；上海：上海古籍出版社，1982 年版。

顧實：《重考古今偽書考》，上海：大東書局，1928 年版。

劉汝霖：《周秦諸子考》，北平：文化學社，1929 年版。

馬念祖：《偽書舉例》，北平：蠹吟社，1933 年版。

江俠庵譯：《先秦經籍考》，上海：商務印書館，1933 年版。

梁啟超：《古書真偽及其年代》，揚州：江蘇廣陵古籍刻印社，1990 年版。

張心澂：《偽書通考》，上海：商務印書館，1939 年初版；北京：商務印書館 1957 年修訂本。

顧頡剛主編：《古籍考辨叢刊》第一集，北京：中華書局，1955 年版；北京：社會科學文獻出版社，2010 年版。

黃雲眉：《古今偽書考補證》，濟南：齊魯書社，1980 年版。

鄭良樹：《續偽書通考》，臺北：學生書局，1984 年版。

余嘉錫：《古書通例》，上海：上海古籍出版社，1985 年版。

鄭良樹：《古籍辨偽學》，臺北：學生書局，1986 年版。

傅兆寬：《梅鷟辨偽略說及尚書考異證補》，臺北：文史哲出版社，1988 年版。

林慶彰：《清初的群經辨偽學》，臺北：文津出版社，1990 年版。

李國祥主編：《國學知識舉要·辨偽學講義》，桂林：廣西人民出版社，1993 年版。

鄧瑞全，王冠英主編：《中國偽書綜考》，合肥：黃山書社，1998 年版。

俞兆鵬主編：《中國偽書大觀》，南昌：江西教育出版社，1998 年版。

楊緒敏：《中國辨偽學史》，天津：天津人民出版社，1999 年版。

馬達：《列子考辨》，北京：北京出版社，2000 年版。

陳福康：《井中奇書考》，上海：上海文藝出版社，2001 年版。

遇笑容：《儒林外史詞彙研究》，北京：北京大學出版社，2001 年版。

鄭良樹：《諸子著作年代考》，北京：北京圖書館出版社，2001 年版。

陳其泰、張宗華主編：《古史辨學說評價討論集》，北京：京華出版社，2001 年版。

劉建國：《先秦偽書辨正》，西安：陝西人民出版社，2004 年版。

司馬朝軍：《文獻辨偽學研究》，武漢：武漢大學出版社，2008 年版。

顧頡剛主編：《古籍考辨叢刊》第二輯，北京：社會科學文獻出版社，2009 年版。

林慶彰：《清初的群經辨偽學》，上海：華東師範大學出版社，2011 年版。

佟大群：《清代文獻辨偽學研究》，北京：人民出版社，2012 年版。

梁韋弦：《古史辨偽學者的古史觀與史學方法》，哈爾濱：黑龍江人民出版社，2014 年版。

王獻松：《紅杏山房聞見隨筆辨偽》，武漢：武漢大學出版社，2018 年版。

佟大群：《民國文獻辨偽學研究》，北京：中國社會科學出版社，2018 年版。

司馬朝軍：《文獻辨偽新探》，武漢：武漢大學出版社，2018 年版。

司馬朝軍：《經史雜記辨偽》，武漢：武漢大學出版社，2018 年版。

司馬朝軍：《文獻辨偽書錄解題》，臺北：花木蘭文化事業有限公司，2019 年版。

司馬朝軍：《文獻辨偽學引論》，武漢：武漢大學出版社，2020 年版。

司馬朝軍：《百年文獻辨偽學研究菁華集成》，武漢：武漢大學出版社，2021 年版。

司馬朝軍：《文獻辨偽研究》，武漢：武漢大學出版社，2021 年版。

司馬朝軍：《中國文獻辨偽學史稿》，武漢：武漢大學出版社，2022 年版。

（五）關於輯佚學的著作

孫啟治等：《古佚書輯本目錄》，北京：中華書局，1997 年版。

曹書傑：《中國古籍輯佚學論稿》，長春：東北師範大學出版社，1998 年版。

（六）關於考據學的著作

林慶彰：《明代考據學研究》，臺北：學生書局，1986 年版。

龐天佑：《考據學研究》，烏魯木齊：新疆大學出版社，1994 年版。

漆永祥：《乾嘉考據學研究》，北京：中國社會科學出版社，1998 年版。

羅炳良：《18 世紀中國史學的理論成就》，北京：北京師範大學出版社，2000 年版。

李緒柏：《清代廣東樸學研究》，廣州：廣東省地圖出版社，2001 年版。

王俊義：《清代學術探研錄》，北京：中國社會科學出版社，2002 年版。

郭康松：《清代考據學研究》，武漢：崇文書局，2003 年版。

羅炳良：《清代史學的理論與方法論》，蘭州：蘭州大學出版社，2004 年版。

陳祖武等：《乾嘉學派研究》，石家莊：河北人民出版社，2005 年版。

陳其泰：《20 世紀中國歷史考證學研究》，北京：北京師範大學出版社，2005 年版。

山口久和：《章學誠的知識論：以考證學批判為中心》，上海：上海古籍出版社，2006 年版。

羅炳良：《清代乾嘉歷史考證學研究》，北京：國家圖書館出版社，2007 年版。

徐道彬：《戴震考據學研究》，合肥：安徽大學出版社，2007 年版。

汪啟明：《考據學論稿》，成都：巴蜀書社，2010 年版。

尢學軍：《明代中晚期考據學研究》，北京：大眾文藝出版社，2010 年版。

孫欽善：《清代考據學》，北京：中華書局，2018 年版。

漆永祥：《乾嘉考據學研究》（增訂本），北京：北京大學出版社，2021 年版。

（七）關於編纂學的著作

李晉華：《明史纂修考》，出版地不詳：哈佛燕京學社，1933 年版。

郭伯恭：《四庫全書纂修考》，上海：上海書店，1992 年版。

郭伯恭：《永樂大典纂修考》，上海：商務印書館，1938 年版。

趙踐：《檔案文獻編纂學講義》，北京：中國人民大學校內印行，1983 年版。

黃愛平：《四庫全書纂修研究》，北京：中國人民大學出版社，1988 年版。

曹喜琛：《檔案文獻編纂學》，北京：中國人民大學出版社，1990 年版。

吳奈夫：《新方志編纂學》，南京：江蘇科學技術出版社，1991 年版。

俞紅飛：《中國當代方志編纂學研究》，北京：方志出版社，1996 年版。

韓寶華：《檔案文獻編纂學教程》，北京：中國人民大學出版社，1999 年版。

徐紹敏：《檔案文獻編纂學》，杭州：浙江大學出版社，2001 年版。

司馬朝軍：《〈四庫全書總目〉編纂考》，武漢：武漢大學出版社，2005 年版。

趙生群：《〈史記〉編纂學導論》，南京：鳳凰出版社，2006 年版。

劉耿生：《檔案文獻編纂學》，北京：中國人民大學出版社，2007 年版。

曹之：《中國古籍編撰史》第二版，武漢：武漢大學出版社，2007 年版。

（八）關於文字學的著作

胡樸安：《中國文字學史》，北京：商務印書館，1937 年版。

邵祖平：《文字學概說》，北京：商務印書館，1947 年版。

楊樹達：《積微居金文說》，北京：科學出版社，1952 年版；北京：中華

書局，1997 年版。

楊樹達：《文字形義學》，上海：上海古籍出版社，1988 年版。

唐蘭：《古文字學導論》，北京：北京大學，1935 年版；濟南：齊魯書社，1981 年版。

唐蘭：《中國文字學》，上海：開明書局，1949 年版；上海：上海古籍出版社，1979 年版。

林尹：《文字學概說》，臺北：正中書局，1971 年版。

陳夢家：《殷虛卜辭綜述》，北京：科學出版社，1956 年版。

梁東漢：《漢字結構及其流變》，上海：上海教育出版社，1959 年版。

蔣善國：《漢字形體學》，北京：文字改革出版社，1959 年版。

蔣維崧：《漢字淺說》，濟南：山東人民出版社，1959 年版。

高明：《古文字類編》，北京：中華書局，1980 年版。

李學勤：《古文字學初階》，北京：中華書局，1985 年版。

楊五銘：《文字學》，長沙：湖南人民出版社，1986 年版。

林澐：《古文字研究簡論》，長春：吉林大學出版社，1986 年版。

蔣善國：《漢字學》，上海：上海教育出版社，1987 年版。

高明：《中國古文字學通論》，北京：文物出版社，1987 年版。

陳煒湛、唐鈺明：《古文字學綱要》，廣州：中山大學出版社，1988 年版。

陳世輝、湯餘惠：《古文字學概要》，長春：吉林大學出版社，1988 年版。

詹鄞鑫：《漢字說略》，瀋陽：遼寧教育出版社，1991 年版。

裘錫圭：《古文字論集》，北京：中華書局，1992 年版。

龍宇純：《中國文字學》，臺灣：五四書店，1994 年版。

裘錫圭：《文字學概要》，北京：商務印書館，1996 年版。

劉釗等：《中國文字學史》，長春：吉林教育出版社，1996 年版。

王宇信、楊升南主編：《甲骨學一百年》，北京：社會科學文獻出版社，1999 年版。

董蓮池：《說文部首形義通釋》，長春：東北師範大學出版社，2000 年版。

黃德寬、陳秉新：《漢語文字學史》，合肥：安徽教育出版社，2006 年版。

（九）關於訓詁學的著作

何仲英：《訓詁學引論》，上海：商務印書館，1934 年版。

胡樸安：《中國訓詁學史》，上海：商務印書館，1939 年版。

張世祿：《中國訓詁學概要》，出版地不詳：文通書局，1942 年版。

陸宗達：《訓詁簡論》，北京：北京出版社，1980 年版。

周大璞：《訓詁學要略》，武漢：湖北人民出版社，1980 年版。

陸宗達、王寧：《訓詁方法論》，北京：中國社會科學出版社，1983 年版。

林尹：《訓詁學概要》，臺北：正中書局，1983 年版。

吳孟復：《訓詁通論》，合肥：安徽教育出版社，1983 年版。

齊佩瑢：《訓詁學概論》，北京：中華書局，1984 年版。

洪誠：《訓詁學》，南京：江蘇古籍出版社，1984 年版。

白兆麟：《簡明訓詁學》，杭州：浙江教育出版社，1984 年版。

張永言：《訓詁學簡論》，武漢：華中工學院出版社，1985 年版。

郭在貽：《訓詁學》，長沙：湖南人民出版社，1986 年版。

楊端志：《訓詁學》，濟南：山東文藝出版社，1986 年版。

周大璞主編：《訓詁學初稿》，武漢：武漢大學出版社，1987 年版。

黃典誠：《訓詁學概論》，福州：福建人民出版社，1988 年版。

黃建中：《訓詁學教程》，武漢：荊楚書社，1988 年版。

劉又辛等：《訓詁學新論》，成都：巴蜀書社，1989 年版。

程俊英等：《應用訓詁學》，上海：華東師範大學出版社，1989 年版。

陳紱：《訓詁學基礎》，北京：北京師範大學出版社，1990 年版。

劉成德：《簡明訓詁學》，蘭州：蘭州大學出版社，1992 年版。

馮浩菲：《訓詁方法論》，濟南：山東大學出版社，1995 年版。

路廣正：《訓詁學通論》，天津：天津古籍出版社，1996 年版。

王寧：《訓詁學原理》，北京：中國國際廣播出版社，1996 年版。

宋永培：《當代中國訓詁學》，廣州：廣東教育出版社，2000 年版。

王繼如：《訓詁問學叢稿》，南京：江蘇古籍出版社，2001 年版。

陳良煜：《訓詁學新探》，西寧：青海人民出版社，2001 年版。

宋金蘭：《訓詁學新論》，北京：首都師範大學出版社，2001 年版。

李建國：《漢語訓詁學史》，上海：上海辭書出版社，2002 年版。

毛遠明：《訓詁學新編》，成都：巴蜀書社，2002 年版。

許威漢：《訓詁學導論》，北京：北京大學出版社，2003 年版。

趙振鐸：《訓詁學綱要》，成都巴蜀書社，2003 年版。

王寧：《訓詁學》，北京：高等教育出版社，2004 年版。

郭芹納：《訓詁學》，北京：高等教育出版社，2005 年版。

白兆麟：《新著訓詁學引論》，上海：上海辭書出版社，2005 年版。

方一新：《訓詁學》，南京：江蘇教育出版社，2008 年版。

黎千駒：《現代訓詁學導論》，武漢：華中師範大學出版社，2008 年版。

陸忠發：《現代訓詁學探論》，杭州：浙江大學出版社，2008 年版。

孫雍長：《訓詁原理》，北京：高等教育出版社，2009 年版。

郭芹納：《訓詁學》，北京：高等教育出版社，2017 年版。

蘇寶榮：《訓詁學》，北京：語文出版社，2018 年版。

劉興均：《訓詁學原理方法與實踐》，上海：上海交通大學出版社，2019 年版。

趙振鐸：《訓詁學綱要》，上海：上海科學技術文獻出版社，2019 年版。

蘇建洲：《新訓詁學》，上海：上海古籍出版社，2020 年版。

吳慶峰：《訓詁學新篇》，北京：中華書局，2020 年版。

孟昭水：《訓詁學通論與實踐》，北京：中央編譯出版社，2020 年版。

郭波：《訓詁學教程》，西安：西北大學出版社，2021 年版。

茆萌：《訓詁學基礎》，長春：吉林大學出版社，2021 年版。

殷曉傑：《訓詁學》，杭州：浙江大學出版社，2023 年版。

（十）關於音韻學的著作

錢玄同：《文字學音篇》，北京：北京大學出版組，1918 年版。

張世祿：《中國聲韻學概要》，上海：商務印書館，1929 年版。

馬宗霍：《音韻學通論》，上海：商務印書館，1930 年版。

張世祿：《音韻學》，上海：商務印書館，1932 年版。

姜亮夫：《中國聲韻學》，上海：世界書局，1933 年版。

劉賾：《聲韻學表解》，北京：商務印書館，1934 年版。

魏建功：《古音系研究》，北京：北京大學，1935 年版。

王力：《中國音韻學》，北京：商務印書館，1936 年版。

林尹：《中國聲韻學通論》，北京：中華書局，1937 年版。

張世祿：《中國音韻學史》，北京：商務印書館，1938 年版。

沈兼士：《廣韻聲繫》，北京：中華書局，1985 年版。

高本漢：《中國音韻學研究》，北京：商務印書館，1940 年版。

羅常培：《中國音韻學導論》，北京：北京大學，1949 年版。

謝雲飛：《中國聲韻學大綱》，臺灣：廣文書局，1971 年版。

李方桂：《上古音研究》，北京：商務印書館，1980 年版。

黃侃：《黃侃論學雜著》，上海：上海古籍出版社，1980 年版。

黃侃：《文字聲韻訓詁筆記》，上海：上海古籍出版社，1983 年版。

黃焯：《古今聲類通轉表》，上海：上海古籍出版社，1983 年版。

董同龢：《漢語音韻學》，北京：中華書局，2001 年版。

張世祿、楊劍橋：《音韻學入門》，上海：復旦大學出版社，1987 年版。

謝紀鋒：《音韻學概要》，桂林：廣西師範大學出版社，1992 年版。

曾運乾：《音韻學講義》，北京：中華書局，1996 年版。

楊劍橋：《漢語現代音韻學》，上海：復旦大學出版社，1996 年版。

王力：《漢語音韻學》，北京：中華書局，1956 年版。

王力：《漢語音韻》，北京：中華書局，1980 年版。

王力：《漢語語音史》，北京：中國社會科學出版社，1985 年版。

周祖謨：《廣韻校本》，北京：中華書局，1960 年版。

李新魁：《漢語音韻學》，北京：北京出版社，1986 年版。

陳復華、何九盈：《古韻通曉》，北京：中國社會科學出版社，1987 年版。

唐作藩：《音韻學教程》，北京：北京大學出版社，1987 年版。

趙振鐸：《音韻學綱要》，成都：巴蜀書社，1990 年版。

沈祥源、楊子儀：《實用音韻學》，太原：山西教育出版社，1990 年版。

殷煥先、董紹克：《實用音韻學》，濟南：齊魯書社，1990 年版。

竺家寧：《聲韻學》，臺灣：五南圖書公司，1991 年版。

耿振聲：《明清等韻學通論》，北京：語文出版社，1992 年版。

汪壽明、潘文國：《漢語音韻學引論》，上海：華東師範大學出版社，1992
年版。

黃群建：《音韻學概論》，武漢：武漢大學出版社，1995 年版。

潘重規等：《中國聲韻學》，臺北：東大圖書股份有限公司，1995 年版。

李申等：《音韻答問》，南京：江蘇教育出版社，1998 年版。

陳新雄：《古音研究》，臺灣：五南圖書出版公司，1999 年版。

潘悟雲：《漢語歷史音韻學》，上海：上海教育出版社，2000 年版。

李新魁：《漢語等韻學》，北京：中華書局，2001 年版。

鄒曉麗：《傳統音韻學實用教程》，上海：上海辭書出版社，2002 年版。

胡安順：《音韻學通論》，北京：中華書局，2003 年版。

周祖庠：《新著音韻學》，上海：上海辭書出版社，2003 年版。

龍異騰：《實用音韻學》，成都：巴蜀書社，2003 年版。

林燾、耿振聲：《音韻學概要》，北京：商務印書館，2004 年版。

耿振聲：《20 世紀漢語音韻學方法論》，北京：北京大學出版社，2004 年版。

劉志成：《漢語音韻學研究導論》，成都：巴蜀書社，2004 年版。

唐作藩：《漢語音韻學常識》，上海：上海教育出版社，2005 年版。

李無未、李子君：《漢語音韻學通論》，北京：高等教育出版社，2006 年版。

劉曉南：《漢語音韻研究教程》，北京：北京大學出版社，2007 年版。

萬獻初：《音韻學要略》，武漢：武漢大學出版社，2008 年版。

麥耘：《音韻學概論》，南京：江蘇教育出版社，2009 年版。

趙彤：《漢語音韻學概論》，北京：中國人民大學出版社，2021 年版。

李子君：《音韻學講義》，長春：吉林大學出版社，2021 年版。

楊軍：《中國音韻學》，合肥：安徽大學出版社，2021 年版。

喬全生：《中國音韻學》，北京：光明日報出版社，2021 年版。

尹喜清：《曾運乾的音韻學研究》，廣州：中山大學出版社，2021 年版。

（十一）專科、專題文獻學

王秀成：《科技文獻學》，長春：吉林工業大學出版社，1984 年版。

張君炎：《中國文學文獻學》，南昌：江西人民出版社，1986 年版。

王餘光：《中國歷史文獻學》，武漢：武漢大學出版社，1988 年版。

張家璠、黃寶權主編：《中國歷史文獻學》，桂林：廣西師範大學出版社，1989 年版。

楊燕起、高國抗主編：《中國歷史文獻學》，北京：書目文獻出版社，1989 年版。

張大可主編：《中國歷史文獻學》，西安：陝西人民教育出版社，1991 年版。

邱均平、胡昌平：《科技文獻學》，武漢：武漢大學出版社，1991 年版。

單淑卿、張春玲：《中國經濟文獻學》，青島：青島海洋大學出版社，1991 年版。

劉躍進：《中古文學文獻學》，南京：江蘇古籍出版社，1997 年版。

王書元：《體育科技文獻學》，哈爾濱：哈爾濱工程大學出版社，1997 年版。

張伯元：《法律文獻學》，杭州：浙江人民出版社，1999 年版。

謝玉傑、王繼光主編：《中國歷史文獻學》，北京：民族出版社，1999 年版。

崔文印：《中國古代文獻淺談》，成都：四川人民出版社，1999 年版。

曾貽芬、崔文印：《中國歷史文獻學史述要》，北京：商務印書館，2000 年版。

曾貽芬、崔文印：《中國歷史文獻學》，北京：學苑出版社，2001 年版。

王子今：《20 世紀中國歷史文獻研究》，北京：清華大學出版社，2002 年版。

查洪德、李軍：《元代文學文獻學》，北京：中國社會科學出版社，2002 年版。

周一平：《中共黨史文獻學》，上海：華東師範大學出版社，2002 年版。

嚴季瀾、顧植山主編：《中醫文獻學》，北京：中國中醫藥出版社，2002 年版。

丁偉安等：《中藥文獻學》，北京：科學出版社，2003 年版。

包和平：《中國少數民族文獻學概論》，北京：民族出版社，2004 年版。

張顯成：《簡帛文獻學通論》，北京：中華書局，2004 年版。

李振宇：《法律文獻學》，北京：中國檢察出版社，2005 年版。

王興文、管學成：《宋代科技文獻研究》，蘭州：蘭州大學出版社，2006 年版。

董占軍：《藝術文獻學論綱》，北京：清華大學出版社，2006 年版。

包和平：《中國少數民族文獻學研究》，北京：國家圖書館出版社，2009 年版。

以上各類還只是以概論性質的著作為主，兼及研究性質的著作，還不夠全面，但已經相當豐富了，有的類別已有好幾十種了。另外，在訓詁學基礎上發展而來的注釋學、解釋學，古籍整理學、圖書學、編輯學、出版學，遍及文史哲領域的史料學，無不與文獻學有相當的淵源，這裡就不一一列舉了。

黃侃認為：「一學之立，必待與之相關諸學盡有紀綱。」〔註45〕依此類推，文獻學之立，必待與之相關諸學盡有紀綱。在文獻學之相關諸學尚未盡有紀綱之時，文獻學的編纂模式停留在「小三樣」的初級階段，實屬無奈之舉。後來發展出「什錦拼盤」，可謂不善學步。現在與文獻學相關諸學盡有紀綱，文獻

〔註45〕黃侃：《黃侃論學雜著》，上海古籍出版社 1980 年版，第 384 頁。

學已然是一門成熟的學科，文獻學之重建當指日可待。當然，需要革故鼎新，
與時俱進，重新調整編纂方式，重寫文獻學。

二、文獻學編纂模式的重新調整

　　自 20 世紀 80 年代以來，冠以「文獻學」之名的學術著作至少在五六十種
以上，至於沒有冠以「文獻學」之名而屬文獻學各分支學科範疇的論著則數倍
於此。另據《全國報刊索引》統計，1978 年～1998 年文獻學理論研究的論文
達五百多篇，其中僅探討文獻學定義、學科體系的論文就不下百篇。這對於一
個至今仍然不太為人們所重視的學科來說，成果已足夠豐富。這一學科的理論
體系似乎越來越龐雜、範疇越來越廣泛，甚至連學科名稱、內涵等基本問題都
是人言人殊，五花八門。這究竟是什麼原因呢？如何去解決文獻學研究的這一
「瓶頸」呢？大抵求通者不免於雜，務要者易失之隘，循名者鮮責諸實，得貌
者常遺其神。

　　我們首先必須弄清文獻學的對象問題。我們已經從正面闡述了文獻學的
對象是「文獻」，下面還要反面論述。

　　第一，文獻學的對象不是「文獻的文本」。董恩林主編的《中國傳統文獻
學概論》指出，傳統文獻學的研究對象並不是我們通常所說的「文獻」而是「文
獻的文本」。對於文獻學研究者整理《老子》來說，其八十一章的學術內容如
何，並不是關心的重點，其文本內容的不一樣則是要著重校勘考證的。不僅如
此，文獻學研究者平日所從事的校勘、辨偽、輯佚等工作，所涉及的都只是某
種文獻的文本，換言之，其工作平臺只是某種文獻的文本；所謂某種文獻的文
字有誤、內容有佚有偽等，都只是就某種文獻的文本而言的，一旦文本變換，
其結論就不一定正確了。可見，文獻學研究者所整理研究的只是文獻的文本，
而不是其形態與內容的全部。所以，學術界以往將文獻學的研究對象界定為
「文獻」是不夠準確的。

　　第二，文獻學的對象不是「古籍整理的各個環節」。許逸民在《「中國古
籍」、「古典文獻」和「古籍整理」的界限說》一文中，論述了古籍整理學與文
獻學之區別。古籍整理學究竟應該包括哪些內容呢？來新夏的《古籍整理散
論》和《古籍整理講義》，論及分類、目錄、版本、句讀、工具書、校勘、考據、
傳注等八個方面的內容。時永樂的《古籍整理教程》分為古籍概說、古籍版本、
校勘、古書的標點、古籍的注釋、辨偽與輯佚、古籍整理的其他工作（撰寫序

跋、編輯附錄、編制索引）等九章。劉琳、吳洪澤的《古籍整理學》一書，對古籍整理學的研究對象及其學科體系、古籍整理的指導思想等問題進行了較為全面而深入的闡述，他們認為：「古籍整理學，就是研究有關古籍整理的各個方面、各個環節的規律的一門科學。它研究的範圍包括古籍整理的理論、歷史、相關學科及其與古籍整理的關係，整理的方式和方法，甚至於古籍整理工作的組織管理等等。其中，古籍整理的方式與方法是古籍整理學研究的重點。古籍整理的方式有校勘、標點、注釋、今譯、輯佚、抄纂等，每一種方式都有自己的一套道理和方法，因此它們之中的很多內容又可以形成獨立的學問，如校勘學、注釋學等等。古籍整理學是古文獻學的一個分支學科。古文獻學是研究和整理古代文獻的一門學問。它其中的很多方面又可以形成獨立的學問或分支學科，例如研究古書形制發展的書史」，研究版本的古籍版本學，研究古書編目的古籍目錄學，研究古書斷代與辨偽的文獻斷代辨偽學，等等。古籍整理乃是著重研究古文獻學中的整理這個方面，它是古文獻學的一個重要組成部分。」我們也認為，文獻學不等於古籍整理學。過去所謂的文獻學，大多只是古籍整理學。

總之，文獻學的對象只能是「文獻」本身。解決了這一關鍵問題，我們就可以調整好目標，做到有的放矢。重寫文獻學，免除其「不可承受之重」，這是新世紀賦予新一代文獻學家的一項光榮使命。只有承敝通變，承前啟後，避免落入文獻學教材編纂的固有模式，大膽對文獻學作出新的調整，我們才有可能走出誤區，闖出一條新路。

第四節　文獻學的特點與定位

一、文獻學的特點

（一）工具性

文獻學是基礎學科，是學習其他學科的工具。其工具性表現在三個方面：

首先，文獻是知識的載體、信息的載體。這是文獻的本質所決定的。

其次，文獻是文化的載體。從文獻的內容來看，無論是按《漢志》分為六大類，還採用經史子集的分類，中國傳統文獻的內容都是極其豐富的。

最後，文獻是道的載體。文以載道。道是什麼？具體講是路，抽象講是哲學範疇。老子云：「道可道，非常道。」《易傳》云：「一陰一陽之謂道。」道

即對立之陰陽二氣的動態統一。文獻所載者是中國文化之道。從某種意義上來說，文獻學就是工具之學。

（二）人文性

人文性是文獻學的本質屬性。文獻學課程的主要任務應該是通過古典文獻的學習，瞭解傳統文化，弘揚中華民族的人文精神。文獻學教學不應忽視人文教育，應該加強人文性，不能把人文性與工具性對立起來，文獻學教學應加強人文性。

首先，從文獻學課程選擇的教學內容來看，文獻學屬於人文社會科學。古典文獻學課程是中國傳統文化的重要組成部分；文獻學課程不光是認知體系的，而且還是價值體系、倫理體系的。這正好體現了文獻學課程豐富的人文內涵。

其次，文獻學課程植根於人文精神。要充分發揮文獻學課程的育人功能，使學生受到優秀的文化薰陶，塑造熱愛祖國和中華文明、獻身人類進步事業的精神品格，形成健康美好的情感和奮發向上的人生態度。古老的人文精神更散發出新的濃鬱的人文氣息，中華民族這種源遠流長的人文精神正是文獻學課程理念植根的豐厚沃土，是文獻學課程人文內涵的豐富之所在。

再次，文獻學展現著巨大的人文魅力。文獻學課程目標要求學生通過閱讀經典，體會中華文化的博大精深、源遠流長，陶冶性情，追求高尚的情趣，提高道德修養，提升精神境界。

（三）複雜性

文獻既包括傳世文獻，也包括出土文獻。傳世文獻浩如煙海，汗牛充棟，經史子集，三教九流，上至天文，下至地理，無所不有，無所不包。出土文獻主要指甲骨文獻、金石文獻、簡帛文獻與敦煌吐魯番文獻。本書已經做了全面扼要地介紹。因此，文獻形式與內容的複雜性決定了文獻學的複雜性。

（四）綜合性

文獻學是一種綜合性的學科，它與語言文字學、目錄、版本、校勘、辨偽、輯佚學以及歷史學（包括通史、文化史、哲學史、思想史、史學史等）都有關聯。文、史、哲等學科的研究需要文獻學提供研究基礎，文獻學研究也要文、史、哲等學科的研究中吸收養分。

從四部之學到七科之學，傳統學術被邊緣化。文獻學與語言文字學、目錄、

版本、校勘、辨偽、輯佚學以及歷史學（包括通史、文化史、哲學史、思想史等）的關聯，由此決定了它必然是一種綜合性的邊緣學科。

正因為文獻學與其他學科有如此密切的聯繫，所以學習文獻學的人必須有廣博的知識基礎和專業訓練，才能應付裕如。

二、文獻學的定位

文獻是最重要的交際工具，是人類文化的重要組成部分。

工具性與人文性的統一，是文獻學課程的基本特點。這一新的理念，即繼承了文獻學教育應該使學生切實掌握文獻這個工具性打好文獻學基礎這一傳統的正確觀點，又反映了文獻學教育應該體現固有的人文精神，加強人文精神的新的時代觀點，同時，澄清了工具性、人文性各執一端的片面認識。

文獻學課程屬於文化素質教育課程。圖書館學專業面臨著嚴峻的外部和內部環境壓力。在高度市場化和商業化的今天，大學無不面對著功利化的巨大挑戰，本科教育很容易落入「專業主義」和「職業主義」的陷阱，重技術輕人文。曾幾何時，圖書館學專業邯鄲學步，自動放棄傳統優勢，拼命壓縮傳統課程（如古代漢語、中國目錄學史、中文工具書等課程概被取消），轉而向信息科學靠攏。幾年之間完成了由人文向技術的巨變。在內部環境上，近年我國大學急劇擴招，教育由精英化而大眾化，引發了學校資源緊張、校園環境惡化等一系列問題。面對這一嚴峻處境，人文教育勢在必行。

人文教育的重要目的在於使學生經由大學教育，能夠抵制純粹功利的職業取向，克服狹隘的專業意識，從細小的專業分支中走出來，對中國及世界歷史、文化、經濟有多方面的瞭解，從而達到文化自覺的地步。大學教育應該把「文化自覺」這一理念貫注在每一個大學生心目中，使接受了大學本科教育之後的學生都有一個共同的人文基礎。〔註46〕

正如著名學者郭齊勇先生所指出：

> 大學就是大學，不是專門的職業技術學校。大學培養出來的學生，應具有較廣博的文化修養（博而且雅），一定的知識基礎與方法學訓練，走上社會，後勁與潛力較大，可適應面較寬。上世紀五十年代初的院系調整，照搬蘇聯模式，加上工業化建設的需要，使得大學分科化和系科單面化的模式逐漸佔據統治地位。今天全社會的

〔註46〕參見《讀書》，2006年第4期第27頁。

功利化與實用化的導向，強調所謂專業對口，科系與課程設置更為單一、片面、直接，乃至有大學傳統的大學在現行評價體系下淪為職業培訓學校，大量不具備大學資質的學校又紛紛升格為大學，於是大學越來越不像大學。而目前推行的所謂本科教學評估的指標體系，日益把大學變成中等專業學校，完全無視大學教師的主動性與創造性，視之若工具，把教育活動變成簡單刻板的機械運動，閹割了大學精神。大學教授受制於日益細瑣的所謂制度管理或目標管理（這些機構與評價體系就是來「管」教師的），不能動彈，動輒得咎，何談思想自由，何談學校與教師的個性色彩與風格，更何談培養創造性人才，師與生不能不成為齒輪與螺絲釘，或規行矩步的機器人。大學日甚一日地衙門化、官僚化、科層化，更加促使大學精神與大學理念的沉淪。

　　由於教育體制本身的種種問題，由於揠苗助長式的幼兒教育、中小學教育片面地膨脹技術知識與過早的分科，使大學教育對象的東西方人文素養十分薄弱，特別是傳統人文知識與人文精神之修養十分欠缺，中學文理分科太早，病患尤大，目前文、理、工、醫、農科的大學生與研究生中，人文與科學素養雙重貧乏，特別是使人文學科、社會科學的生源的水平下降了很多。從中學到大學，長期累層疊加的分科式教育與灌輸的方法，使大學生的素養更加貧弱化或單面化，尤其是變得不會思考，沒有思想和反思的本領與能力。這當然不可能培養出全面發展的高素養的國民，或平民化的公眾知識分子。〔註47〕

圖書館學專業本來擁有悠久的人文傳統，以前培養出來的學生大多具有較廣博的文化修養，但近年來發生了較大的逆轉。學生的素養更加貧弱化或單面化，不會提問，不會思考，沒有思想和反思的能力。有些學生厭惡專業學習，痛恨人文傳統，更有甚者甚至仇視傳統文化。為什麼會形成如此局面？五四運動以來的反傳統，至「文化大革命」登峰造極，市場化以後更是一切向錢，向西方看齊。人文精神日漸凋敝，令人堪憂。

　　對傳統，有恢復或拋棄之說。恢復論者視傳統為民族舊文化中某種「一派相承之統緒」，即三代以來「原於中國文化之本性」而形成的「道統」之

〔註47〕參見《讀書》，2006年第4期，第19～20頁。

相傳，並悲歎其在中國走向近代的文化歷程中發生了「斷裂」。因而大聲疾呼，要以「孔子作《春秋》之存亡繼絕的精神」來恢復中國文化中「一貫之傳統」。〔註48〕拋棄論者視傳統為「沉重的枷鎖」，「陳舊的過時物」，強調必須掙脫傳統的束縛，才能徹底重建新文化。因而同樣大聲疾呼，為了實現現代化，中國傳統文化「最好後繼無人」。〔註49〕

「全盤西化論」（胡適）和「保存國粹論」（晚清國粹派）之所以必然落空，就因為兩者都把身處其中的歷史傳統誤解為凝固化了的異己的外在物，似乎可以隨意拋棄或搶救。事實上，傳統內在於現實的人們及其對傳統的心態中，並不斷地被人們評判、理解、複製和重構而成為動態的流程。正如黑格爾《哲學史講演錄·導言》所言：「傳統並不是一尊不動的石像，而是生命洋溢的，有如一道洪流，離開它的源頭愈遠，它就膨脹得愈大。」

在數字化時代，注重文獻資源的開發利用，將信息資源引進課堂，讓文獻學課堂教學面貌煥然一新。但是，有的文獻學教師卻離開對文獻的基本理解，離開文獻實踐，侈談時髦理論；有的教師將文獻學課演變成「文獻（信息）檢索課」、「文獻（信息）計量課」，泛化了工具性，冷落了人文性。

文獻學是博雅教育，涉及範圍非常廣泛，可以救治貧弱化或單面化。因此，文獻學家應具備開闊的視野、廣泛的學識，成為名副其實的「雜家」。但雜家不好當，十八般武器，上手了都得耍幾招，還得像模像樣。

毋庸諱言，文獻學這門課程在課堂裏是無法講完的，一個學期54節課，只能講一點最淺近、最常見的知識。因此，稱之為「豬跑學」並非什麼自謙，實在是迫不得已的事情。況且文獻學本身是一門實踐性很強的應用學科，近年來理論上雖然有所探討，但理論色彩仍然不足。因此，我們也只能向大家介紹有關古文獻的ABC，積極弘揚「豬跑學」而已。

〔註48〕唐君毅：《中國文化與世界》，《文化意識宇宙的探索》，中國廣播電視出版社1992年版，第323～380頁。
〔註49〕劉曉波：《與李澤厚對話——感性、個人、我的選擇》。

第一章　文獻版本

第一節　版本概述

一、版本的概念及其相關問題

（一）「版本」的概念

什麼是「版本」？這是學習文獻版本首先要面對的一個基本而又重要的問題。目前學術界對此尚未達成共識，至少有以下 5 種觀點：

第一，印本說。張舜徽在談及版本時指出：「『版』的名稱源於簡牘；『本』的名稱源於縑帛……自從有了雕版印刷術以後，人們習慣於用版本二字作為印本的代稱。」〔註1〕

第二，合稱說。施廷鏞認為：「所謂版本，實寫本與刻本的合稱。」〔註2〕戴南海亦說：「版本的概念，在兩宋時，則成為雕版書和手抄本的合稱。這就是版本二字連綴成一個固定名詞後的最初概念。」〔註3〕

第三，總稱說。顧廷龍認為：「版本的含義實為一種書的各種不同的本子，古今中外的圖書，普遍存在這種現象，並不僅僅限於宋、元古籍。」〔註4〕

第四，實物形態說。姚伯岳認為：「版本就是一部圖書的各種實物形態。」〔註5〕

〔註1〕張舜徽：《中國校讎學分論（上）——版本》，《華中師院學報》1979 年第 3 期。
〔註2〕施廷鏞：《中國古籍版本概要》，天津古籍出版社 1987 年版，第 2 頁。
〔註3〕戴南海：《版本學概論》，巴蜀書社 1989 年版，第 6 頁。
〔註4〕顧廷龍：《版本學與圖書館》，《四川圖書館》1978 年第 11 期。
〔註5〕姚伯岳：《版本學》，北京大學出版社 1993 年版，第 6 頁。

第五，廣狹二義說。嚴佐之認為：「古籍版本有廣狹二義。狹義的古籍版本專指雕版印本，廣義的古籍版本泛指包括寫本、印本在內的，用各種方法製作而成的古代圖書的各種本子。」〔註6〕

我們認為，「版本」最初含義單指刻本，並不包括寫本在內（戴南海的說法顯係誤解）。元、明以後，隨著雕版印刷的發展和圖書製作方式的複雜化，「版本」一詞的含義逐漸擴大，成為一書各種文本的總稱。除了刻本之外，還包括寫本、活字本、套印本、插圖本、石印本等等。「印本說」僅指向版本的原始義，忽視了版本含義在後代已經擴大了的事實，不可取；「合稱說」認為版本只講寫本和刻本，將活字本、套印本、插圖本、石印本排除在外，亦不足取；「總稱說」揭示了版本的「同書異本」特質，比較可取，但也有欠妥之處，以「本子」解釋「版本」，似有循環解釋之嫌；「實物形態」與「總稱說」接近，但它特別指出「實物形態」，庶幾接近事實；「廣狹二義說」其實是「印本說」與「總稱說」的折衷。迄今為止，關於版本的概念還沒有形成統一的認識，見仁見智，聚訟紛紜。

（二）「版本學」的概念

版本學作為實踐的產物，一直找不到理論支點。據不完全統計，關於版本學的定義有數十種之多。下面，我們擇要介紹五種：

第一，舊刻舊鈔說。葉德輝認為：「自宋尤袤遂初堂、明毛晉汲古閣、及康雍乾嘉以來各藏書家，斷斷於宋元本舊鈔，是為板本之學。」〔註7〕

第二，鑒別說。《辭海》認為：「研究版本的特征和差異，鑒別其真偽和優劣，是為版本學。」〔註8〕

第三，價值說。嚴佐之認為：「鑒定版本時代也好，考訂版本源流也好，其最終目的還在於比較、確定版本內容的優劣，在於研究版本『在反映原書內容的特殊作用上』。從這一意義上講，版本學乃是以研究版本文獻價值為主的一門科學。」〔註9〕此種觀點襲自《圖書館古籍編目》的相關論述。

第四，物質形態說。程千帆、徐有富認為：「版本學所研究的內容無不與書的物質形態有關，因此可以概括地說版本學是研究書的物質形態的科學，

〔註6〕嚴佐之：《古籍版本學概論》，華東師範大學出版社1989年版，第1頁。
〔註7〕（清）葉德輝：《書林清話》，中華書局1957年版，第21頁。
〔註8〕辭海編輯委員會：《辭海》，上海辭書出版社1980年版，第1475頁。
〔註9〕嚴佐之：《古籍版本學概論》，華東師範大學出版社1989年版，第7頁。

是校讎學的起點。」〔註10〕

第五，規律說。顧廷龍認為：「有了許多不同的本子，就出現了文字，印刷、裝幀等等方面的許多差異。研究這些差異並從錯綜複雜的現象中找出其規律，這就形成了版本之學。」〔註11〕郭松年認為：「古籍版本學是從古籍的版本源流和相互關係中，研究古籍版本的異同優劣，鑒定古籍版本的真偽，評定古籍版本的功用價值，並從中總結工作的規律性和方法的一門科學。」〔註12〕曹之先生明確提出：「古籍版本學是研究古籍版本源流以及古籍版本鑒定規律的一門學科。」〔註13〕

我們可以看出，這些版本學的定義存在一定的差異，從二十世紀初至七十年代中期，大多局限於「經驗說」，即「觀風望氣」的經驗總結。隨著研究的深入，版本學家們開始對「經驗說」進行反思。科學研究的任務在於揭示特定事物內部矛盾運動的規律，版本學亦不能例外。我們認為，曹之先生等提出的「規律說」比較可取。版本學是研究版本源流和版本鑒定規律的科學，就是要對各種版本現象作科學的分析和歸納，找出規律。「舊刻舊鈔說」是清代版本學家的觀點，此「佞宋」之風所由來；「鑒別說」局限於鑒定版本的具體方法，視野不廣，此「經驗說」所由來；「價值說」講的是版本學研究的目的，而非版本學的定義；「物質形態說」講的是問題的表象，而沒有揭示問題的實質。

（三）版本學的研究對象

任何一門學科都有自己的研究對象。對象不明，則難免誤入岐途。截止目前，至少有以下三種觀點：

第一，圖書說。李致忠認為：「中國古書版本學的研究對象是中國古代圖書。」〔註14〕戴南海亦認為：「版本學的研究對象是包括一切形式在內的各種古籍圖書。」〔註15〕

第二，文獻說。邵勝定認為：「版本學和它的兄弟學科一樣，研究對象是一切需要整理和利用的文獻資料。蓋其學雖名『版本』，但它的對象應包括一

〔註10〕程千帆、徐有富：《校讎廣義·版本編》，齊魯書社1991年版，第9頁。
〔註11〕顧廷龍：《版本學與圖書館》，《四川圖書館》1978年第11期。
〔註12〕郭松年：《古籍版本與版本學》，《吉林省圖書館學會會刊》1980年第4期。
〔註13〕曹之：《中國古籍版本學》，武漢大學出版社1992年版，第9頁。
〔註14〕李致忠：《論古書版本學》，《吉林省圖書館學會會刊》1979年第1期。
〔註15〕戴南海：《版本學概論》，巴蜀書社1989年版，第8頁。

切歷史文獻資料。」〔註16〕

第三，版本說。嚴佐之認為：「版本學的研究對象就是圖書版本。」〔註17〕姚伯岳亦持相同看法：「版本學的研究對象是版本，這本應當是毫無疑義的。」〔註18〕

我們認為，古籍版本學的研究對象是寫本、刻本、拓本、活字本、套印本、插圖本等一切形式的圖書版本。其中，寫本和刻本是其重點研究對象。「圖書說」混淆了圖書與版本兩個不同的概念。版本和圖書二者之間有著密切聯繫，沒有圖書的版本和沒有版本的圖書同樣是不存在的。但是圖書並不等於版本，版本只是圖書內涵的一個方面。同一種圖書可以有不同的版本。版本學以版本為研究對象，正是為了探討同書異本之間的差異。「文獻說」將版本的範圍擴大到一切文獻，同樣混淆了文獻與版本兩個不同的概念。文獻的內涵比圖書更大，更不能把二者混為一談。

（四）版本學研究內容

不同學科有各自不同的研究內容，版本學的研究內容，大致有以下四種觀點：

第一，鑒定說。主張研究版刻鑒別。如《辭海》修訂本認為：「研究版本的特徵和差異，鑒別其真偽和優劣，是為版本學。」〔註19〕

第二，源流說。主張研究版本源流。如謝國楨認為：「說明書籍刊刻和抄寫流傳下來的源流，叫作版本學。」〔註20〕

第三，綜合說。主張源流和鑒別同時研究。郭松年認為，版本學的研究內容「一是繼承總結發展古籍版本學的基本理論，二是研究古籍版本發展變化的源流，三是研究不同刻本、校勘本內容的異同優劣，四是審定鑒別舊刻、舊抄古籍的版本和總結提高鑒定古籍版本的科學方法，五是研究古籍版本學的發展歷史。」〔註21〕

第四，多維說。主張多維研究。盧中岳在《版本學研究漫議》一文中提出，版本學研究的內容大致包括版本學的一般理論、圖書版本的內容與形式

〔註16〕邵勝定：《版本學有廣狹二義論》，《圖書館雜誌》1985年第4期。

〔註17〕嚴佐之：《古籍版本學概論》，華東師範大學出版社1989年版，第5頁。

〔註18〕姚伯岳：《版本學》，北京大學出版社1993年版，第6頁。

〔註19〕辭海編輯委員會：《辭海》，上海辭書出版社1980年版，第1475頁。

〔註20〕謝國楨：《明清時代版本目錄學概述》，《齊魯學刊》1981年第3期。

〔註21〕郭松年：《古籍版本與版本學》，《吉林省圖書館學會會刊》1980年第4期。

的研究、圖書版本發展過程的研究、版本學史四個大的方面，並開列了詳細子目。〔註22〕

我們認為，古籍版本學的研究內容是：古籍版本學的基本理論，其中包括古籍版本學的研究對象及其研究內容，古籍版本學與相關學科的關係，研究古籍版本學的意義和方法等；古籍版本學的發展歷史，其中包括古籍版本學的發展階段、各階段的理論和實踐、代表人物等；古籍製作方式的演變源流，其中包括寫本源流、刻本源流、雕版印刷術的起源等；單種（含叢書）圖書版本的演變源流，其中包括版本數量、版本系統、版本優劣等；古籍版本鑒定的規律，其中包括內容和形式兩個方面。以上五個方面，缺一不可。「鑒定說」僅研究版刻鑒別，視野不廣，不足以言版本學；「源流說」僅研究版本源流，視野亦未廣；「綜合說」擴大了視野，但強調「鑒別舊刻舊鈔」，似有「佞宋」之嫌；「多維說」的觀點比較可取，得到了很多人的認可。

有人將古籍製作方式的演變源流與圖書版本的演變源流混為一談，認為研究圖書版本的演變源流其實就包括了對古籍製作方式演變源流的研究。我們認為，古籍製作方式的演變源流主要是指寫本源流、雕版印刷的起源、刻本源流等。顯然它與單種圖書版本演變源流是兩碼事。有人認為，搞古籍版本鑒定沒有必要過多地研究古籍製作方式演變源流。我們認為，搞古籍版本鑒定必須研究古籍製作方式演變源流，不瞭解古籍製作方式演變源流，就不能搞好古籍版本鑒定。這就好比鑒定一件新的產品，如果不瞭解產品製作的工藝流程，那就無法鑒定。古籍製作方式的演變源流與單種圖書版本的演變源流有著十分密切的聯繫：研究古籍製作方式的演變源流可以促進單種圖書版本演變源流的研究，研究單種圖書版本的演變源流反過來又能促進古籍製作方式演變源流的研究，二者之間相互為用。有人對考訂一書的版本源流也大不以為然，似乎離開了書目編制就不叫版本學。乾嘉大師「得一書必推求本原」，重在考訂版本源流。考訂一書的版本源流，也就是對一種圖書版本的發生、發展過程及相互關係的研究。考訂版本源流，可以理順每個版本與其他版本間的關係，從而有助於辨別、比較版本的異同優劣。書目編制是反映版本研究成果的一種手段，但不是唯一手段。有人對版本學基本理論與版本學史比較輕視。版本學的基本理論關係到版本學的體系建設，是研究的總綱。研究版本學史是為了借鑒前人的經驗，同樣不能等閒視之。

〔註22〕盧中岳：《版本學研究漫議》，《貴圖學刊》1982 年第 2 期。

（五）版本學的研究方法

版本學研究方法，歸納起來有以下兩種觀點：

第一，觀風望氣說。注重版刻鑒別，主張靠實踐經驗積累，捕捉、識別、研究各種各樣的標識，既有書籍製作過程中形成的標識，也有書籍流傳過程中附加的標識，諸如行格、紙墨、諱字、裝訂、款式、印章、牌記、字體等。前人在實踐中積累了不少經驗，但是僅憑經驗不可能萬無一失。甚至有人至今還堅持「觀風望氣」、「鼻嗅手摸」即可作出版本鑒定。這種經驗至上的方法，不利於版本學學科體系的建立，會把「版本學引上十分狹窄的版刻欣賞和版本認定的玄而莫測、不可捉摸的邪路」。

第二，綜合研究說。盧中岳認為，應根據所研究問題的內容、性質以及研究所擔負的具體任務來確定研究方法。他率先提出了歷史研究法、比較研究法和實驗研究法。〔註23〕

我們認為，「綜合研究說」才是研究版本學的科學方法。各種版本是特定歷史條件下的產物，只有通過全方位、多學科的考證，才能知其源流、真偽和善惡。有比較，才能有鑒別。把同書異本進行比較，也是行之有效地鑒別版本的方法。利用現代技術，通過科學實驗和計量分析，建立古籍版本數據庫，更是具有廣闊前景的研究方法。隨著國民經濟的發展，電腦已經進入「尋常百姓家」，建立古籍版本數據庫已經提到議事日程上來了。可以預料，在這方面是可以大有作為的。

（六）版本學的形成時期

版本學的形成時期也就是版本學史的起點問題，對此眾說紛紜，大致有以下四種觀點：

第一，西漢說。錢基博認為：「版本之學，所從來舊矣。蓋遠起自西漢，大用在校讎。」〔註24〕郭松年認為：「從版本學發展的歷史來看，在西漢劉向、劉歆父子總校群書時，已經是廣搜異本，讎正一書，講求版本之學了。」〔註25〕

第二，宋代說。李致忠《古書版本學概論》認為：「自宋代尤袤編制《遂初堂書目》起，始在一書之下著錄多種不同的版本……版本學就這樣慢慢地

〔註23〕盧中岳：《版本學研究漫議》，《貴圖學刊》1982 年第 2 期。
〔註24〕錢基博：《版本通義》，商務印書館 1933 年版，敘目第 1 頁。
〔註25〕郭松年：《古籍版本與版本學》，《吉林省圖書館學會會刊》1980 年第 4 期。

形成了。」〔註26〕

　　第三，清代說。胡道靜認為清乾嘉時期的黃丕烈「是版本學的真實建立者」。〔註27〕戴南海亦持類似觀點，認為自黃丕烈之後「版本研究有了豐富而充實的內容，開始獨立成為一門專門之學」。〔註28〕吳楓提出，《天祿琳琅書目》以後「各藏書家關於宋元舊刊和名人手抄，展開了廣泛的研究討論，逐漸形成古籍版本學。」〔註29〕周鐵強則認為：「《讀書敏求記》《天祿琳琅書目》的出現及黃丕烈對古籍版本的考訂，標誌著古籍版本學的初步形成。」〔註30〕

　　第四，當代說。嚴佐之認為：「版本研究雖然有著悠久的歷史，但其獨立成一門專學的時間卻不久，而作為以辯證唯物主義、歷史唯物主義為指導的科學版本學才剛剛著手建立。」〔註31〕

　　我們認為，「當代說」以學科是否獨立為標準不足取，因為它割斷了歷史，版本學成了無源之水，無本之木。「清代說」同樣割斷了歷史。清代古籍版本學成就固然很大，但它不是一蹴而就的，它是在前人研究的基礎上逐步發展起來的。古籍版本學也像人一樣要經歷從「童年」、「青年」到「成年」的成長過程。如果說清代版本學處於「成年」時期，那麼清代以前的版本學就是「童年」、「青年」時期，否定這一點，也就違背了事物發展的規律。「西漢說」、「宋代說」亦各明一義，均未能窮本溯源。

　　我們認為，在先秦時代就產生了版本學。1993 年郭店竹簡的出土為我們提供了強有力的佐證。郭店竹簡中有《老子》書三種，整理者名之為「甲組」、「乙組」、「丙組」。這是迄今為止所見年代最早的《老子》傳抄本，大約寫成於戰國前期。這三組在竹簡形制、抄手的書體和簡文文意等方面都不相同，完全可以視為是《老子》一書的同書異本。既然先秦同書異本大量存在，孔子、子夏等學者和藏書家又都研究過版本異同，可見「先秦說」絕非無中生有，空穴來風。

（七）版本學的地位

　　版本學的學科地位是關係到版本學能否躋身學術之林的大問題，論者各

〔註26〕李致忠：《古書版本學概論》，書目文獻出版社 1990 年版，第 1 頁。

〔註27〕胡道靜：《從黃堯翁到張菊老──150 年來版本學的縱深進程》，《古籍整理研究學刊》1987 年第 4 期。

〔註28〕戴南海：《版本學概論》，巴蜀書社 1989 年版，第 10 頁。

〔註29〕吳楓：《中國古典文獻學》，齊魯書社 2005 年版，第 181 頁。

〔註30〕周鐵強：《古籍版本學形成時期辨疑》，《圖書與情報》1997 年第 3 期。

〔註31〕嚴佐之：《古籍版本學概論》，華東師範大學出版社 1989 年版，第 4 頁。

執一詞。歸納起來有以下三種觀點：

第一，獨立說。葉德輝首倡此說。他在《書林清話》中明確提出了「板本之學」的名稱，且將它與目錄之學、校讎之學並列為清代三大根柢之學。在葉氏看來，板本之學不僅成了一門獨立的學科，而且很有學術地位。他說：「板本之學，為考據之先河，一字千金，於經史尤關緊要。」〔註32〕他為版本學爭得一席之地，功莫大焉。顧廷龍亦反覆強調版本學「應該可以成為一門專門的科學」。〔註33〕李致忠、郭松年等人亦響應此說。

第二，合流說。崔建英認為：「版本學和目錄學是同源而同時誕生的，後世曾版本學、目錄學分稱，不過是有所側重，如史志目錄，過去只標目，不問何本；研究版本的，往往著重對一部書版本的考證、分析。但自《遂初堂書目》而後，凡反映具體收藏的目錄，很少有避開版本的……因此版本學與目錄學就又合流，匯為版本目錄學。正式這樣叫起來，好像始於近代。」

第三，支流說。程千帆認為：「蓋由版本而校勘，由校勘而目錄，由目錄而典藏，條理始終，囊括珠貫，斯乃向、歆以來治書之通例……則校讎二字，歷祀最久，無妨即以為治書諸學之共名；而別以專事是正文字者，為校勘之學。其餘版本、目錄、典藏之稱，各從其職，要皆校讎之支與流裔。」〔註34〕

我們認為，版本學經過了兩千多年的發展，瓜熟蒂落。其研究對象、研究方法、研究內容、研究目的皆有別於其他學科。「合流論」認為版本學與目錄學已經合流，「支流論」又把版本學看作是校讎學的分支學科，說法不一，其結果都是否認版本學獨立。版本學與目錄學、校讎學關係固然非常密切，「你中有我，我中有你」，但側重點各不相同。「離則雙美，合則兩傷。」如文字學、音韻學、訓詁學關係與此類似，側重點也各有不同，始則為一、終分為三。學術研究總是朝著精密化方向發展，學科的分化早已成定勢，可謂「道術將為天下裂」。我們贊成「獨立論」。把版本學視為目錄學、校讎學的附庸的說法都忽視了版本學自身的發展趨勢。

二、版本的裝幀

古籍的裝幀形式是其版本形態的重要方面之一。隨著時代的發展，古籍材

〔註32〕（清）葉德輝：《書林餘話》卷下，《書林清話‧書林餘話》，嶽麓書社 1999 年版，第 292 頁。今按：《四部叢刊例言》與此雷同，實則《例言》亦為葉氏撰定，後人徑引薦者，未明源流。

〔註33〕顧廷龍：《版本學與圖書館》，《四川圖書館》1978 年第 11 期。

〔註34〕程千帆、徐有富：《校讎廣義‧版本編》，齊魯書社 1991 年版，卷首第 6 頁。

料和製作水平的進步，中外文化的交融，裝幀形式歷經數變，先後出現卷軸裝、旋風裝、經摺裝、梵夾裝、蝴蝶裝、包背裝、線裝、金鑲玉等。

1. 卷軸裝，又叫「卷子裝」，是最早的版本裝幀形態，即用於簡帛書寫時期（附圖1），也用於後來的紙書時期（附圖2）。可以有軸，也可以無軸，因收藏時被捲起來成捲筒裝，故得此名。卷軸裝是唐代及唐以前寫本的主要裝幀形式。北宋歐陽修《歸田錄》云：「唐人藏書，皆做卷軸。」元朝吾衍《閒居錄》稱：「古書皆卷軸。」明都穆《聽雨記聞》說：「古人藏書皆作卷軸。」清朝高士奇《天祿識餘》說：「古人藏書，皆作卷軸……此制在唐猶然。」這些說法均說明，直到唐朝，卷軸裝這一形式仍然盛行。

20世紀初，敦煌莫高窟藏經洞發現了大批遺書，因多採用卷軸裝，有的還有木軸，故被稱為「敦煌卷子」。這些遺籍有力證明唐及以前，卷軸裝是最為盛行的裝幀形式。現今裱裝書畫作品多採用這種裝幀形式。

附圖1

附圖2

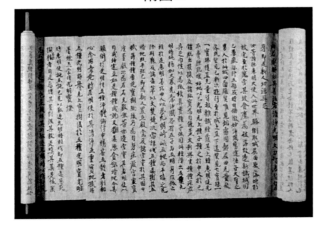

2. 旋風裝，又稱「葉子（或「頁子」）裝、「龍鱗裝」〔註35〕，出現於唐代，其裝幀形式比較特別。其具體做法是：以一張長形橫幅紙為底紙（也稱「命紙」），第一頁單面書寫後，完全黏裱在底紙的最右端，從第二頁起，雙面均書寫內容，然後僅將紙張最右端無字的邊緣部分黏裱在底紙上，其中除了第二頁是緊挨著第一頁的左邊黏貼之外，其餘各頁均貼在前一頁下面略微往左平移一釐米處。以此類推全部黏貼好後，各頁都如同鱗般黏貼在底紙上，收藏時從右往左捲起，外形上看仍為卷軸裝。閱讀時，除了第一頁因完全貼實無法翻動之外，其餘各頁均可左右翻動。旋風裝仍保留了卷軸裝了外殼，還屬於一種過渡形式，但克服了卷軸裝卷舒困難、翻檢不便的缺點，實開後世冊葉制之先河。

故宮博物院館藏《刊謬補缺切韻》（附圖 3）就是一件舉世無雙的旋風裝珍品，全書共二十四頁，除首頁是單面書字外，其餘二十三頁均為雙面書字，共四十六面。

附圖 3

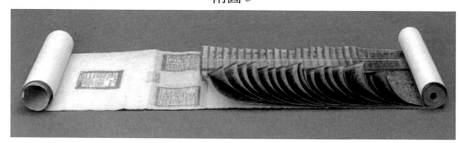

3. 經摺裝，也稱「摺子裝」。唐代佛教達到鼎盛，抄經誦經成為形成一種社會風氣。經卷因在長期卷舒時的慣性會自動捲起，對於需要正襟危坐的佛教信徒來說，經卷在使用上極為不便，因此，對卷軸裝進行的改革最早出現於佛教經卷。將書寫好的長形橫幅紙張，以一定的寬度為標準，左右反覆，均勻折疊成長方形摺子，在最上面和最下面分別黏上一張硬紙來保護紙張，這種新型的裝幀形式就是「經摺裝」。中國敦煌石室出土的《入楞伽經疏》，共二百一十一葉，就是唐代出現經摺裝的實物證明（附圖4）。由於經摺裝書籍不用卷舒，在閱讀、翻檢、收藏等方面比卷軸裝更為方便，是古籍裝幀從卷軸制正式進入冊頁制的一大轉變。北宋時期雕印的佛、道經書採用經摺裝頗為常見。

〔註35〕旋風裝與龍鱗裝實際上在紙張黏貼和收藏捲起的步驟上是有些許細微差別的，但二者都屬於「錯縫裱法」，其間的差別僅限於專業研究人員區分，作為初學者，我們可將這些細微之處暫且忽略不計。感興趣的讀者可自行檢索相關內容學習。

附圖 4

4. 梵夾裝，也多用於佛經裝幀。這種裝幀形式源於古印度的貝葉經，因佛經東傳而流入中國。其裝訂方法是將寫好的散頁依次疊放，上下用兩塊木板夾緊，木板及散頁上均打有圓孔，用繩依次穿過各個圓孔將散頁及木板連起來，繩頭打一個比圓孔大的疙瘩以防散頁脫落。收藏時候勒緊一頭，再繞過上下兩板捆緊（附圖 5）。

附圖 5

5. 蝴蝶裝，盛行於宋元兩代，是宋代雕版印刷普及之後形成的一種裝幀形式。何謂蝴蝶裝？清葉德輝說：「蝴蝶裝者，不用線訂，但以糊黏書背，夾以堅硬護面。以板心向內，單口向外，揭之若蝴蝶翼然。」〔註36〕具體來說，以版心中線為中縫線，將印有文字的一面向裏對折，再所有書頁對齊，用一整張包背紙從中間將封底、封面全部包住，將封底、封面處黏上硬紙板以作保護。

〔註36〕（清）葉德輝：《書林清話》卷一，嶽麓書社 1999 年版，第 13 頁。

打開之時，書頁向兩邊展開，若蝴蝶飛舞，故得此名（附圖6）。蝴蝶裝適應了雕版印刷一頁一版的特點，是古籍裝幀史上的重大進步，其優點是書口不外露，四周如有損傷或黴濕，可隨時裁切，故不易受損。《明史・藝文志序》云：「裝用倒折，四周外向，蟲鼠不能損。」不過蝴蝶裝也並非十全十美，因版心向內，每翻一頁要遇到兩個背面，閱讀不便，同時版心易脫落。（附圖7）。

附圖6

附圖7

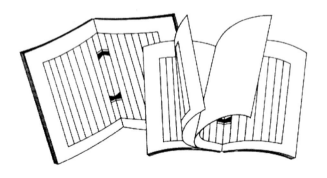

6. 包背裝，也稱裹背裝、裹後裝，出現於南宋中後期，流行於元、明。包背裝是針對蝴蝶裝的裝幀弱點而產生的，其折葉方式與蝴蝶裝正好相反，將書頁有字的兩面向外沿版心中線對折，版心向外。早期包背裝將書頁有字的一面正折，然後黏在包背紙上，沿用了蝴蝶裝漿糊黏連的做法。後期包背裝在折疊好的書頁右側打孔，以紙撚穿訂，再封上包背紙，相對漿糊黏連更為牢固。從外觀上看，包背裝以紙撚穿訂於包背紙之前，因此看上去無繩無線（附圖8）。翻開來看，包背裝的中縫在外，這與蝴蝶裝中縫在內全然不同（附圖9）。包

背裝的出現克服了蝴蝶裝每讀一頁必須連翻兩頁的繁瑣，便於閱讀，故而得以流行數百年，明清時期所刻官書多用包背裝，其尤著者，明有《永樂大典》、清有《四庫全書》。

附圖8

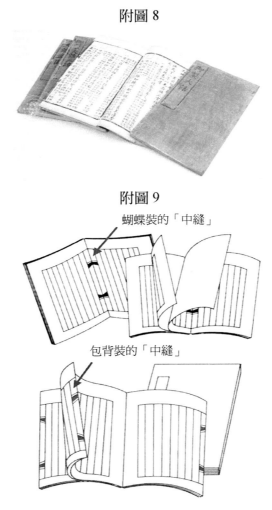

附圖9

蝴蝶裝的「中縫」

包背裝的「中縫」

7. 線裝，起源於唐末宋初〔註37〕，通行於明清之際。線裝起源很早，迄今所見我國最早的線裝實物為珍藏於大英圖書館東方部的敦煌遺書《金剛般若波羅密經》，為唐天祐二年（905）寫本。線裝是在包背裝的基礎上演化而來，其做法是：以包背裝的方式折疊好書頁，將書皮裁成與書頁大小相同的兩張，並分別置於最上面和最下面以作封面、封底，然後根據書籍大小在裝訂一側鑿

〔註37〕李致忠：《中國書史研究中的一些問題（之二）：古書梵夾裝、旋風裝、蝴蝶裝、包背裝、線裝的起源與流變》，《圖書館學通訊》1987 年第 2 期。

若干孔眼，多為四孔，開本較大的也有六孔的，最後穿線裝訂。與蝴蝶裝、包背裝用一整張包背紙包裹書頁不同，線裝的封面和封底是獨立的兩張（附圖10）。線裝較此前的各種裝幀方式而言更加牢固，不易脫落，成為古籍最通行的裝幀形式。現今流傳下來的古籍絕大多數是線裝形式。

附圖 10

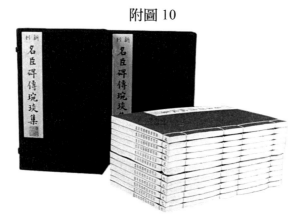

8. 金鑲玉，也稱袍套裝。其方法是：在每頁折疊的夾層內，鑲襯一張較原書上下長出少許的白紙，再將長出部分與原書頁裱平，最後重新裁切裝訂。因其襯紙潔白如玉，亮麗鮮明，故有「金鑲玉」之美稱。嚴格上講，金鑲玉不能算一種裝幀形式，而是為保護原書而採取的一種修書方式（附圖11）。

附圖 11

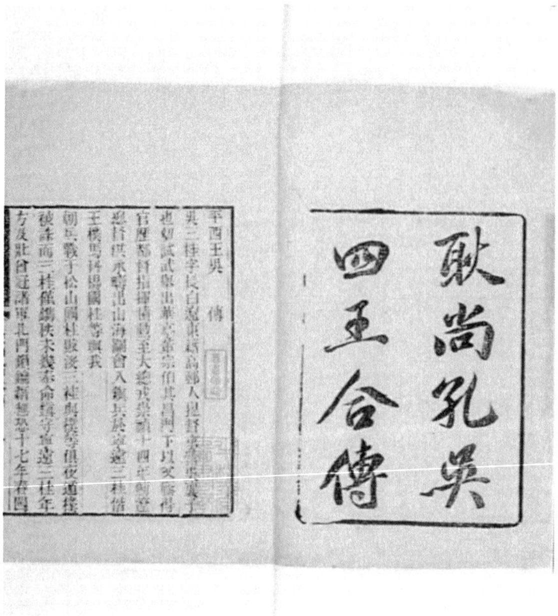

以上是古籍的主要幾種裝幀形式，我們可根據不同的裝幀特徵大體確定其版本年代。但需要注意的是，除了線裝以外，其餘裝幀形式大多經過後人改易，最初的裝幀形式已很難看到。不過只要我們仔細對比觀察，其舒卷、折疊、黏貼等細微的痕跡也是存在的，這些都可以為我們判斷版本年代提供線索。

三、版本的結構

版本包括形式和內容兩個方面，版本的結構亦包括版本的形式結構和內容結構。版本的結構是我們瞭解古籍版本的基礎，也是考訂版本的重要途徑。其中涉及很多專業術語，有必要加以介紹。

（一）版本的形式結構

版本的形式結構主要包括版式結構和整書結構。

1. 版式結構

版式，指古籍每一印頁的樣式，通常由版框、界行、版心、魚尾、象鼻、天頭、地腳、書耳等構成。

附圖 12

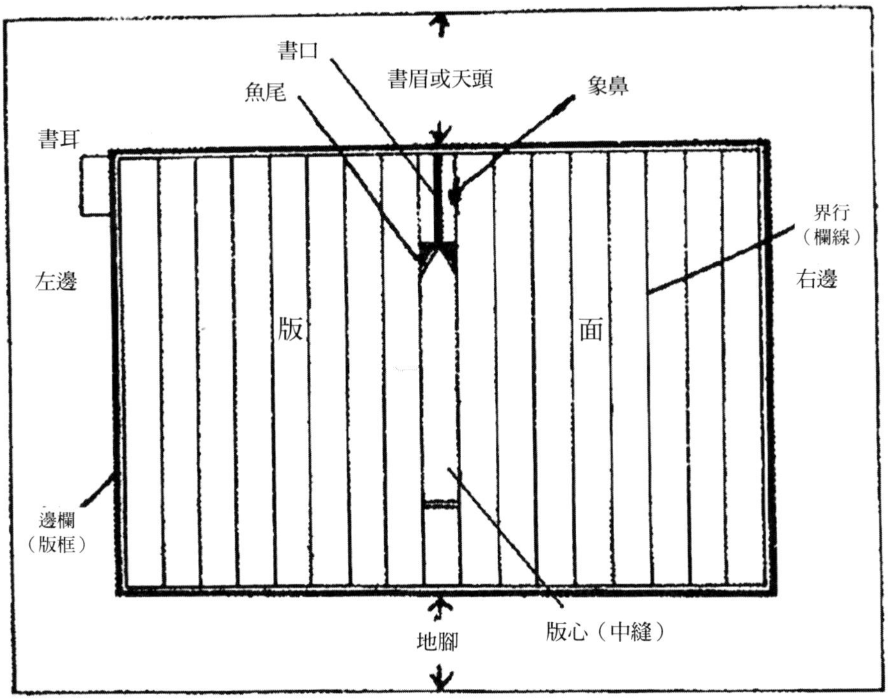

版框：也叫邊欄、界欄或欄線，指古籍單張印頁四周的圍線。上下左右的圍線分別稱上欄線、下欄線、左欄線、右欄線。四周圍線均只有一條的稱四周單邊，四周圍線都是兩條的稱四周雙邊（又稱「文武欄」），左右圍線為兩條的左右雙邊。此外，還有一些採用特殊圖案的版框，如由卍字符花紋組成的叫「卍字欄」，竹節圖案組成的叫「竹節欄」，多種樂器圖案花紋組成的叫「博古欄」，這些版框統稱為花邊。

界行：字行之間的分界線。唐人稱作「邊準」，宋人稱「解行」。有朱墨二色，紅色的叫朱絲欄，黑色的稱烏絲欄。

版心：又叫中縫、書口、版口，是每一頁版框中間沒有正文內容的那段窄行。蝴蝶裝的版心經折疊後在內，包背裝和線裝的版心在外。版心內常刻有書名、卷次、頁碼、字數、刻工姓名等信息。需要說明的是，古籍在裝訂時，每頁印紙要折疊而變成兩版。如果是蝴蝶裝，則有字的一面朝內折疊，兩版相對。如果是包背裝或線裝，就是有字的一面朝外折疊，兩版相背。

魚尾：版心上下兩端約四分之一處的圖案，因為狀似魚尾，故名。按數量分，版心上只刻一個的叫單魚尾，版心上下對應位置處各刻一個的叫雙魚尾，也有三魚尾，但不常見。按方向分，魚尾方向相對的稱對魚尾，魚尾方向一致的稱順魚尾。按圖案差別分，有白魚尾、黑魚尾、線魚尾、花魚尾等。

象鼻：連接版框和魚尾的黑線。通常以有無象鼻及象鼻粗細來區分不同的版心。有象鼻的稱「黑口」，象鼻粗的稱「大黑口」或「闊黑口」，象鼻細的稱「細黑口」或「小黑口」。沒有象鼻的稱「白口」。白口刻有文字的稱為「花口」。

天頭：又叫書眉，指上欄線以外的空白處。

地腳：下欄線以外的空白處。

書耳：也稱耳格或耳子，指緊貼版框外部上端的長方形小格。多見於蝴蝶裝，專門用來記篇名、書名簡稱或者帝王名號、室名等，為閱讀時方便翻檢而設。

2. 整書結構

整書結構指印頁裝訂成冊之後的書籍形態，由書衣、書籤、書首、書腦、書脊、書根等構成。

附圖 12

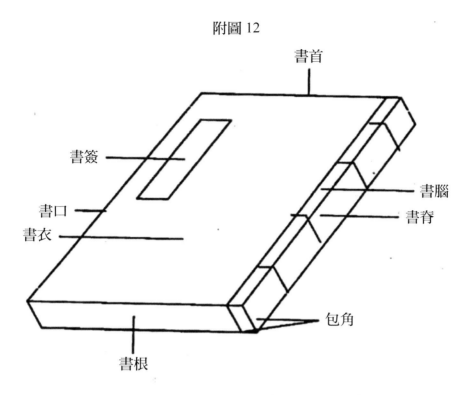

書衣：又稱書皮。一般採用質地較厚的有色紙，比較珍貴的書籍採用絲織品，可起保護作用。

書籤：貼在書衣左上方的長方形紙條或絲條，標有書名。亦有請名家書寫書籤者，往往落款書為某某題簽。

書首：或稱書頭，指書的上端。

書腦：線裝書裝訂線右側的空白部分。

書脊：也叫書背，指線裝書裝訂線右側的截面，類似於現代書的書脊處。

包角：古籍右側上下兩端稱為書角。較珍貴的古籍在裝訂時常以湖色（淡青色）或藍色的綾將書角包起，既美觀又有保護作用。

書根：古籍下端的截面。古籍插架時，書籤上的書名會被遮住，而書根朝外，故古人常將書名、冊數、冊次等信息標於書根，以便翻檢。因書根截面較窄小，書名多題簡稱，冊數則以數字標識。

（二）版本的內容結構

版本的內容結構對版本的優劣有重要影響，主要包括序言、目錄、凡例、跋、凡例、卷首、卷末、附錄、小題、大題、墨釘、墨圍、牌記、行款等。

序言：正文之前說明著述主旨、成書經過、篇章字數、刊刻情況、作品特點、學術得失等內容的文字，分為自序、他序。明吳訥指出：「序，緒也。序之體，始於《詩》之《大序》，首言六義，次言風、雅之變，又次言《二南》王化之自。其言次第有序，故謂之序也。」〔註38〕序言起源很早，先秦時期已有之，早期的序言位於卷末，如《淮南子·要略》《史記·太史公自序》，到了漢代以後，才移於卷首，成為通例。

目錄：正文之前揭示全書篇目名稱和排列順序的文字。

凡例：關於全書編制體例的說明文字。

卷首：正文之前獨立成卷的部分。其內容多為聖諭、先人著述文字或著者生平資料（行狀、神道碑、墓誌銘、傳記、年譜等）。

卷末：正文之後獨立成卷的部分。其內容多為後人著述文字、著者生平資料、著者友人贈答之作等內容。

跋：又稱後序、書後、後記、題名，指題於書後的文字，其作用大體與序言類似。明徐師曾云：「按『題跋』者，簡編之後語也。凡經傳、子史、詩文、圖書之類，前有序引，後有後序，可謂盡矣；其後賢者，或因人之請求，或因感而有得，則復撰詞以綴於末簡，而總謂之題跋。」〔註39〕

附錄：正集之後的附加部分。

小題和大題：小題指篇名，大題指書名。通常是大題在上，小題在下，惟宋版書有時小題在上，大題在下。

墨釘：又稱墨等，指正文中表示闕文的墨塊，用「■」表示。工匠刻書時，感覺版面上有疑問的字，先留空，待確認後再刻，此留空處即印成一個墨塊。

墨圍：將文字四周圍上墨線，通常用以表示注疏或小標題，起到醒目的作用。

牌記：又稱牌子、木記，在卷末、書末、序末、目錄後等位置刻上刻書者姓名、堂號、書坊名號、刻書地點、刻書年月、藏版者、所用底本、校勘情況等內容，以示版權所有，類似於今天的版權頁。

行款：又稱行格，指古籍版面的行格字數。一般以半頁為計算單位。著錄版本時多記半頁若干行若干字，遇有每行字不一致時，則取其最多或最少者記之，外加「不等」二字。

〔註38〕（明）吳訥：《文章辯體序說》，人民文學出版社 1962 年版，第 42 頁。
〔註39〕（明）徐師曾：《文體明辨序說》，人民文學出版社 1962 年版，第 136 頁。

四、版本的類型

我國古籍版本的類型極為複雜，由於抄寫、刊刻的時代不一，地域有異，寫刻者有別，以及寫刻方式的差別，因而產生了各種不同的版本類型。

（一）按版本工藝分

按版本工藝分，主要有寫本、刻本、活字本、套印本、石印本、影印本等。

寫本：人工手工寫成而成的本子。可分為手稿本、清稿本、抄本三類。手稿本是作者親筆手寫的本子。非作者親筆手寫，但經作者親筆校改、刪補的本子，稱為清稿本。抄本是他人據底本抄寫的本子，又可分為烏絲欄抄本、朱絲欄抄本、精抄本、影抄本、毛抄本、舊抄本等。

刻本：雕版印刷而成的本子。雕版時將書稿清樣有字的一面貼在板上，刻工將有字的部分刻成陽文，挖去空白部分。印刷時敷墨上版，再鋪紙刷印。我國雕版印刷術起源很早，唐代已出現雕版印刷的佛經，前後盛行一千餘年。

活字本：用活字排印的本子。可分為泥活字本、磁活字本、木活字本、銅活字本、錫活字本、鉛活字本等。

套印本：用多種顏色分版印刷的本子。

石印本：用藥墨將文字寫在特製藥紙上，覆在石版上印刷的本子。

影印本：將原書逐頁照相或掃描製版印成的書。

（二）按出版時間分

以朝代先後而言，有宋本、元本、明本、清本等；對刻本來說，按同書異本的刻印先後又可分為初刻本、重刻本、翻刻本、影刻本、遞修本、初印本、後印本等。

初刻本——第一次刊刻的本子，是同書異本之中的最早版本。

重刻本——據原刻本重新刊刻的本子，其行款版式不一定與原刻本相同。

翻刻本——嚴格按照原刻本的內容、行款、版式重新付刻的本子，其字體不一定與原本一致。

影刻本——將原刻本的內容、邊欄界行、版口魚尾、行款字數等，逐頁臨摹或雙勾下來，然後逐頁上版同聲鐫雕。這種方式多用於影刻珍稀的宋元本，可以保持原刻本的風貌。

遞修本——經過多次修補而印成的本子。這種版本可稱為×朝××年刻×朝×朝遞修本。三朝本就是遞修本中的一種。

初印本——書版刻成之後首次印刷的本子。

後印本——書版首次印刷之後再印的本子。

（三）按出版地域分

按國別分，有和刻本、朝鮮本、越南本、梵本等。按地區分，有浙本、建本、蜀本、江西本、平陽本等。

浙本——刻於浙江地區的本子。浙江是我國古代刻書中心之一。又可分為臨安本、越州本、婺州本、嚴州本、衢州本。

建本——刻於福建地區的本子，亦稱閩本。福建也是我國古代刻書中心之一。又可分為建陽本、福州本、麻沙本、泉州本等。

蜀本——刻於四川地區的本子。四川亦為我國古代刻書中心之一。又可分為成都本、眉山本等。

江西本——刻於江西地區的本子。江西是浙江、福建、四川之後的又一刻書中心。可分為江州本、建昌本、南康本、袁州本、饒州本等。

平陽本——刻於平陽地區的本子。平陽又叫平水，在今山西臨汾一帶，是金代和元代北方刻書中心。

（四）按刻書單位分

以刻書單位區分，通常可分為官刻本、家刻本、坊刻本三大類型。

官刻本——歷代各級政府及其附屬機構所刻的書。歷代官刻機構包括宋代國子監、崇文院、太史局、禮制局等，各路公使庫、各路使司（如安撫司、提刑司、轉運司、茶鹽司）、各州府軍等；元代興文署、廣成局、中書省，各路儒學、各地書院等；明代國子監、司禮監、欽天監、禮部，各藩府、布政司、按察司等；清代武英殿、國子監、中央各部，地方各級行政、地方官書局、揚州詩局等。與此對應，官刻本可分為國子監本、興文署本、經廠本、殿本、藩本、局本、揚州詩局本、書院本、欽天監本、漕司本、茶鹽司本、轉運使司本、提刑司本、公使庫本、布政使司本、郡本、府本、州本、縣本、州府縣學本等。

私刻本——私人所刻的本子。其特點是不以營利為目的，通常由家族晚輩組織刊刻，以保存和傳播家庭成員的著述，因此校勘較為精良。有以出版者姓名命名者，如宋代黃善夫本、周必大本，元代丁思敬本，明代王延喆本、閔本、凌本，清代阮元本、胡克家本、黃丕烈本等；或以出版者姓氏、室名堂號相稱者，如：宋代廖氏世綵堂本，元代岳氏荊溪家塾本，明代袁氏褱嘉趣堂本、毛

氏汲古閣本、范氏天一閣刻本，清代顧氏秀野草堂本、鮑氏知不足齋本、張氏墨海金壺本等。

坊刻本——書坊所刻的本子。所刻之書多以堂號相稱，如南宋臨安陳宅書籍鋪刻本、建陽余仁仲萬卷堂刻本，元代建安余氏勤有書堂刻本，明代楊氏清江書堂刻本，清代掃葉山房本、南京李光明莊刻本等。

（五）按字體版式分

按版式大小和分欄方式，可分為巾箱本、兩節版本和三節版本。按字體，要分為大字本、中字本和小字本。按顏色，可分為朱墨本、朱印本和藍印本。

巾箱本——版式較小，便於攜帶的本子。巾箱是古人裝頭巾用的小篋。因開本小，可置於巾箱，隨身攜帶，故名。

兩節版本——書版分為上下兩欄的本子。或上圖下文，或下欄為正文，上欄為注解或批語，多見於民間通俗讀物。

三節版本——書版分為上中下三欄的本子。和兩節版本類似。

大字本——字體較大、版式疏朗的本子。行款一般小於半頁 10 行、行 20 字。

中字本——字體大小合適的本子。通常每半頁 10 行、行 20 字左右。

小字本——字體較小的本子。行款一般大於半頁 10 行、行 20 字。

（六）按內容分

按內容分，可分為單刻本、叢書本、合刻本、抽印本、增訂本、刪節本、足本、殘本、校本、注本、批點本、插圖本、過錄本等。

單刻本——以單行本形式刊刻的本子，相對於叢書本而言。

叢書本——以叢書形式刊刻的本子。

合刻本——兩種以上著作合刻在一起的本子。

抽印本——抽取一書的部分內容刻印而成的本子。

增訂本——對原書內容增補修訂而成的本子。

刪節本——刪節原書內容而成的本子。

足本——無缺佚、刪削，內容完整的本子。

殘本——卷數殘缺不全的本子。

校本——經過校勘而成的本子。經名家手校之本，大多後出轉精，素為藏書家所珍視。

注本——附有注釋的本子。

批點本——帶有批語、圈點的本子。

插圖本——帶有插圖的本子。書名前常冠以「繡像」「全相」字樣。

過錄本——移錄底本批校文字、圈點句讀而成的本子。

（七）按流通情況和價值分

通行本——又稱俗本，流佈較廣，容易得到的本子。

善本——文物價值、藝術價值或學術價值較高的本子。〔註40〕善本是版本學的核心概念，其評價標準隨著時代風氣的轉換而發生變化。清張之洞的觀點頗具代表性，他在《輶軒語‧語學》「讀書宜求善本條」中提出：「善本非紙白、版新之謂，謂其為前輩通人用古刻數本精校細勘付刊、不訛不缺之本也……善本之義有三：一足本（無闕卷、未刪削）。二精本（一精校，一精注）；三舊本（一舊刻，一舊抄）。」〔註41〕

孤本——世間僅存的本子。

焦尾本——火災之後幸存的殘本。

第二節　版本發展簡史

一、唐、五代刻本

雕版印刷發明於唐代，是中國古代對人類文明的一項偉大貢獻。據現存實物和文獻記載來看，唐代雕版印刷最初只流行於民間，以坊刻最多，家刻次之，所刻之書只限於佛經、曆書、字書、韻書以及陰陽雜記、占夢相宅、九宮五緯之類的雜書，刻書的地點主要分布於北方的長安、洛陽和南方長江流域的成都、揚州、越州、江西等。從刻書內容、刻書地點來看，唐代雕版印刷的規模較為有限，尚處於雕版印刷的初始階段。

唐代的刻本傳世罕見，現存實物有：（1）1966 年在韓國慶州佛國寺釋迦塔內發現的漢譯本《無垢淨光大陀羅尼經咒》，該經咒刻於唐武則天長安四年（704）至唐玄宗天寶十年（751）之間，是目前已知最早的雕版印刷品；（2）1944 年發掘於成都一唐墓中的唐成都府成都縣龍池坊卞家所刻的《陀羅尼經咒》，該經咒刻於唐肅宗至德二年（757）之後，是國內現存最早的雕版印刷品，

〔註40〕曹之：《中國古籍版本學》，武漢大學出版社 1992 年版，第 46 頁。

〔註41〕司馬朝軍：《輶軒語詳注》，華東師範大學出版社 2010 年版，第 134～135 頁。

今藏於國家博物館；（3）在敦煌發現的唐咸通九年（868）王玠所刻的《金剛經》經卷，是最早的刻印有確切日期的雕版印刷品，今藏於大英圖書館。

五代時期，政權更迭頻繁，戰亂紛爭不已，社會動盪不安，而偏遠地區如蜀、南唐、吳越、閩國相對安定，這些地區的雕版印刷業相比唐代卻有長足的發展，刻書規模進一步擴大，刻書種類更為豐富。這一時期的官刻、坊刻、家刻皆有所發展，三大刻書體系初步形成。五代時期，統治者開始注意到雕版印刷術的重要作用。在宰相馮道的倡儀下，後唐、後晉、後漢、後周諸代國子監組織刻印九經。自後唐長興三年（932）開雕，至後周廣順三年（953）結束，前後歷時 22 年，史稱「五代監本九經」。五代監本九經校刻精審，在當時傳佈甚廣。九經的刊刻是我國印刷史上具有劃時代意義的事件，標誌著雕版印刷從民間進入官方，對後世產生了深遠影響，此後歷代國子監均為官刻的主體之一。除國子監外，一些割據政權也從事刻書活動，如南唐後主李煜刻有《史通》《玉臺新詠》等。吳越國王錢俶大量刊刻佛經，所刻《寶篋印陀羅尼經》達 84000 卷，至今有多部殘卷傳世，可見當時流傳之廣。五代時期，私家刻書興起，士大夫亦參與刻書。後蜀宰相毋昭裔酷好古文，精通經術，仕蜀為相，出私財百萬，營學館，刊印「九經」、《文選》、《初學記》、《白氏六貼》，開大規模私家刻書之先河。五代文學家和凝有集百餘卷，自篆於版，模印數百帙，分惠於人，可謂自著、自刻、自篆之第一人。前蜀任知玄自出俸錢，雇用良工，雕印杜光庭《道德經廣聖義》三十卷，五年內雕成四百六十餘版。五代時期，寺院刻書亦有所發展，延壽和尚主持刊刻《彌陀經》《楞嚴經》《法華經》《觀間經》《佛頂咒》《大悲咒》等大量佛典。五代時期，承唐之遺風，坊刻亦相當活躍，刻印和售賣的書籍種類則更為多樣化，如閩國書坊將莆田詩人徐寅的《人生幾何賦》刻版出售，徐寅在《自詠十韻》詩中所寫的「拙賦偏聞鐫印賣，惡詩親見畫圖呈」就是當時書坊印售詩賦的真實寫照。

就地區而言，五代的刻書地區較唐代也有所擴大。除長江流域外，北方的開封、青州，南方的江寧、福州，西北的瓜州、沙州等均有刻書。開封、成都、杭州成為當時有名的刻書中心。開封為五代梁、漢、晉、周四朝的都城，設有國子監，監本九經就出自此地。蜀地在五代時為蜀國的都城，未受戰火之災，社會安定，經濟發達，在毋昭裔的影響下，蜀地刻書盛行，文學興盛，成為古代最早的刻書中心。江南地區安定繁榮，文化發達，與蜀遙相呼應，雕版印刷頗為發達，主要集中在金陵和杭州。

從字體特點來看，五代刻本採用北魏魏碑體，字體古拙，類似於唐人寫經的風格。在已經發現的五代刻本實物中，尚未看到歐體、顏體。因所刻內容以佛教為多，故五代刻本多帶有佛教圖像，圖像古拙，線條、布局、構圖較為板正。

二、宋刻本

兩宋時期是我國圖書出版的普及時代。官刻、私刻、坊刻三大系統正式形成，刻印技術日趨成熟，刻書行業遍及全國，無論是在數量、質量還是在種類上都日趨完善。

（一）三大刻書系統

宋代官刻的中央機構有國子監、崇文院、秘書監、國史院、司天監等，其中國子監刻書最多，為宋代中央官刻的主體。國子監刻書無所不包，經史子集四部都有所涉獵，其中以經書、史書和醫書居多。據王國維《五代兩宋監本考》，兩宋監本有一百八十二種。宋代國子監沿襲五代之遺風，注重選擇優秀底本，校勘審慎，多請書法名家上版，版式寬闊，字大疏朗，所刻書質量頗高，享有盛譽。宋代官方刻書在北宋時期以中央為多，到了南宋則以地方為多。地方官刻的代表為公使庫刻本。公使庫是專為公使出差提供衣食住行方便的機構，由於國家撥款有限，所以各地公使庫就以刻書作為其廣開財源的方法之一。如蘇州公使庫王琪於嘉祐四年（1059）刻印的杜甫詩集成為杜集的第一個刻本，也是後世所有杜集的祖本。

宋代許多學者非常重視刻書活動，湧現了一批私人刻書家。陸游幼子陸子遹喜藏書、刻書，對陸游的《劍南詩稿》《渭南文集》《老學庵筆記》等著作等都有刻印。廖瑩中所刻的《昌黎先生集》《河東先生集》，藏書家推為宋刻上品。周必大所刻《六一居士集》，僅前期整理工作就從紹熙二年（1191）進行到慶元二年（1196），耗時五年，態度審慎。朱熹不僅親自參與刻書活動，刻有《周易》《詩經》《尚書》《春秋左氏傳》《論語》《孟子》《大學》《中庸》以及《南軒集》《韓文考異》等書，還從理論上提出了鑒別版本真偽的方法；其態度嚴謹，實事求是，反對當時濫刻、作偽、盜印之風，對糾正當時刻書風氣起到了重要作用。

宋代坊刻有了很大的發展，特別是在南宋時出現了一個發展高潮，形成了四大坊刻中心，即以杭州和金華為代表的兩浙坊刻、以建安為代表的福建坊

刻、以成都和眉山為代表的蜀中坊刻、以吉州為代表的江西坊刻，其中最著者當推建安余仁仲的萬卷堂和臨安陳起的陳宅書籍鋪。建安余氏世代刻書，綿延數百年不衰，為福建著名刻書世家。葉德輝指出：「夫宋刻書之盛，首推閩中，而閩中尤以建安為最。建安尤以余氏為最。」〔註42〕可考者有餘仁仲萬卷堂、余恭禮、余唐卿明經堂、余騰夫、崇川余氏、余彥國勵賢堂等，其中以余仁仲萬卷堂最為著名。余仁仲刻有《尚書精義》《春秋公羊經傳解詁》《春秋穀梁經傳》《事物紀原》《禮記注》《周禮注》《尚書注疏》《陸氏易解》《尚書全解》《王狀元集注分類東坡先生詩》等。陳起，一名陳彥才，字宗之，號芸居，陳道人，南宋臨安著名出版家，歷孝宗、光宗、寧宗、理宗四朝。陳起好詩文，有《芸居乙稿》行世，喜與文人學士交，尤與江湖詩人過從甚密，陳起幾乎遍刻唐詩別集，如《孟東野詩集》《浣花集》《王建集》《披沙集》《唐女郎魚玄機詩集》等，為唐人詩集的流傳作出了重大貢獻，同時刊刻了宋代江湖詩人作品總集，包括《江湖集》《江湖前集》《江湖後集》《江湖續集》。宋代坊刻書雖多，但因為書坊主人不為社會所重視，故多不見史傳，除余氏、陳氏兩家略可考證外，其他坊肆只能從現有傳本、書目記載以及藏書家題識中見到零星記載。

（二）三大刻書中心

兩宋時期，刻書業發展迅速，遍及全國，如北方的汴梁、大名，南方的四川、浙江、福建、江蘇、江西、湖北、湖南、廣東、廣西等地均有刻書。北宋初期，四川承襲五代，蜀刻最盛。到北宋後期，浙刻最精。南宋時期，閩刻數量居全國之首。因而形成宋代著名的三大刻書中心。蜀本、浙本、閩本各具特色。

1. 浙本

浙江地區自五代以來，經濟富庶，文化發達，盛產紙張。浙江地區刻書以杭州為中心。北宋國子監本就有不少是杭州雕鐫的。南宋建都杭州，這裡成為全國政治、經濟、文化的中心，雕印事業更為興盛，國子監本等官刻大半出自此地。葉夢得云：「今天下之印書，以杭州為上，蜀本次之，福建最下。」〔註43〕可見杭州刻書的重要地位。除杭州外，嘉興、湖州、紹興、寧波、台州、嚴州、金華、衢州、溫州等地也有刻書。浙本以官刻為主，少量家刻本和坊刻本。周邊地區如江蘇、安徽、湖北、湖南、廣東等均受浙江刻書的影響，這些地區的刻書可以稱為「浙刻本系統」或「浙本刻書系統」。

〔註42〕（清）葉德輝：《書林清話》卷二。
〔註43〕（宋）葉夢得：《石林燕語》卷八。

　　浙本字體多用歐體，為長方形，上下長、左右短，剛勁挺拔，結構爽健，字畫書寫認真，刀法圓潤，挺拔秀麗，大部分為宋版書中之佳品。版心多為白口，上方有單、黑魚尾，上下雙魚尾偶然有之，魚尾下方刻書名、卷次，書名多簡寫。版心上方多刻本頁字數，版心下方刻刊工的名字，有的只刻姓或名字，這對考證版本和辯識刻書地區以及年代很有幫助。版框多為左右雙欄、上下單欄，四周雙欄較少見。書品寬大，多用麻紙。

2. 閩本

　　宋代的福建地區是當時南方又一個刻書中心。福建刻書集中於建陽，建陽又以位於麻沙、崇化二鎮為最。《方輿勝覽》載：「麻沙、崇化兩坊產書，號為圖書之府。」〔註44〕建陽書坊林立，刻書遠銷各地，流傳頗廣。朱熹稱：「建陽版本書籍行於四方者，無遠不至。」〔註45〕閩本以坊刻為主，刻書種類豐富，除刻印經史百家和唐宋名家詩文集外，還刻印了科舉應試用書以及醫藥、字書、韻書、類書、小說、啟蒙讀物等。書坊以刻書為生，追求營利，注重調整經營策略，故閩本富於變化，在版式、字體方面有不少創造，老書也多用新法編印，如《史記集解》《史記索引》和《史記正義》三書，北宋時是分刻的，南宋將《集解》和《索引》合刻，建安黃善夫又將《正義》並刻。

　　閩本多用顏體、柳體或瘦金體，字形瘦長挺拔，橫筆較細，豎筆較粗。其版式特點在浙本的基礎上有一定變化，出現細黑口，四周雙邊，多使用雙魚尾。書名、卷次所刻的位置雖然和浙本相似，但是閩本中無刻工姓名和本頁字數等信息。為了便於讀者翻檢，閩本最先採用書耳，內刻篇名或小題。此外，浙本中牌記很少見，閩本則廣泛普遍採用牌記。閩本之所以多使用刻書牌記而非序跋來記錄刻書信息，主要是因為閩本多坊刻，刻書者文化水平一般較低，做不出成篇的序跋，因此採用牌記以記錄刻書信息。閩本多用麻沙紙，這種紙張以當地出產的竹子為主要原料，堅韌耐久，但和浙本麻紙相比，質地較差，顏色稍黃。閩本因多是坊刻，所以避諱不像浙本官刻那麼嚴謹。

3. 蜀本

　　四川是雕版印刷術的發祥地之一。早在唐、五代時期，四川地區的刻書的風氣就頗為盛行。宋代四川刻書地點主要分布於成都、眉山、瀘州、涪州、劍州、潼州、廣都、夔州等，其中以成都和眉山最為發達。成都在五代時為

〔註44〕（宋）祝穆：《方輿勝覽》卷六。
〔註45〕（宋）朱熹：《晦庵先生朱文公文集》卷七八《建寧府建陽縣學藏書記》。

蜀國的首都，是當時的文化中心。後蜀御史中丞毌昭裔就提倡刻書，蔚然成風。成都刻有《大藏經》《太平御覽》《朱氏語孟集注》《建炎以來朝野雜記》《華陽國志》《春秋經傳集解》《禮記注》等。宋開寶四年（971），政府派人到成都開雕《大藏經》五千餘卷，規模宏偉。如此大部頭的佛教書籍在成都刊刻，足以反映當時成都的刻書水平。《太平御覽》一千卷，糾正閩本 3 萬餘錯字。成都所刻《春秋經傳集解》三十卷，刻印絕精，字大如銅錢，墨黑似漆，為蜀刻本之佳者。到了南宋時，四川的刻書中心逐漸移往眉山。眉山刻本中最重要的是《眉山七史》和《冊府元龜》。還刻有許多唐、宋名家的著作，如李白、李賀、孟郊、孟浩然、劉禹錫、韓愈、三蘇父子、秦觀等人詩文別集以及地方志、醫書等。

蜀本字體多為顏體及柳體的結合，字劃肥勁樸厚，尤其是撇、捺拉得很長，結構架勢雄渾壯麗，版式疏朗悅目。版心大都白口，左右雙欄，單、黑魚尾，沒有耳。版心中縫下端多有刻工姓名。刻書的序跋、牌記使用較少。蜀本紙張潔白，注重校勘，可與浙本媲美。可惜宋末元軍進攻四川時大肆搶掠焚毀，因而流傳至今的蜀本比浙本、閩本要少得多。

三、遼、金、西夏刻本

（一）遼刻本

在北宋的影響下，遼國重視儒學，雕版印刷有所發展，但因兵亂不止，且遼國書禁甚嚴，對圖書刊刻、流傳產生了很大影響。沈括謂：「契丹書禁甚嚴，傳入中國者，法皆死。」〔註46〕金人去遼未遠，已感歎遼代史籍之缺失。流傳至今的遼刻本更是鳳毛麟角。關於遼代刻書的文字記載寥寥無幾，各藏書家目錄亦罕有著錄。今天我們得以見到一些遼刻本，主要是 1974 年山西應縣對木塔整修翻新時，在佛像腹中發現若干極其珍貴的遼刻本，其中有《契丹藏》十二卷及啟蒙讀物《蒙求》，填補了遼代刻書的空白。《稱讚大乘功德經》一卷，末尾有寫「穆咸寧，趙守俊、李存讓、樊遵四人共雕」等字。

遼代刻書地點主要分布於燕京、范陽等地。燕京設有印經院，刻有著名的《契丹藏》六千餘卷。《契丹藏》全部用漢字雕版，大字楷書，採用卷軸裝，行格疏朗，紙墨精美。《契丹藏》在當時頗有影響高麗顯宗王詢曾據宋《開寶藏》和遼《契丹藏》刻成《高麗藏》。《契丹藏》過去一直未見傳世，只到 1974

〔註46〕（宋）沈括：《夢溪筆談》卷十五。

年才在山西應縣發現殘卷。除此之處，燕京的弘法寺、大昊天寺也刻過佛經。

遼刻本字體與唐、五代刻本保持一致，採用比較古拙的魏碑體，還有一種情況就是少數採用比較方正的歐體字，但此歐體字不如浙本歐體字規矩、精細。遼刻本一些佛經的上、下欄採用了佛教法器金剛杵的變形圖案，這種情況在宋刻本佛經中沒有看到，很有可能是遼刻本佛經的一個特殊之處。遼刻本《蒙求》為左右雙邊，版心非常窄，白口，無魚尾，無象鼻。

（二）金刻本

金代刻書地區較廣，如中都（今北京）、南京（今開開封）、平陽、解州、太原、榆次、寧晉、華陰、大名、濟南等地均有刻書，而尤以平陽最為發達，成為北方的刻書中心。平陽地理位置優越，社會安定，經濟繁榮，特產豐富，盛產紙、墨，文化基礎較好，古有「家住平陽縣，無家不讀書」之說。平陽刻書歷史悠久，五代時期著名刻書家毋昭裔就是此地人。此外，1127 年，金破汴梁時，將那裏的書坊、書版及一部分雕版工人掠去，移往平陽，進一步推動了平陽刻書業的發展。

金代官刻、私刻、坊刻均有一定程度的發展。官刻以國子監為代表，國子監曾刊刻王弼、韓康伯《易經注》，孔安國《尚書傳注》，《毛詩鄭注》，《周禮注疏》，《禮記疏》，《杜預左傳注》，《唐玄宗孝經注》等經書，《史記》《漢書》等十七史以及《老子》《荀子》《聖濟總錄》《續附經驗奇方》等子部書籍。金太宗八年（1130），設經籍所於平陽，出版官刻本。除官刻外，私家和書坊刻書也很多。私刻多經史文集，坊刻則重在滿足普通民眾需要，多為醫書、類書和民間盛行的說唱諸宮調。金刻本傳世的有《劉知遠諸宮調》，全書十二卷，於清光緒三十三年（1907）在甘肅張掖黑水城出土，國家圖書館藏有卷五殘葉四十二頁，是金代平水坊刻本的一種，半葉十二行，行十二字，白口，左右雙欄。平水坊肆還刻印版畫，如《四美人圖》為平水姬家書坊所刻。

金刻本中最重要的為佛藏和道藏。金代佛藏刻於山西解州天寧寺，自金皇統八年至大定十八年，歷時三十年始成，因發現於山西趙城縣廣勝寺，故被稱為《趙城廣勝寺藏》，又稱《趙城藏》。這是我國僅存的一部珍貴孤本佛經，現存四千餘卷，今藏於國家圖書館。《金道藏》，全稱《大金玄都寶藏》，金章宗命道士孫道明據宋道藏殘版補刻而成，達七千餘卷，至今僅存《太清風露經》《雲笈七籤》等零種。

　　早期的金刻本和宋代浙本相似，同樣採用歐體字，版式上也是左右雙邊，白口，單、黑魚尾，但經過一定發展之後，金刻本也體現出自己的一些特點，表現在字體上就是在歐體字中加入了一些顏體字成分。如果說宋蜀本是顏、柳混合體，那麼金刻本就是歐、顏混合體。由於字體中加入了顏體成分，所以看上去比宋代浙本顯得更為挺拔。在版式上也有一些變化，如出現四周雙邊，雙、黑魚尾。金刻本的另一個特徵是字與字之間排列較密集，可能因為金刻本多出自書坊，書坊由於要考慮到成本支出，所以儘量在一個版面刻了盡可能多的字數，進而減少成本。

（三）西夏刻書

　　西夏本名大夏，史稱為西夏，是宋時党項羌所建立的少數民族政權。西夏受中原文化影響，興儒重典，發明文字，發展教育，刊刻儒家及佛經。據 20 世紀以來的西夏考古資料分析，西夏刻書有官刻、家刻和坊刻三種形式。

　　在官方刻書方面，西夏設有刻字司，以刻印西夏文書籍為主，刻有類書《聖立義海》、西夏文《類林》、反映西夏民風的《西夏詩集》、譯自宋代陳祥道的《論語全解》、國家重典《貞觀玉鏡統》、法律典籍《天盛改舊新定律令》等。

　　關於私家刻書，西夏文字典《音同》跋載：「今番文字者，乃為祖帝朝搜尋。為欲使繁盛，遂設刻字司，以蕃學士為首，雕版流傳於世。後刻工印匠不（曉）事人等因貪小利，肆開文場，另為雕刻。彼既不諳文字，未得其正，致使印面首尾顛倒，左右混雜，學者惑之。」西夏官方刻書不能滿足社會需要，致有為射利而翻刻官刻書者，說明西夏有私人刻書。西夏文《新集錦成對諺語》、陸文政刻印的漢文《般若波羅蜜多心經》、劉德真刻印的漢文《注華嚴法界觀門》、郭善正重刻的西夏文《聖觀自在大悲心總持功德依經錄》、耿長葛刻印的《頂尊勝相總持功德依經錄》等均為家刻。

　　關於西夏坊刻的資料極少，目前已知的坊刻本有骨勒茂才編纂的西夏文─漢文雙解詞語集《番漢合時掌中珠》，其封面書名下印有「……坊角面西張……」，當為張氏書坊所刻。

四、元刻本

　　元朝政府尊經崇儒，興學立教，保護百工，刻書事業大有發展，在一些方面甚至超過兩宋。據清錢大昕《補元史藝文志》，元代所刻圖書，經部 804 種，史部 477 種，子部 763 種，集部 1098 種，凡 3142 種。由此可見元代刻書的盛況。

　　大都、平水、杭州、建陽為元代四大刻書中心。在元代，杭州依然是江南刻書業最發達的地區。1279 年，元軍攻入杭州，當地並未受到戰亂影響，刻書業得以保持。建陽的刻書也沒有受到戰爭破壞，相比宋代還有進一步的發展。南宋中後期，四川一帶為南宋軍隊和蒙古軍隊交戰之地，四川刻書業受到了嚴重破壞，入元以後，以眉山刻書為代表的蜀本不復存在。在北方，平陽府的刻書也得以繼續保持，仍然為北方的刻書中心。由於刻書業本身的發展，除了建陽的建本和平陽平水本還保留了自己一定的獨立風格以外，全國其他地區的刻書風格逐漸趨向統一。各地刻本不是像宋代時期那樣個性突出。以下分官刻、家刻和坊刻分別介紹元代刻書情況。

（一）官刻

　　元代中央官刻機構有興文署、廣成局、印曆局、廣惠局、醫學提舉司等，以興文署刻書最多。元軍攻入杭州時將當時南宋秘書監所藏精善書版悉數帶到京師，同時也擄走了很多刻工，中央官刻沿用了很多宋代刻版，縮短了出書週期，也節省了大量刻書經費。

　　元代官方刻書量最大的還是由各路儒學、書院等地方機構所刻的書。各地儒學刻了不少書，最有名的為九路儒學所刻十七史。九路十七史指的是元代江東健康道肅政廉訪司組織其下屬九路，包括寧國路、徽州路、饒州路、集慶路、太平路、池州路、信州路、廣德路和鉛山州聯合刻印的十七史。其中，寧國路刻有《後漢書》，太平路刻有《漢書》，信州路刻有《北史》，集慶路刻有《新唐書》，饒州路刻有《隋書》，池州路刻有《三國志》。至正十四年（1354），嘉興路儒學主管劉廷幹刻本《大戴禮記注》十二卷，刻印極精細，一度被誤認為是宋刻本。大德十年（1306）紹興路儒學刻有《吳越春秋音注》十卷，明朝弘治酈廷瑞、萬曆年間馮念祖臥龍山房刻本，均源自此本。

　　元代書院有了很大發展，書院刻書頗為盛行。其中最為著名的是元泰定三年（1326）西湖書院刻《文獻通考》三百四十八卷。刻印俱精，字體書寫優美，行款疏朗悅目，為元本之代表作。西湖書院的舊址是原南宋臨安國子監，因而得以繼承原國子監書版繼續印刻書籍。還有元大德三年（1299）鉛山廣信書院刻本《稼軒長短句》十二卷，行書寫刻，字畫圓潤秀麗。明嘉靖十五年王詔刻本、二十四年何孟倫刻本，清光緒四年王鵬運四印齋都據此刻印。1959 年中華書局又將此本影印出版。書院本版刻精湛，注重校讎，受到後世重視。清學開

山顧炎武評價說：「聞之宋元刻書，皆在書院。山長主之，通儒訂之，學者則互相易而傳佈之。故書院之刻有三善焉：山長無事而勤於校讎，一也；不惜費而精工，二也；板不貯官而易印行，三也。」〔註47〕

元代書院之所以刻書盛行，且質量上乘，究其原因，主要在於：一是書院注重藏書，故藏書量大，且多有善本，為刻書提供了優質的底本，且為校勘提供了便利。如西湖書院在泰定元年（1324）藏書達二十多萬冊，為刊刻《文獻通考》奠定了基礎。二是元代官府對書院的學田實施保護政策，書院可以由此獲取刻書所用的充裕資金。三是書院的山長多為飽學之士，講學之餘，熱衷著書、刻書，精於校勘，從而保障了書院刻書的內容質量。四是書院擁有眾多學子，促進了書院刻本在各地的流傳。

（二）家刻

元代家刻中以姚樞、顧瑛、岳濬、李璋、劉貞較為有名。姚樞刻有《論語》等。顧瑛刻有《草堂雅集》等。岳濬、李璋均刻有九經。劉貞刻有《大戴禮記》等。

（三）坊刻

元時坊刻盛況，比宋代有過之而無不及，主要分佈在平陽和建寧。平陽有曹氏進德齋等。建寧可考書坊主要有葉日增廣勤書堂，劉君佐翠岩精舍、余志安勤有堂、劉叔簡日新堂等。曹氏進德齋刻有《爾雅郭注》《中州集》等。葉日增廣勤書堂刻有《孟子通》《針灸資生經》《新刻王氏脈經》等。《新刻王氏脈經》十卷，天曆三年（1330）刻本。《四部叢刊》本就是據此影印。劉君佐翠岩精舍《周易傳義》《詩考》《廣韻》《玉篇》《國朝文類》《翰苑集》等。

余志安勤有堂刻有《分類補注李太白集注》《集千家注分類杜工部詩》《四書通證》《唐律疏義》《國朝名臣事略》《易學辨惑》《漢書考證》《後漢書考證》《詩童子問》《春秋後傳》《洗冤錄》等。需要提出的一點是，建寧地區的余氏刻書，從南宋時期就已經開始，一直到清康熙年間才結束，歷時五百年左右，這在中國刻書史上是僅有的。

劉叔簡日新堂刻有《朱子成書十集》《唐詩鼓吹》《朱文公校昌黎先生文集》《新刊歐陽文忠公集》《伯生詩續編》等。其中《伯生詩續編》三卷，為行書寫刻，別具風格。羅振玉影印的《雲窗叢刊》即據此本影印。日新堂也是當地

〔註47〕　（清）顧炎武：《日知錄》卷十八。

有名的書坊，自元至明清刻書很多。

元刻本最大的特點是在字體上發生了重要的變化。由於元初大書法家趙孟頫的書法極為流行，元刻本受其影響，字體多採用趙體，比較靈動，神形俱佳。甚至後期有用行草書寫刻印，如日新堂刻《伯生詩續編》和元末刻本《朝野新聲太平樂府》《古杭新刊關大王單刀赴會》《新編紅白蜘蛛小說》等。刻書用簡體字，《樂府新編陽春白雪》《古今翰墨大全》《古今源流至論》《全相平話五種》等書中簡體字比較多。元代刻書所用麻紙主要是福建造紙，質地比較粗糙，有的顏色呈黑褐色。現在福建刻本傳世的本子很少有白麻紙的。元刻本初期版式接近宋本，字大行疏，行格漸密，由左右雙欄漸漸向四周雙欄發展。版心多作黑口、雙魚尾，間有花魚尾。版心刻的數字、卷數或頁數，多用草書。另外，由於元代統治者為少數民族，其姓名為音譯，不存在避諱問題，故元刻本避諱極少。

五、明刻本

明代刻書事業沿續宋元以來舊制，官刻、私刻、坊刻空前繁榮，在我國雕版史佔有重要地位。刻書地區星羅棋佈，遍地開花。刻書數量繁多，遠遠超過前代。刻書內容更是包羅萬象，應有盡有。刻書技術精湛，活字印刷和套版印刷均已普及並廣泛應用，發明了餖版和拱花技術，還出現大量的插圖本。總之，明代刻書業是中國古代刻書出版的黃金時代。

（一）官刻

明代官刻中以司禮監本、國子監本和藩府本最為著名。司禮監為明代內府十二監之首，經廠是監內負責刻書的專門機構。永樂初年，司禮監刻印了少量經史讀本以供宮內書房和太監誦習之用。永樂十九年（1421）遷都北京後，司禮監規模擴大，專門設置經廠負責刻印書籍，所刻書籍稱為司禮監本或經廠本。經廠本大多為經、史書籍，如《周易大全》《禮記集說》《四書集注》《大明一統志》《大明會典》《洪武禮制》等，也有小學類如《洪武正韻》《廣韻》《玉篇》等，另外還有一部分誥、訓、律、戒、忠、孝方面的書籍，如《御製大誥》《大明律》《女訓》《內訓》《曹大家女訓》《孝順事實》《帝鑒圖說》等。可見經廠本的刻印主要聽命於皇帝，以維護封建統治為主要目的。經廠之所以能夠成為明代官府專門刻書機構，一方面由於明代統治者將書籍作為禁錮思想、鞏固統治的重要手段。經廠所刻書籍很多都屬於法定教科書，統治者

以法律條文的形式規定人們必須人手一本，這樣一來，經廠刻書的發行量之大就可想而知了。另一方面，經廠擁有雄厚的財力，為刻書提供了優裕的物質條件。「經廠本」書品寬大，版式疏朗，字體以趙體為主，字大如錢，刻有句讀，便於閱讀，且紙墨上等，雕印精良，不計費用，故從形式方面來看，可稱為一代精品。但在內容上，由於太監學識不足，校勘不精，故經廠本常有脫訛之處。

國子監是明代中央官刻的重要機構之一。洪武建國，都於南京。朱棣繼位，遷於北京。故明代國子監有二，南監、北監並立。國子監經費充足，刻書種類齊全，數量眾多，規模遠超前代，流傳甚廣。南監刻書 443 種，北監刻書 147 種。〔註48〕南監繼承了大量宋元書版，並從各地搜集版片，所刻書多據舊版修初刊印，也刻了不少新書，所刻書以《十三經注疏》和《二十一史》最為有名。北監刻書不但在數量上比南監少，而且多據南監本翻刻，錯訛較多，遼、金諸史缺文有時竟達數頁。明監本雖不乏精善之作，如南監本《史記》《漢書》《後漢書》和北監本《三國志》等，但因校勘不精，明監本總體質量並不高，遭到後世學者的批評。正因為兩監刻書校勘不精，訛舛彌甚，而多遺後世之譏。顧炎武謂：「此不適足以彰太學之無人，而貽後來之姍笑乎！」甚至說：「此則秦火之所未亡，而亡於監刻矣！」〔註49〕儘管如此，明監本流佈天下，使士大夫家有其書，且間存宋元版本舊貌，對於保存典籍、促進學術亦功莫大焉。

明代地方官刻以藩府本為代表。為抵禦外敵入侵，監督地方官吏，明朝陸續分封了一些藩王。藩王地位僅次於皇帝，很大程度上左右著明朝的政治、經濟、文化的發展，是與明朝盛衰興亡息息相關的重要力量。各藩府所刻之書，皆以封地或封號冠之，如「秦藩」、「遼藩」「楚藩」、「周藩」等。根據相關書目記載，藩府刻書可考者 326 種。其中弋陽王府 56 種，蜀藩 38 種，楚藩 26 種，周藩 23 種，寧藩 23 種，趙藩 20 種，遼藩 18 種，慶藩 13 種，益藩 12 種，沈藩 11 種，唐藩、秦藩、德藩各 8 種，魯藩、晉藩各 7 種，吉藩、徽藩各 6 種，代藩、衡藩各 5 種，伊藩 4 種，崇藩、潞藩、襄藩各 3 種，淮藩、鄭藩、韓藩、靖藩、肅藩各 2 種，荊藩、汝藩、岷藩、榮藩各 1 種。〔註50〕藩府本刻印上乘、校刊精當，被譽為明代官刻珍品。究其原因，一是地方藩王勢力

〔註48〕李明傑：《明代國子監刻書考略（上）──補版及新刻圖書、底本及校勘問題》，《大學圖書館學報》2009 年第 3 期。

〔註49〕（清）顧炎武：《日知錄》卷十八「監本二十一史」條。

〔註50〕曹之：《中國古籍版本學》，武漢大學出版社 2007 年版，第 263 頁。

雄厚，資金充足，藏書眾多，人才濟濟，在刻書方面具有得天獨厚的優勢；二是明代皇帝對地方藩王常懷戒備之心，擔心他們功高蓋主，威脅到自己的統治，因此明朝歷代帝王對藩王均嚴密監視，一旦出現藩王鬧事的情況，大多都給予嚴厲制裁，為求懲前毖後，絕對嚴懲不貸，藩王之中賜死、斬首者眾多，漢高陽王朱高煦甚至被活活燒死。如此駭人聽聞的高壓政策下，諸藩王紛紛尋求韜光養晦之計，或寄情山水詩畫，或埋首黃老之學，刻書同樣也成為藩王隱藏自身鋒芒、躲避政治殘害的一項權宜之計，無形中促成了藩府刻書的盛行。

（二）私刻

明代前期，政府對刻書內容嚴格監管，私刻數量較少。明代中期，私刻頗為活躍，掀起了翻宋、仿宋的刻書熱潮。到萬曆以後，私刻更加繁盛，私人刻書現象非常普遍，湧現了顧起綸、吳勉學、馮夢禎、陳仁錫、胡文煥、李之藻、曹學佺、毛晉等著名刻書家，其中影響最大者首推毛晉。

毛晉（1599～1659），原名鳳苞，字子晉，號潛在，字子久，常熟人。毛晉一生均以刊刻書籍為己任，所刻書籍達六百多種，所刻書板超過十萬。其刻書活動分為三個階段：第一階段——萬曆、天啟年間（毛晉 15～29 歲），此時毛晉正值青年，憑自己的興趣刻書，目的性不強，刻有《屈陶合刻》《劍南詩稿》《三家宮詞》《極玄集》《神農本草經注疏》等詩文、醫學類書籍。第二階段——崇禎年間（毛晉 30～46 歲），這一階段為毛晉刻書的興盛期，刻書種類多，部頭大，如崇禎元年（1628）刻《唐人選唐詩八種》，崇禎二年（1629）刻《群芳賞玩》，崇禎三年（1630）刻《津逮秘書》，崇禎十一年（1638）刻《元人十種詩》，崇禎元年至十七年刻成兩部巨著《十三經注疏》和《十七史》，還刻有一些大型叢書和古代名著，如《文選李注》《六十種曲》《漢魏六朝百三名家集》等。第三階段——入清以後（毛晉 46～61 歲），這一期間，毛晉雖然也刊刻一些書籍，如錢謙益《列朝詩集》八十卷，但數量不多，其主要精力用於補遺已刻版片，「收其放失，補其遺亡」。

毛晉刻書往往精益求精，為了尋求善本，他不惜多處奔波並出高價收購，他先後購藏了宋、元本及其他善本 84000 多冊。毛晉刻書的內容遍及經、史、子、集四部，叢書刊刻尤為豐富，開藏書家刊刻叢書之風。毛晉所刻之書多親自題寫序跋，他的題跋言辭含蓄、辨析詳盡，每一篇都可稱為版本校勘的專業論文。毛晉刻書廣為流傳，影響深遠，是我國歷史上私家刻書事業的高峰。

清葉昌熾謂：「律論流通到羅什，家錢雕刻過*毋昭*。」〔註51〕古代不少珍稀古籍因毛本得以流傳至今。如許慎《說文解字》在元代沒有刻本，明代僅毛本一種。毛本《南唐書》是明末以來的唯一傳本。李善《文選注》自南宋以來多與五臣注合刊，名為《六臣注文選》，李善注單行本除毛本外，別本無傳。當然，毛晉刻書數量如此之多，出現訛誤在所難免，我們不能因此否定毛晉搜輯刊刻之功。

（三）坊刻

書坊刻書在明代臻於鼎盛。除建陽、杭州、成都等幾個傳統刻書中心外，蘇州、南京、北京、徽州等地書坊也逐漸興盛起來。建陽坊刻主要集中於麻沙、崇化兩地，著名書坊有余象斗三臺館、余德彰萃慶堂、劉龍田喬山堂、安正堂、慎獨齋、日新堂、熊沖宇種德堂、鄭世豪宗文堂、清江書堂等。杭州書坊以胡文煥文會堂、容與堂、徐象橒曼山館、段景亭讀書坊刻書最為著名。蘇州書坊以大量刻印小說、戲曲而令人矚目，陳長卿、陳仁錫、擁萬堂等刻書較多。南京書坊刻有大量戲曲、小說、醫書等，以唐姓、周姓刻書最多，其中唐對溪富春堂、週日校萬卷樓最為有名。北京的著名書坊有永順堂、汪諒、忠孝堂、忠恕堂、金臺岳家、葉鋪、趙鋪等，其中永順堂、汪諒刻書最多。徽州盛產佳墨良紙，徽商坊刻盛極一時，湧現了一大批坊刻名家，其中尤以吳勉學師古齋刻書影響最大。

明代刻書有著鮮明的階段性特徵，按其特點大致可分為三個歷史時期：明初（明初至正德）、明中葉（嘉靖至萬曆中期）和明晚期（萬曆後期至明末）。明初沿襲元刻本遺風，這一期間的刻書被稱為「明初本」，字體以趙體為主，粗黑口，四周雙邊，雙黑魚尾，紙張多用白綿紙，避諱較少。明中葉的刻書風格出現巨大變化，當時文壇掀起一股復古浪潮，刻書受此影響也儘量復古，模仿宋刻本，字體多用歐體，版式同樣復古，白口，單黑魚尾，左右雙邊，紙張多用白綿紙，避諱增多。明後期仍熱衷於翻刻宋本，數量雖多，但校勘不精，質量下降，字體為匠體字，白口，左右雙邊，紙張多用竹紙。

六、清刻本

清代刻書達到了歷史上的又一個巔峰，規模最大。現在我們能夠看到的前代保留下來的古籍刻本的實物，絕大部分是清代刻本。清代刻書的工藝水平也

〔註51〕（清）葉昌熾：《藏書紀事詩》卷三。

達到了相當的高度，官刻本中有著名的武英殿本，簡稱為「殿本」，代表了清代刻書最高水平。地方官書局刻書也很有名。受明代毛晉汲古閣大量刻書影響，清代家刻也十分發達。清代的坊刻主要集中在北京、南京、蘇州、杭州等地。鴉片戰爭以後，西方鉛字排印、照相影印等印刷技術傳入，對傳統的雕版刻書帶來巨大衝擊，清後期的傳統刻書業逐漸衰落。

清代官刻中，武英殿刻書成績最大。康熙十九年（1680）設立武英殿造辦處，始兼事刻書。到了康熙四十四年（1705），雍正七年（1729）改稱修書處，專門從事內府書籍校勘、刷印和裝潢工作，主要刊刻實錄、聖訓、御製詩文、御撰經典、會典、方略等。武英殿刻印了不少大部頭的書，如《欽定十三經注疏》《欽定二十四史》等刻於乾隆朝。這一時期，受考據學影響，學者們經過精密的校勘後才會刊刻古籍，故文字上往往有很詳盡的校勘記。雍正朝時期，武英殿用銅活字印刷了《古今圖書集成》這部一萬卷的大書。此外，武英殿有名的《聚珍本叢書》是用木活字排印的。

此處我們需要說明的一點是，通常所謂「殿本」，並不是完全嚴格的全在武英殿刊行，還有一些是大臣出資刻印，如曹寅刻《全唐詩》。康熙四十四年（1705），統治者命江寧織造曹寅等人校刊《全唐詩》，曹寅於揚州天寧寺設立「全唐詩局」，也叫「揚州詩局」，用來刊印《全唐詩》。揚州詩局雖專為刻印《全唐詩》而設，但也刻印了《佩文韻府》《周易本義》等書。

清後期由於武英殿本走向衰敗，代之而起的是地方實力人物創辦的官書局刻書，數量非常之多。

曾國藩創辦的金陵書局於同治二年（1863）開始刻書，所刻第一部書就是《王船山遺書》，於同治四年十月刻完。之後還刻印了《幾何原本》《西人重學》《十三經讀本》《老子章義》《楚辭》《文選李善注》《五言詩》等。曾國藩金陵書局刻書的目的顯而易見，就是為了向百姓灌輸封建正統思想，藉以挽救清王朝搖搖欲墜的統治。在金陵書局的帶動下，浙江、湖北、廣東等地相繼建立了官書局。如同治六年設立的浙江書局，湖北崇文書局。光緒十二年（1886）設立的廣雅書局。為了縮短出書週期，各個書局間還經常通力合作。官書局本是清末地方官刻的主要代表。

清代家刻蔚然成風。清代私家刻書，大致有二：一是名人自刻自己著作或前賢詩文；一是考據和輯佚。前者多是手寫上版，即所謂「寫刻」，選紙用墨都較考究，是刻本中的精品。後者，由於校勘學興起，故藏書家、校勘學

家輯刻叢書，逸書，或影寫摩刻舊版書也受到重視。康雍乾時期，精本佳刻層出不窮。

周亮工是清代家刻先驅人物，他在明末清初之際戰火紛飛的亂世堅持刻印書籍，為文化典籍的留存傳播做出重大貢獻。鮑廷博及其子兩代人傳承，耗時五十年，刊刻了以其書齋命名的《知不足齋叢書》共 780 卷，是以精善著稱的大型綜合性叢書。還有就是鮑廷博刊印的《聊齋誌異》是此書的最早刻本。還有如繆荃孫、王先謙、葉德輝、羅振玉等都是清代家刻的代表。

清代北京地區坊刻大多集中在琉璃廠。琉璃廠書坊刻書多為通俗小說、醫書等民間常用書籍，發行量很大，經濟效益也很明顯。

七、民國及以後刻本

民國以後的圖書版本大多為鉛印本、膠印本、影印本，此外還有石印本、銅版印本及少量油印本、複印本等。裝訂形式主要為平裝、精裝，也有一些為線裝、經摺裝、活頁裝等。

19 世紀以後，西方近代印刷技術陸續傳入中國，並最終取代了中國傳統的雕版印刷和活字印刷。進入民國以後，沿襲了近年之久的官、私、坊三大出版體系並立的格局終於被打破了，以資本主義方式經營的私人出版印刷業逐漸興起，並佔據了主導地位。鉛印、石印、影印、膠印等各種先進的印刷技術工藝，使印本數量劇增，出版印刷業又開始了一個新的繁榮時期。

從版本角度來看，民國以後的圖書版本有如下特點：

（1）印本書總量大增，複本量極大。於遠較傳統印刷術先進的西方近現代印刷術的廣泛應用，民國以後的圖書版本，印本書的總量急劇增加，幾乎成為流通於世的惟一圖書形式。每種書印刷的冊數也極大地增加了，大量的複本為圖書的廣泛流通利用創造了有利的條件。

（2）印本類型日益豐富。道光以後，中國出現了如鉛印本、石印本、影印本、膠印本等由不同製版印刷方法形成的各種類型的印本，同時傳統的雕版印刷事業也在一定程度上得到了保留，使得民國以後的圖書版本多姿多彩，五光十色，改變了以往長期存在的版本面貌單一、缺少變化的情形。

（3）圖書的印刷質量。提高由於近現代印刷術先進的機械化、自動化印刷工藝，使得民國以後圖書版本的印刷質量可以隨需要達到極高的水平，例如美術作品的印刷，真是隨心所欲，精美絕倫。這是傳統印本所無法比擬的。

（4）新印古籍質量提高。影印技術的發明與進步，更加逼真地再現了古籍的原貌，使影印本的質量遠遠超過了傳統的影抄本和影刻本，徹底避免了傳抄、翻刻古書時極易產生的文字錯誤。另一方面，古籍整理的態度更加嚴肅，方法更加科學，使新印古籍的質量和水平都達到了空前的高度。

民國以後圖書版本的不足之處在於：

（1）由於近代中國的貧困，國民的消費心理和消費水平受到限制，較長一段時期內比較忽視圖書的審美功能，在裝幀、用料方面都處於較低的水平。

（2）在某些特定的歷史時期和特定的條件環境下，圖書的出版印刷出現了粗製濫造、不負責任的情況，產生了一定數量的質量低劣的版本。

（3）許多有價值的學術著作，在文字內容的編輯和校對方面不能令人滿意。

（4）各種版本的字體統一規範，缺乏各自的獨特風格和活潑生動的氣象。

（5）圖書用紙質次，老化嚴重，不耐久存。民國以後的圖書用紙多為機製紙，紙張中植物纖維短，化學成分含量高，容易老化破碎，加之多用鐵絲裝訂，日久遇潮生鏽斷開，圖書成為散頁，導致許多幾十年前才問世的舊平裝本書，如今已破損不堪，面臨毀壞。

第三節　版本鑒定

一、版本鑒定概說

我們學習版本學，就是為了研究版本源流和版本鑒定規律，分辨不同時代版本的真假優劣，版本鑒定就是將版本學理論應用於具體的版本實物。中國書籍浩如煙海，在漫長的流傳過程中，經過多次的傳抄和刻印，出現真假優劣之分是再自然不過的事情，質量上乘的精品由於自然和社會的種種因素而日益稀少，因此，版本的鑒定就顯得尤為重要。對於不同的版本差異加以鑒別辨識，是學術研究和文獻整理的重要前提。做好古籍版本鑒定工作，對全面完善地瞭解某一書籍產生和發展的歷史情況同樣至關重要。

圖片版本包含形式和內容兩個方面，那麼版本鑒定是側重於鑒定版本的形式還是內容？對於這個問題，通常有兩種看法，盧中岳和魏隱儒的觀點頗具代表性。盧中岳《版本學研究漫議》認為版本鑒定「側重於從圖書形式上來研究

版本，重在鑒別什麼時代的版本」。〔註52〕魏隱儒《古籍版本鑒定叢談》則提出版本鑒定的內容「不會局限在目前著重於宋元明清各代版刻和寫本的狹窄範圍之內」，它除了要鑒別「時代早晚，刻印精劣」外，還要鑒別「版本流傳」和文字內容方面的「版本差異」。〔註53〕從傳統意義上講，所謂的版本鑒定一般都側重於形式方面的鑒別，重在鑒定什麼時代的版本，「第求精本，獨嗜宋刻，作者之旨意縱未深窺，而刻書之年月最為深悉」，版本鑒定要做到「眼別真贗，心知古今，閩本蜀本一不得欺，宋槧元槧，見而即識」。〔註54〕這種觀念由來已久。

版本學研究方法主要有觀風望氣說和綜合研究說兩種方法。只有「綜合研究說」才是科學的版本學研究方法。各種版本是特定歷史條件下的產物，版本的流傳情況頗為複雜，僅靠觀風望氣，憑經驗判斷，極易出現錯誤，只有比較同書異本，進行全方位、多學科的考證，總結鑒別版本的實踐經驗和方式方法，總結其內在規律，才是科學有效的版本鑒定方法。

鑒定古籍版本的總體原則主要有：

（1）唐、五代以及以前的版本基本不存在。

（2）宋元版本，年代久遠，十分難見，偶有出現的往往是贗品，以明清冒充宋元。

（3）明清版本是現今藏於民間的古籍版本的主體，尤以清本為多。

（4）古籍版本流傳下來的絕大部分是雕版印本，活字印本和寫本都極為罕見，偶有真品，定要小心查看。

在版本鑒定過程中，我們需要注意以下問題：

（1）避免將翻刻本、影刻本、影印本誤作原本。序跋是鑒定版本的根據，但不是唯一的。有的序跋評述了刊刻經過和原委，一般說來，據序跋末所署年月來確定刻版時代，應當是可靠的。但有的序跋所署年月和刊刻時間並不一致，如翻刻本、影刻本與影印本中的舊序即是。所以，不能僅憑序跋鑒定其年代，還必須綜合其字體、紙張、版式等特徵，判斷他們與序跋所署時間是否吻合。若有出入，就應考慮可能是翻刻本、影刻本或影印本。這類序跋所署的時間，就不可作為其最初刊刻年代的依據。如果忽略了這一點，就會把翻刻本等誤作原刻。

〔註52〕盧中岳：《版本學研究漫議》，《貴圖學刊》1982 年第 2 期。
〔註53〕魏隱儒、王金雨編：《古籍版本鑒定叢談》，印刷工業出版社 1984 年版，第 10 ～11 頁。
〔註54〕（清）洪亮吉：《北江詩話》卷三。

（2）注意某書在同一時期常有幾種刻本，或同一版片有不同時期的幾種刻本。不同時期的刻本，字體、紙張、版式、行款不同，容易區別。而有的刻本刊刻時間接近，差別不甚顯著，此類本子很容易混淆不清。因為它們並不是同一刻本，或即使使用的是同一版片但也不是同一次印刷，其內容和印刷質量自然會有高下之分，哪怕差別再細微，也是有的，那麼其版本價值也就有了優劣高低之別。鑒別版本主要是根據字體、紙張，遇到這樣的情況，則須注意必須借助多方面的異同去區分判別。

（3）不能過於迷信版本目錄。歷代上有不少學者、藏書家精通版本，並把購藏經過、版本特徵、個人心得等記錄下來，形成了各具特色的版本目錄，這些目錄對於研究圖書版本頗具價值。因此，在根據紙張、字體、行款、墨色、序跋等難以判別而該版本又無封面、牌記等的時候，版本目錄中的記載是一項重要的鑒定依據。不過，由於受到時代條件的局限，編撰者的版本學水平也參差不齊，這些記載難免存在謬誤。因而，我們對版本目錄的記載要採取審慎態度，不可過於迷信。

（4）要注意作偽。商賈好利之徒，為了车取高利，往往在書籍版本上弄虛做假。如染紙、挖序、改目，以殘充全，扯去牌記，冒充舊本，以叢書本冒充單刻本等等。因此，在鑒別古籍版本的同時，還要注意識破作偽的手法。辨別偽本比鑒定版刻時代有時更為困難。

二、版本鑒定的具體方法

鑒定古籍版本，具體來說，可分別根據版本的形式和內容來鑒別。從形式上看，可以分析其字體、紙張、墨色、版式、行款、字數、刻工姓名、封面、牌記、藏書印等。從內容上看，可以根據古籍中的序跋、避諱、典章制度、年代地點、體例來鑒別。我們在鑒定版本時，應避免使用孤證，而要綜合考察版本的形式和內容，進行多角度、多學科的考訂，並充分利用版本書目、版本圖錄等工具書來綜合判定，這樣才較為可靠。要運用哲學辯證原理去觀察問題、分析問題、解決問題，辯證地思考，批判地繼承，總結規律，將版本理論與實踐相結合。

（一）根據版本形式鑒定

1. 依據牌記

牌記或反映刻書情況，或反映古書內容情況，可以作為鑒定版本的重要依據。

　　牌記，是出版者用以說明版本情況的一種專門標誌，又叫牌子，書牌，或稱書牌子。牌記主要記錄刊刻時間、刊刻地點、刊刻者姓名、室名、書坊字號、版本特點以及刊刻經過。帶有牌記的書籍起源於唐、五代，到了宋、元，已廣為推行，但最多的還是明、清兩代的刻本。最初的牌記只是無邊框的題識，後來發展到在文字的周圍框以方格。牌記不但內容豐富，形式多樣，而且分布靈活，無固定位置。它們有的出現在序跋、目錄前後，有的反映在卷首、卷中、卷末，有的直接刻在版心處，甚至有一書出現兩種以上的牌記。

　　牌記多載有刊刻時間信息，為確定版本時代提供直接可靠的證據。牌記上的著者、編輯者、校勘者信息，為我們鑒定版本時代提供了真實可信的版本佐證。牌記上出現的藏板者、版刻地、刻工姓名以及刊刻經過等文字，為我們鑒定版本、考訂版本源流提供了重要參考。一些獨特造型的專用牌記往往能為我們判定版本年代提供有力的證明。因此，牌記作為版本鑒定的依據之一，在古籍版本鑒定中往往起到重要的作用。

　　根據牌記來考訂版本源流，也要注意有例外的情況出現。一是後人翻刻時將牌記照樣刻入，這種情況較多見。四庫館臣在著錄古籍時就注意到這一問題。如《劇談錄》為浙江巡撫採進本，《四庫全書總目》認為：「此本末有『臨安府陳道人書籍鋪刊行』字，蓋猶影抄宋本。」《汶陽端平詩雋》係浙江鮑士恭家藏本，《總目》認為：「此本為『臨安府棚北大街陳解元書籍鋪印行』字，蓋猶自宋本錄出。」《總目》沒有簡單地根據牌記將以上二種斷定為宋刻本，而是推測它們「猶影抄宋本」、「猶自宋本錄出」，這就注意到了翻刻本與原刻本的差異。如果忽視了這一點，就會出現鑒定失誤。二是後人在用某書原版複印時換刻了牌記，而正文並未改動，牌記雕鐫年月與原版刻時間不同，貌似另一刻本。三是後世作偽，挖改牌記，以冒充早期刻本的情況。

　　牌記作偽一般有兩種情況：或在原有的牌記上削改年號，或偽刻牌記。前者如《性理群書集覽》，《總目》指出：「卷首有『大德辛未刊行』字，尤為舛謬。是書本注《性理大全》，安得大德中先有刊本？考辛未為明正德六年，此售偽者以版式近麻沙舊本，故削補『正』字，偽冒元刻也。」後者如《名媛詩歸》三十六卷，託名鍾惺所編，《總目》謂：「舊本題明鍾惺編，取古今宮閨篇什，裒輯成書，與所撰《古唐詩歸》並行，其間真偽雜出，尤足炫惑後學，王士禎《居易錄》亦以為坊賈所託名，今觀書首有書坊識語，稱『名媛詩未經刊行，特覓秘本精刻詳訂』云云，覈其所言，其不出惺手明甚。」《總目》據書

首所載書坊識語,斷定不出鍾惺之手。

牌記雖然是古籍鑑定的一個重要依據,但也要結合原書的序跋、批校、印章、版式、行格、字體、紙墨、刻工、諱字等特徵來綜合考訂,相互對比,相互印證。這是我們在利用牌記應當注意的。

2. 依據刻工姓名

中國古代的許多刻本在版心下方刻印有刻工及寫工的姓名,這種做法大概是為了方便統計每位刻工的工作量,其原因或出於明確刻工、寫工的質量責任,或因刻工為了留名而私自刻之。無論如何,這種做法客觀上為後人鑑別版本提供了依據。

通常來說,一位刻工都參與過多種書的刊刻,所以好幾部書中出現同一刻工的姓名,這種情況相當常見。根據刻工生活的年代,就可以推斷這一版本的大致刊刻時間。這種鑑別方法非常科學,結論也較為可靠。近代以來,版本鑑別工作日趨精確,糾正了許多前代學者的鑑別錯誤,這與對刻工姓名的重視和研究是分不開的。

日本學者長澤規矩也在 19 世紀 30 年代曾編制過一個《宋元版刻工表》,是這方面的一部開創之作,對利用刻工鑑別宋元版本有一定的幫助。該表內容分為「宋刊本刻工名表初稿」和「元刊刻工名初稿」兩部分,是根據日本靜嘉堂、成簣堂等七處所藏的 130 種宋刻本、73 種元刻本編成的,共收宋代刻工人名約 1500 多個,元代刻工人名約 750 多個。不過,此表所採用的版本有限,在刻工著錄上也存在一定錯誤,不能全以為據。

較為重要的刻工表還有王重民《刻工人名索引》(《中國善本書提要》附)、魏隱儒《宋至清各代部分刻本所見刻工及寫畫人姓名簡表》(見《古籍版本鑑別叢談》)、何槐昌編《宋元明刻工表說明及元本刻工名表》(《圖書館學研究》1983 年第 3 期)、李國慶《宋版刻工表》(《四川圖書館學報》1990 年第 6 期)等。王肇文編《古籍宋元刊工姓名索引》(上海古籍出版社 1990 年版)是迄今為止我國出版的惟一一部收集古代刻工資料的專著,收羅既廣,體例亦善,對鑑定版本有較高的參考價值。

3. 藏書印

藏書印也是鑑定版本的依據之一。古籍版本學所謂「某某藏本」,大多是根據藏書印確定的。

古代藏書家喜在所藏圖書上鈐以自己的藏書印之類,表明此書為其鑑定

收藏。一般來說，該版本刻印的下限應早於鑒藏者的年代。由於藏書印各具特色，鈐印習慣也有不同，因此研究藏書印對鑒別版本很有幫助。如《資暇集》，《總目》指出：「此本前有『虞山錢遵王氏藏書』印，蓋也是園舊物。」《總目》據藏書印定為錢曾藏本，再結合諱字斷為宋刻本。又如《尚書要義》，《總目》指出：「此本有『曠翁手識』一印，『山陰祁氏藏書』一印，『澹生堂經籍記』一印，猶明末祁彪佳家新藏也。」《總目》據藏書印斷為祁彪佳藏本。再如《桐江續集》，《總目》指出：「此本猶元時舊刻，有『玉蘭堂』印，又有季滄葦藏書印，蓋文徵明所藏，復歸泰興季振宜者。」《總目》據藏書印推斷其收藏情況。

　　但也有牟利書商偽造印鑒的情況，需要注意辨別。此種作偽一般是偽造著名藏書家的藏書印，也有偽造名人藏書印的。如《海瓊傳道集》，《總目》指出：「前有錢曾名字二印，篆刻醜惡，亦庸劣書賈所贗造也。」又如《洙泗源流》，《總目》指出：「不著撰人名氏，前有自序亦不署年月……前有錢曾二印：一曰『虞山錢曾遵王藏書』，一曰『雒陽忠孝家』，篆刻拙惡，朱色猶新。蓋庸陋書賈贗託也。」錢曾為著名藏書家，書賈偽造他的藏印，企圖抬高圖書價值，可謂用心良苦，但因「篆刻醜惡」「朱色猶新」，自然要露出馬腳。

　　除了考察印文可以幫助鑒別版本，從藏印的形式即從字體、印材、印色、刀法等方面進行考察，也是版本鑒別的一個途徑。

　　從印文字體來看，唐宋元人大多喜用小篆體，明清人復古傾向顯著，又兼用大篆體。印文筆劃的質感可以用於辨別印材的不同。唐宋元人多用銅印，也間用牙、玉等印，材質堅硬，印文筆劃較為凝重、光滑、板拙。以石料為印材始自元末明初的王冕，在此之前絕無石質印章，此後採用石料刻印的人逐漸多了起來。青田石、壽山石、昌化石都是明、清兩代比較講究的石料用材。明初印文常用的「錘頭體」篆文就體現了這一時期印章篆文的特點。

　　藏章之印色亦可作為版本鑒別的輔助手段。印泥有水印、蜜印、油印之分。水印由水、朱砂製成，北宋時多用之，其印色時稱鮮明，而今日視之，其水性退盡，朱砂浮紙上，極易脫落。南宋以後，改用蜜印，以蜜調朱砂製成，較水印耐久，但蜜性退後也容易脫落。油印出現於元代，以油和朱砂製成，油性不易揮發，印色可以持久。但油印質量差別極大，劣者油蹟泛出，頗為不美。印色既有水印、蜜印和油印之分，又有新舊之別。新印往往油光四射，朱色耀眼；舊印則無火爆氣。一般說來，明中葉以前的印色比較暗，清乾隆以後的印泥朱

色比較鮮明。所以即使有人使用古人遺留下來的藏章鈐蓋作偽,從印色上也可以鑒別其真贗。

印文篆法、章法及刀法之精工與否,也可以鑒別真偽。一般來說,名家之印,多請能手篆刻,不但篆法、章法講究,其刀法也異常精妙。作偽之印,多出俗手,不但篆法多不合小學,即其章法也多為不美,顯得死板鬆軟,雖加以修飾,也絕無能手鎸刻的效果。熟於此道者,一見即識。

4. 依據版式

版式反映時代風格,可據此大致推斷版本年代。

宋代版本的版式,大多為左右雙邊,四周雙邊見於南宋建本,四周單邊則極少見。版心多為白口、單魚尾,少數為雙魚尾,有的沒有魚尾,而以橫短線將版心區分成若干格。南宋建陽刻本則多為小黑口,雙魚尾,且常增刻書耳。南宋淳熙以後刻本,其版心上方多記本版大小字數,下方多記刻工姓名。

金刻本承襲北宋刻本風氣,版心白口、左右雙邊者居大多數。

元刻本使用四周雙邊的增多,但仍以左右雙邊為主,四周單邊則罕見。版心大多為黑口,雙魚尾。江浙地區刻本仍上記字數、下記刻工,一如宋版。建本由於盛行大黑口,版心很少記字數、刻工。

明初洪武至成化、弘治年間刻本的版心幾乎均為黑口,雙魚尾,版框多為四周雙邊。正德間為過渡時期,白口黑口兼有。嘉靖年間,基本使用白口,黑口絕少出現。萬曆以後,仍維持不變。在明中葉以後刻本中,以前極少見的四周單邊驟然增多,左右雙邊也時有出現;魚尾則單、雙並行,並出現了獨特的線魚尾。此外,正德年間,版心上方記書名、下方記出版者之齋堂號的現象開始出現,此後逐漸盛行。總之,明初版本的版式以穩重、繁複為特徵,而明中葉以後版本的版式則趨於簡潔、明快,前後風格恰成鮮明對比。

清版版式最顯著的特徵是版心上方多記有書名,版心下方記齋號、堂號者較前代為多。至於版框,左右雙邊、四周雙邊、四周單邊均有相當數量,白口、黑口的使用並無規律。由於清代版本距今天較近,易於鑒別,故其版式對清刻本的鑒別並沒有那麼重要。

清人在利用版式鑒定版本方面有著豐富的實踐經驗,取得了突出的成就。如《十先生奧論》,不著編輯者名氏,亦無刊書年月,《總目》云:「驗其板式,乃南宋建陽麻沙坊本也。」又如《排韻增廣事類氏族大全》,不著撰人名氏,《總目》指出:「書中所引事蹟,迄於南宋季年,蓋元人所編次。相其板式,

亦建陽麻沙所刊，乃當時書肆本也。」再如《杜氏通典詳節》，不知何人所編，《總目》驗其版式，定為「宋時麻沙刻本」。總之，此法如紙張鑒定一樣，也是一種重要的輔助手段。

5. 依據字體

字體是鑒別版本的重要依據。不同時代刻書所用字體往往有所不同。總體而言，我國古代刻書字體可分為軟體字和硬體字兩大系統。軟體即手寫楷體，多由名家書寫，字體優美；硬體即古代印刷體，仿宋體而來，字形方長，豎粗橫細，筆鋒生硬。明正德之前，刻書字體全為軟體。正德、嘉靖以後，硬體字成為主流，亦間有用軟體字者。這種採用軟體字的刻本，世稱寫刻本，由於大多校刻精良，故多被歸入精刻本之列。

從時代上講，宋刻本多用歐（陽詢）、顏（真卿）、柳（公權）體，或兼用諸體手寫上版，亦間用褚（遂良）體、虞（世南）體或當時流行的坡公（蘇軾）體、瘦金體（趙佶）等。元代現存版本以福建刻本最多，其字體受趙（孟頫）體影響很大。明初刻本字體沿襲元代風格；正德、嘉靖以後，硬體開始盛行，並一直流傳至今。當然，即使是同一時代的刻本，因時間、地區的不同，其字體亦有變化。以宋本為例，從時間來看，北宋早期多歐體，北宋後期多顏體，南宋多柳體；就地區而言，汴梁本、浙本多歐體，蜀本多顏體，閩本多柳體。

據字體鑒別版本，除注意不同時代版本的字體風格外，還必須考慮到同時代不同地區版本的字體差異。如宋代浙本多用歐體，蜀本多用顏體，閩本多用柳體，區別甚明。又如元代閩本多用趙體，但其他地區刻書用趙體者極少，故不能用趙體作為斷定元版的惟一依據。

6. 依據紙張

不同時代的版本所用的紙張多不相同。古書用紙的質地、紙色、簾紋可作為鑒別版本的佐證，也是鑒別偽本的有效方法。

版書用紙因時多有不同。如在敦煌卷子中，南北朝寫本多用麻紙；唐代寫本皮紙為多，麻紙次之；五代多用麻紙，但質地較為粗糙。

版書用紙因地亦有差異。建本幾乎全用竹紙，以今觀之，多為淡茶黃色。其他地區用皮紙為多，麻紙次之，竹紙很少。皮紙中厚者多，薄者少，但皆柔韌潔白，在歷經七八百年後的今天，仍可稱為「瑩潔如玉」，有的略泛淺黃而已。宋代竹紙質地較後世竹紙為佳，保存至今，仍很結實。而明代萬曆以後所用竹紙距今不過四百年，而今天觸手即破者已為數不少。

現存元版書大多為建本，多用竹紙，但紙質不及宋本，顏色也較宋代竹紙為暗，以今觀之，多為深茶黃色。其他地區刻本存者較少，多用皮紙，也有用麻紙的，但紙色均較暗。

明初刻書用紙多為棉紙，但紙色較暗，故稱之為黑棉紙。正德、嘉靖年間刻本則多用白棉紙，其紙色潔白程度在宋代皮紙之上，僅比宋紙略薄，韌性稍差。但由於距今時代較近，因此現代看來與宋紙不相上下。明末刻本多為竹紙，除少數精製者外，迄今大多數已變為茶黃色，甚至暗褐色，薄而發脆，老化現象較為嚴重。

清代版本所用紙張種類繁多，但總的說來，以竹紙為最。紙色黃、白皆有，但以黃色為多。由於距今較近，清本紙張老化還不太顯著，但如極其潔白之開化紙，紙之邊緣仍有變成茶黃色者。

《總目》在古籍既不著撰人名氏亦無序跋的情況下，在依據紙張推測版本年代方面取得了相當的成績。如《雜說》，《總目》謂：「不著撰人名氏，亦無序跋。相其紙墨圈點，不過數十年中物，殆近人作也。」又如《樂原》，《總目》云：「舊本題囂囂子撰，不著名氏。相其紙色板式，蓋近時人也。」再如《文字審》，《總目》稱：「不著撰人名氏，亦無序跋，中間頗有塗乙。相其紙墨，蓋近人手稿也。」此三例均據紙張斷為清刻本。可見紙張是一種重要的輔助鑒定手段。

7. 根據墨色

中國古代製墨或用松煙，或以油煙。桐油燒煙，製墨質量較好。但由於印書用墨量大，故印書用墨多用松煙製成。前人論宋版書，對其墨色有諸多美譽，如「墨色如漆」，「墨香淡」，「墨光煥發」及「用墨稀薄，雖著水濕，燥無湮跡，開卷一種書香，自生異味」。可見宋版書用墨大多質精料細。據記載，宋人製墨喜加香劑，如龍腦、麝香等，故開卷可聞一種書香味。至於墨色，雖各本濃淡不一，但大多雅潔可愛。其上等者於烏黑中又泛出一種光彩，「墨光煥發」即謂此。

元版書用墨質料較差，製作不精，墨色渾濁不純，雖不乏墨質上佳之品，但從現存元版看來，大多用墨穢濁，間有污染紙面者。

明版書用墨，除內府刊本、影宋刻本以及治墨名家所編之書外，佳者罕見。明萬曆年間，有人用面調和煙煤製造印書用墨，這就是煙煤墨。用這種墨印出的書，墨色浮泛，極易污染紙面。坊刻本墨色污濁、版面模糊的現象尤為嚴重，大概就是用了這種煙煤墨。

　　清代寫刻本用墨極為精良，可與宋版書相媲美。嘉慶以後，墨的質量逐漸下降，佳者少見。清末西方印刷術傳入國內後，由於採用金屬版機器印刷，傳統的水墨就被油墨所取代了。早期的油墨質量不佳，墨色昏暗無光，油性過大，常涸出字外，顯出油漬。現代所印圖書，墨色純淨，沒有油漬，較之早期的油墨，質量大有提高。

（二）根據版本內容鑒定

1. 依據序跋

　　序跋是鑒定版本的重要依據之一。版本鑒定的方法很多，其中，利用序跋進行鑒定是一個很重要也很常用的方法。大部分漢文古籍都有序跋。序，歷史上又叫「敘」、「引」。

　　序起源很早，可追溯至先秦。明吳訥云：「序之體，始於《詩》之《大序》，首言六義，次言風、雅之變，又次言《二南》王化之自。其言次第有序，故謂之序也。」〔註55〕《詩序》可以說是最的序文。到漢代，序文逐漸規範化。序文的位置古今不一，早期的序文都置於全書之後，只有單篇文章、作品的序文是放在前面的。後來為了方便讀者瞭解全書梗概，激發讀者興趣，序文被移至書前。

　　按照不同的分類標準，序文可以分為多種類別。就其作者而言，有自序和他序。序原本為作者自作，稱為「自序」，主要是寫該書的緣起、要旨、體例、資料來源及撰寫過程等，用來幫助讀者閱讀和理解原書；後來亦有請別人作序或為別人作序的，稱為「他序」。就其刊刻先後而言，有原刻序和重刻序。原刻序又叫初刻序，即一書初刻時所寫的序，重刻序是指一書重刻時所寫的序。就其內容範圍而言，有總序和篇序（或類序）。總序是針對全書（或某一部分）而寫，範圍較大，篇序（或類序）是針對某篇（類）而寫，範圍較小。

　　跋即書後題字。明徐師曾云：「按『題跋』者，簡編之後語也。凡經傳、子史、詩文、圖書之類，前有序引，後有後序，可謂盡矣；其後賢者，或因人之請求，或因感而有得，則復撰詞以綴於末簡，而總謂之題跋。至綜其實，則有四焉：一曰題，二曰跋，三曰書某，四曰讀某。」〔註56〕

　　書跋始於唐朝的官方藏書。據《新唐書・褚無量傳》，無量奉詔整理內府圖書時，曾上言唐高宗：「貞觀御書皆宰相署尾，臣位卑不足以辱，請與宰相

〔註55〕（明）吳訥：《文章辯體序說》，人民文學出版社1962年版，第42頁。
〔註56〕（明）徐師曾：《文體明辨序說》，人民文學出版社1962年版，第136頁。

聯名跋尾。」高宗不從。由此可以看出，早在唐初貞觀年間就已經有了書跋。到了宋代，題跋蔚然成風。歐陽修、蘇軾、黃庭堅等都是題跋的名家。毛晉在《汲古閣書跋・東坡書跋》中說：「元祐大家，世稱蘇黃二老，凡人物書畫，一經二老題跋，非雷即霆，而千載震驚。」

跋與序的區別主要在於：第一，位置不同。跋多位於正文之後，而序一般在正文之前。第二，寫作時間不同。跋是在圖書流傳過程中由後人所題，而序則是成書時已有之，為作者自作或請他人撰寫。當然，也有成書時就有書跋的情況，多由刻書者所為，主要是敘述編纂經過、刊刻情況、版本源流等。第三，內容不同。一般來說，跋比序要簡略，跋文多數或敘著者身世，或詳察學術源流，或考訂版本，或品評優劣；而序文則多是揭示書的創作思想、主要內容、編輯體例、學術造詣等。

序跋多包含底本來源、校勘情況、刊刻經過、收藏流傳等重要信息，對於確定版刻年代，評估版本價值、考訂版本真偽有著重要的參考作用，因此對於版本鑒定頗為重要。從序和跋入手是研究古籍版本的基本方法之一。

前人在這一方面取得了相當的成績。如《群書會元截江網》不著撰人名氏，《總目》據「前有至正七年東陽胡助序」，歸為「元時麻沙刻本」。又如《離騷草木疏》，《總目》指出：「末有慶元庚申方燦跋，又有校正姓氏三行，蓋仁傑官國子學錄時，屬燦刊於羅田者。舊本散佚，流傳頗罕。寫本僅存，可謂藝林之珍笈矣。」慶元為宋理宗年號，《總目》據方燦跋斷為影宋舊抄。乾隆作有《題影宋鈔吳仁傑〈離騷草木疏〉》一詩，即取《總目》之說。再如《玉臺新詠》，《總目》云：「此本為趙宦光家所傳宋刻。末有嘉定乙亥永嘉陳玉父重刻跋，最為完善。」《總目》據嘉定年間陳玉父跋定為宋本。

誠然，利用古籍的序和跋作為推斷年代的主要依據，在版本鑒定中佔有極為重要的位置，但如果僅憑序和跋的署年上來判斷，也是很容易出錯的。利用序跋鑒定古籍版本是一項相當複雜的工作，我們在版本的鑒定中還要參考古籍的其他特徵，多方考證，才能更準確地揭示古籍的版刻情況。

根據序跋鑒定版本，我們要注意以下問題：

第一，根據序和跋進行版本考訂時，要注意後人翻刻的偽本。要仔細辨認序跋是不是被書賈作偽。書商為達到自己最大的經濟效益，常常在覆刻時仿造原有的底本，精工細刻，撕去、撤換序跋，以冒充早期版本。遇此情況，僅依序跋鑒定版本，也易致誤。我們在進行版本鑒定時要辨別真偽，方能確認版本。

序言作偽是古人最常用的方法之一，作偽手段因人而異。常見類型有四：

（1）偽增序言

舊本無序言，書賈偽撰序言以售欺。如《花草粹編》，《總目》稱：「此本與《天中記》板式相同，蓋猶耀文舊刻。而卷首乃有延四年陳良弼序，刊刻拙惡，僅具字形，而其文則仍耀文之語，蓋坊賈得其舊板，別刊一序弁其首，以偽為元板耳。」又如《筠軒清秘錄》，《總目》謂：「舊本題董其昌撰，前有陳繼儒序，謂『可與項元汴《蕉林清課》並稱』。今考其書，即張應文所撰《清秘藏》，但析二卷為三卷。蓋應文之書，近日始有鮑氏知不足齋刊板，附其子丑《真蹟日錄》後。從前抄本，流傳不甚顯著。書賈以其昌名重，故偽造繼儒之序以炫俗射利耳。」

（2）偽冠他序

甲書本無序，移用乙書之序，或一字不易，或點竄數字。如《西番事蹟》，《總目》云：「前有王九思序，稱關中士大夫作為詩歌以紀其盛，題曰元老靖邊，屬九思序之，而書中實無詩歌。序與書頗不相應，疑刊書者誤取他序以冠此冊也。」又如《兩宋名賢小集》，《總目》云：「有紹定三年魏了翁序。考所載了翁序，與《寶刻叢編》之序字句不易，惟更書名數字，其為偽託無疑。」

（3）偽撰序言

這種情況一般是作者自己為之，偽造名人之序以自重。如清陸位時撰《羲畫憤參》，《總目》云：「前又有黃道周序，不署年月，中有時值鼎革語。考順治乙酉、丙戌之間，黃道周方從朱聿鍵稱兵閩中，勢不暇為位時作序。況方輔聿鍵僭號改元，亦決不肯自稱鼎革，其為依託無疑。蓋以道周喜談象數，與此書宗旨相近，故假借之以為重耳。」

（4）割去原序

原序一般可以幫助鑒定版本，作偽者深知此理，割去原序，故意將這些信息隱藏起來。如《韻府續編》，《總目》云：「蓋鬻書者以其板似麻沙，故割去原序偽為元刻耳。」又如《星象考》，《總目》云：「考陳振孫《書錄解題》，載《天文考異》二十五卷，昭武布衣鄒淮撰，大抵襲景新書之舊，淮後入太史局。今此書僅四頁，似從《天文考異》中錄出，而別題此名。又《書錄題解》既稱淮為昭武布衣，而了翁跋又稱為進士，亦相牴牾，殆書賈所偽託也。」又如《於陵子》，《總目》云：「末有徐元文跋，詞尤鄙，則又近時書賈所增，以冒稱傳是樓舊本矣。」

　　第二，我們要把原刻本和翻刻本的序跋區別開來。有些重刻本或翻刻本往往將原刻本的序跋照樣刻出，這樣，原刻本的序跋只能向我們提供原刻本的刻印情況，並不能說明重刻本或翻刻本的刻印情況。重刻本或翻刻本的刊刻年代、刊刻地點和刊刻者只能根據重刻序跋來考察。這時可能出現有多篇序跋，我們要根據年代最晚的序跋來確定版刻年份。在傳世的古籍中，原刻本極少，常見的多為翻刻本、重刻本，這些重刻本每進行一次翻刻，翻刻者多會另撰序跋，於是就會出現一書多序或多跋的情況，在這種情況下，時間最晚的序跋更為重要。

　　第三，序和跋是古籍鑒定的依據之一，但我們還要結合牌記、避諱、版式、條款、字體、紙張、印章、刻工、內容、年代等方面進行綜合考查，全面瞭解並把握這些特徵，不能簡單地將序跋所署年月作為該書的版刻年份。只有結合其他各種因素，才能在鑒定版本時作出更為準確的判斷。儘管在有些情況下，序和跋可能會給我們的鑒定造成誤導，但我們不能因此而不重視序和跋的作用。只要我們把握好序跋與古籍本身的關係，並充分參考牌記、避諱、版式、內容、字體、紙張等諸多方面的信息，加以全盤考查、相互印證、審慎結論，就一定會作出最終的正確判定。

2. 依據避諱

　　諱字具有時代性，因而可以根據諱字鑒定版本。「諱」，《說文解字》解釋為「忌也」。所謂避諱，就是為了表示對封建君主和尊者、聖賢的尊敬或畏忌，避免直接說出或寫出他們的名字而採用改字、空格、缺筆的方法來表示。這是封建社會特有的禁忌制度，是封建宗法制度的產物，也是尊祖敬宗的體現。避諱起源於西周，完備於秦漢，盛行於唐宋，到清代雍正、乾隆年間發展到極致。避諱的辦法主要體現在文字書寫上，凡遇到君主或尊者的名字時就用其他字替代。

　　避諱可以分為國諱、家諱、聖諱等。其中避國諱尤為重要，其應用也很普遍。避國諱是統治者運用至高無上的國家權力強令臣民們避皇帝本人及其祖、子的諱，因為是全國性的避諱，因此稱為避國諱。此種避諱是三類避諱中最主要的一種。如清聖祖（康熙）名玄燁，故改「玄」為「元」。清人著作或清刻的古書有許多地方本來應該是玄字的，如玄鳥、玄武、玄黃等，都寫成了元。第二種是家諱，一稱私諱，即避祖、父之名。如淮南王安的父親名長，就改「長」為「修」。《老子》「長短相形」，《淮南子‧齊俗訓》所引改為「短修相形」。第

三種是聖諱，即避封建社會被尊為先賢聖人的名字，如孔丘的「丘」改成「邱」。避諱的方法主要有改字、缺筆、空字或用代稱字詞等。

　　儘管避諱給我們研讀古籍造成一定的障礙，但是對古籍版本鑒定有著重要的作用，主要體現在以下兩個方面：

　　其一，利用避諱之例（主要是避國諱），考定書刻的時間斷限，是鑒定版本刊刻年代的重要依據。

　　其二，通過考查避諱（主要是避國諱），鑒定古籍版本的真偽以及刊刻演變等情況。在古代，古籍版本的偽本現象普遍存在，考察避諱（主要是避國諱）是鑒別真偽行之有效的一種方法。

　　避國諱於古籍版本的鑒定有重要的作用。全面彙集歷代帝王特別是宋、明、清三朝帝王帝號、名諱及相應的諱字、諱例對古籍版本的鑒定大有裨益。當然，其他種類的避諱也很重要，如避家諱，即避家族內部祖上的諱。蘇軾的祖父名序，蘇洵蘇軾自己寫文章或為人作序時從不用「序」字而改用「引」或「敘」，因此，當我們看到一些古文本應寫成「序」的，卻寫成「引」或「敘」時，我們就可據此大致推斷這可能是北宋時的版本。

　　《總目》在利用避諱鑒定版本方面給我們作了很好的示範。如《韓集舉正》，《總目》云：「此本紙墨精好，內『桓』字缺筆，避欽宗諱，『敦』字全書，不避光宗諱，蓋即淳熙舊刻，越五百載而幸存者。」此據避諱定為宋淳熙間刻本。關於《高常侍集》，《總目》云：「此本從宋本影抄，內『廓』字闕筆，避寧宗嫌名，當為慶元以後之本。」此據避諱定為慶元以後的影宋本。關於《元本九域志》，《總目》云：「晁公武《讀書後志》有新舊《九域志》之目。此為明毛晉影抄宋刻，乃元豐間經進原本，後藏徐乾學傳是樓中。……案張淏《雲谷雜記》，稱南渡後閩中刊書不精，如睦州宣和中始改嚴州，而新刊《九域志》直改為嚴州。今檢此本內睦州之名尚未竄改，則其出於北宋刻本可知矣。」此據避諱定為北宋刻本。關於《資暇集》，《總目》云：「中間『貞』字、『徵』字、『完』字皆闕筆，蓋南宋所刊。『殷』字亦尚闕筆，則猶刻於理宗以前，宣祖未祧之時。」此據避諱定為宋理宗以前刻本。關於《錢塘集》，《總目》云：「檢勘書中，凡『構』字皆空闕，而注其下云『太上皇帝御名』，當由孝宗時刊本抄傳。」此據避諱定為南宋刊本。關於《劉隨州集》，《總目》云：「第二卷中《送河南元判官赴河南勾當苗稅充百官俸錢》詩，不書『勾』字，但注曰御名。蓋宋高宗名構，當時例避同音，故『勾』字稱御名，則猶從南宋舊本翻雕也。」

此據避諱定為翻刻南宋本。可貴的是,《總目》還注意到回改諱字的現象。如王士禎《池北偶談》嘗摘唐皮日休《皮子文藪》有兩條「世民」二字句中連用,以為不避太宗之諱。對此,《總目》指出:「後人傳寫古書,往往改易其諱字,安知日休原本非『世』本作『代』,『民』本作『人』,而今本易之耶?」這就提醒我們決不能把諱字作為鑒定版本的唯一根據。

需要注意的是,儘管查避諱是版本鑒定的重要依據,但同時也應當看到,古代避諱的情形相當複雜,存在「翌代仍諱」「數朝同諱」「舊諱新諱」「前史避諱之文後史沿襲未改」等情況。唐人不避舊諱,宋人則時避時不避。因此,在考定版本的成書年代時,不能簡單根據諱字妄下斷語。另外,後世翻刻本照刻諱字,後世刊本仍避前朝諱以及書商在諱字上作偽等情況也是存在的。所以在具體的版本鑒定過程中:一方面要注意識辨,防止判斷失誤;另一方面,除了運用查避諱的方法以外,要儘量綜合運用驗牌記,考刻工,看版式,看紙張、墨色,看字體,細讀原書序跋等方法,以求最大限度地提高版本鑒定的準確性。

第二章　文獻目錄

第一節　目錄概述

一、目錄的概念

　　「目錄」的概念起於漢代。班固謂：「劉向司籍，九流以別，爰著目錄，略序洪烈。」〔註1〕即謂西漢時劉向、劉歆父子校理中秘所藏典籍，並編成書目《別錄》《七略》。關於《漢書》中的「目錄」一詞，余嘉錫解釋說：「『目』謂篇目，『錄』則合篇目及敘言之也。」〔註2〕其意即劉向所著「目錄」包括典籍的篇目以及敘述典籍旨趣的敘錄。阮孝緒《七錄序》稱：「昔劉向校書，輒為一錄，論其指歸，辨其訛謬，遂竟奏上，皆載在本書。時又別集眾錄，謂之《別錄》，即今之《別錄》是也。」〔註3〕可見，余嘉錫對「目錄」的解釋既括所謂「載在本書」的「目錄」，也包括「別集眾錄」而成的「別錄」，即所謂「一書之目錄」與「群書之目錄」。

　　「一書之目錄」記錄某部著作的篇目、大旨，據此目錄可知著作之內容。除劉向所撰「載在本書」的「目錄」外，《詩》《書》之序，司馬遷《太史公自序》、班固《漢書·敘傳》等皆有「一書之目錄」的性質。而劉向、劉歆之「《七略》《別錄》」則不同，它們是「群書之目錄」，即按照一定的分類，將不同著

<hr>

〔註1〕（漢）班固：《漢書·敘傳下》。
〔註2〕余嘉錫：《目錄學發微》，商務印書館 2011 年版，第 23 頁。
〔註3〕（南朝梁）阮孝緒：《七錄序》，載《廣宏明集》卷三。

作的「目錄」（大多包含書名、作者、篇卷、大旨等）編排起來，而形成的目錄類著作。一書之目錄起源雖早，但依附於某一特定的著作而存在，並非嚴格意義上的目錄類著作；群書之目錄則具有了完全的獨立性，脫離了所著錄的著作而獨立存在，是完整意義上的目錄類著作。余嘉錫即認為目錄起源於「《詩》《書》之序」，而到了漢代，劉向《別錄》、劉歆《七略》才是專門的目錄類著作。〔註4〕

「目錄」概念的內涵在不同時代多有變化。余嘉錫認為：「其後相襲用，以錄之名專屬於目，於是有篇目而無敘者亦謂之目錄。又久之而但記書名不載篇目者，亦冒目錄之名矣。」〔註5〕又稱：「記書名而謂之目錄，亦已久矣。後人相沿襲用，既有所本，未足深怪。固知積重難返，自不必是古非今。」〔註6〕可見，後世不少目錄並未遵循《別錄》《七略》體例，有的目錄僅記書名而已，差異很大。這種變化既體現對群書的編排組織上，也體現在對其中單一書籍內容的著錄上。但是，儘管體例各異，但它們記錄群籍的性質並無二致，都屬於目錄類著作。

總之，文獻學意義上的目錄的概念，區別於一般意義上的目錄概念，它專指群書之目錄，是按照一定的分類對各種書籍的書名、卷數、作者、大旨、學術價值等信息進行系統編排而成的著作。

二、目錄的功用

（一）辨章學術，考鏡源流

「辨章學術，考鏡源流」是目錄的主要功用。章學誠稱：「劉向父子，部次條別，將以辨章學術、考鏡源流。」〔註7〕劉向、劉歆作《別錄》《七略》的一個目的就是梳理先秦、前漢的學術，所以其目錄自然就具備了「辨章學術、考鏡源流」的功用。《別錄》《七略》原書雖已亡佚，但《別錄》仍有少數篇章流傳，《七略》也被班固刪改為《漢書・藝文志》，尤其是其中敘述學術源流的《輯略》被班固分散在《藝文志》各篇。余嘉錫稱：「劉歆嗣父之業，部次群書，分為六略，又敘各家之源流利弊，總為一篇，謂之《輯略》，以當發凡起例。班固就《七略》刪取其要以為《藝文志》，因散《輯略》之文，分載各類

〔註4〕 余嘉錫：《目錄學發微》，商務印書館 2011 年版，第 7 頁。
〔註5〕 余嘉錫：《目錄學發微》，商務印書館 2011 年版，第 24 頁。
〔註6〕 余嘉錫：《目錄學發微》，商務印書館 2011 年版，第 33 頁。
〔註7〕 （清）章學誠：《校讎通義敘》。

之後，以便觀覽。」﹝註8﹞以下據《別錄》《七略》佚文略述其「辨章學術、考鏡源流」的功用。

1. 論前代學術的總體情況

《七略》有總結前代學術源流的總序，其文曰：

> 昔仲尼沒而微言絕，七十子喪而大義乖。故《春秋》分為五，《詩》分為四，《易》有數家之傳。戰國縱衡，真偽分爭，諸子之言紛然殽亂。至秦患之，乃燔滅文章，以愚黔首。漢興，改秦之敗，大收篇籍，廣開獻書之路。迄孝武世，書缺簡脫，禮壞樂崩，聖上喟然而稱曰：「朕甚閔焉！」於是建藏書之策，置寫書之官，下及諸子傳說，皆充秘府。至成帝時，以書頗散亡，使謁者陳農求遺書於天下。詔光祿大夫劉向校經傳諸子詩賦，步兵校尉任宏校兵書，太史令尹咸校數術，侍醫李柱國校方技。每一書已，向輒條其篇目，撮其指意，錄而奏之。

在這段總序中，劉歆敘述了自孔子之後學術界混亂紛爭的局面。秦代有焚書之舉，致使先秦典籍多有殘缺。到了漢代，遺書得以重現人間。至漢成帝時，劉向等人校理群書。這是對先秦至西漢典籍流傳情況的總體概述，使我們能夠從整體上瞭解這一時期的學術大勢。

2. 論各家學術的具體情況

除總序之外，《七略》還有論述某家學術的類序以及總論數家學術的部序。類序述一家學術之源流，如述儒家學術曰：

> 儒家者流，蓋出於司徒之官，助人君順陰陽、明教化者也。遊文於六經之中，留意於仁義之際，祖述堯舜，憲章文武，宗師仲尼，以重其言，於道最為高。孔子曰：「如有所譽，其有所試。」唐、虞之隆，殷、周之盛，仲尼之業，已試之效者也。然惑者既失精微，而辟者又隨時抑揚，違離道本，苟以譁眾取寵。後進循之，是以五經乖析，儒學寖衰，此辟儒之患。

該類序敘述了儒家的起源、職能以及宗旨，又對儒學式微的學術狀況進行了分析。

部序則總論數家之學術，如總論諸子學術曰：

﹝註8﹞余嘉錫：《目錄學發微》，商務印書館 2011 年版，第 64 頁。

> 諸子十家，其可觀者九家而已。皆起於王道既微，諸侯力政，時君世主，好惡殊方，是以九家之術蜂出並作，各引一端，崇其所善，以此馳說，取合諸侯。其言雖殊，辟猶水火，相滅亦相生也。仁之與義，敬之與和，相反而皆相成也。《易》曰：「天下同歸而殊塗，一致而百慮。」今異家者各推所長，窮知究慮，以明其指，雖有蔽短，合其要歸，亦六經之支與流裔。……若能修六藝之術，而觀此九家之言，舍短取長，則可以通萬方之略矣。

部序認為諸子都是應當時的政治形勢而產生的，其觀點雖各有不同，但皆有所長，亦各有所短，相生相滅，相反相成，若能各取其長而去其短，則「可以通萬方之略」。

3. 論某一典籍的學術狀況

劉向「條其篇目，撮其指意」而成的敘錄，多敘某一典籍的學術狀況。如《晏子敘錄》稱：

> 晏子名嬰，諡平仲，萊人。萊者，今東萊地也。晏子博聞強記，通於古今，事齊靈公、莊公、景公，以節儉力行，盡忠極諫道齊。國君得以正行，百姓得以附親。不用則退耕於野，用則必不詘義，不可脅以邪。白刃雖交胸，終不受崔杼之劫。諫齊君，懸而至，順而刻；及使諸侯，莫能詘其辭。其博通如此，蓋次管仲。內能親親，外能厚賢，居相國之位，受萬鍾之祿，故親戚待其祿而衣食五百餘家，處士待而舉火者亦甚眾。晏子衣苴布之衣，麋鹿之裘，駕敝車疲馬，盡以祿給親戚朋友，齊人以此重之。晏子蓋短，其書六篇皆忠諫其君，文章可觀，義理可法，皆合六經之義。又有複重，文辭頗異，不敢遺失，復列以為一篇。又有頗不合經術，似非晏子言，疑後世辨士所為者，故亦不敢失，復以為一篇。凡八篇，其六篇可常置旁，御觀。

這篇敘錄敘述了晏子的生平及其品行，認為《晏子》一書「文章可觀，義理可法，皆合六經之義」。通過這篇敘錄，我們可以初步瞭解《晏子》一書的內容大旨、主要特點、真偽情況。

「辨章學術、考鏡源流」是目錄的主要功用，但並非所有目錄都做到這一點。那些僅記書名、卷數、作者等內容的帳簿式目錄，並沒有起到「辨章學術，

考鏡源流」的作用，學術史價值並不大。只有像《七略》那樣，既有總序及部序、類序，又有敘錄的目錄著作，才是古代目錄學史上的典範之作。可以說，「辨章學術、考鏡源流」既是書目的一個重要功用，也是衡量一種目錄學術價值高低的重要標準。

（二）瞭解古代典籍的總體狀況

通過閱讀書目，我們還可以瞭解古代典籍的分類狀況、數量狀況等，進而對古代典籍有一個整體上的把握。

1. 古代典籍的分類狀況

通過對比不同時代書目在分類設置上的差異，我們可以瞭解不同時期典籍種類的變化以及某一類典籍的興衰情況。例如，《漢志》沒有獨立的「史部」，而到了《隋志》，「史部」不但完全獨立，而且「凡史之所記，八百一十七部，一萬三千二百六十四卷；通計亡書，合八百七十四部，一萬六千五百五十八卷」，遠遠超過「經部」的「六百二十七部，五千三百七十一卷」，可見魏晉南北朝時期史學逐漸興盛，著史成為一時之風氣。《漢志》中兵書、數術、方技各自單列一類，說明當時這方面的著作很多，軍事、數術、方技非常興盛，而《漢志》所著錄的這三類書籍在後世大多亡佚，這三個類目也逐漸併入子部，反映了後世從事這類活動之人逐漸變少，著作凋零，學術未能得到傳承，逐漸衰落。

2. 古代典籍的數量狀況

根據書目，我們可以大致估算某一時代所存典籍總量，如《漢志》著錄五百九十六家，一萬三千二百六十九卷，《隋志》著錄六千五百一十八部，五萬六千八百八十一卷。〔註9〕同時通過著錄一代典籍的書目，我們可以大致估算這一時期新增典籍的總量，如《明史・藝文志》專記明代典籍，共著錄四千四百六十二種，十萬五千七百九十四卷，據此可知明代典籍的總量狀況。而當代最新編纂的《中國古籍總目》，對現存的中國古籍開展了迄今最大規模的調查與著錄，著錄總數達 20 萬種之多。〔註10〕

值得注意的是，由於歷代書目的編纂都不可能著錄所有的典籍，掛一漏萬，往往難免，且著錄的典籍多未分存佚，所以，書目所記載的典籍狀況與實

〔註 9〕來新夏：《古典目錄學》，中華書局 1991 年版，第 146 頁。
〔註10〕《中國古籍總目・前言》。

際情況存在或多或少的出入，難以做到完全準確。但書目的確是我們瞭解一個時代典籍狀況最重要的手段，值得我們重視。

（三）指示讀書治學的門徑

清代學者王鳴盛在論述目錄的重要性時說：「目錄之學，學中第一緊要事，必從此問途，方能得其門而入。」〔註11〕又說：「凡讀書，最切要者，目錄之學。目錄明，方可讀書。不明，終是亂讀。」〔註12〕目錄是學術的入門之書，這除了表現在它「辨章學術，考鏡源流」的功用上之外，還因為目錄具有指導初學者讀書的作用。張之洞認為書目是「讀一切經史子集之途徑」〔註13〕，並推薦《四庫全書總目》，認為它是「讀群書之門徑」。〔註14〕余嘉錫也認為：「治學之士，無不先窺目錄以為津逮，較其他學術，尤為重要。」〔註15〕又說：「目錄之學為讀書引導之資，凡承學之士，皆不可不涉其藩籬。」〔註16〕「書目者，所以告學者以讀書之方，省其探討之勞也。」〔註17〕

書目指示讀書治學門徑的具體表現有哪些呢？今以張之洞《書目答問》為例，略述如下：

第一，指明何為根柢書。所謂「根柢書」，就是無論從事古代學術研究的哪一個方向，都需要研讀的著作，而且是可以「常讀常新」的，它們是古代典籍中最為重要的書，也是中華民族的精神所在。張之洞在《書目答問》經部「正經正注第一」條下注曰：「此為誦讀定本，程試功令，說經根底。注疏本與明監本五經，功令並重。」在史部「正史第一」條下注曰：「事實先以正史為據。」可見《書目答問》重視正經正史，認為它們都是學術研究的根柢之書。《書目答問》在子部更是將「周秦諸子」單列一類，不與漢以下諸子書同列，更見其視周秦諸子書為根柢之書。

第二，指示讀書順序。讀書治學需要循序漸進，由易入難，逐步深入。通過對目錄的研習，初學者可以知道哪些書適合初學，哪些是在有一定的知識基礎之後再加研讀的。如張之洞在《書目答問》末所附《別錄目》中有「群書讀

〔註11〕 （清）王鳴盛：《十七史商榷》卷一。

〔註12〕 （清）王鳴盛：《十七史商榷》卷七。

〔註13〕 （清）張之洞：《書目答問》卷二史部譜錄第十二。

〔註14〕 司馬朝軍：《輶軒語詳注》，華東師範大學出版社 2010 年版，第 139 頁。

〔註15〕 余嘉錫：《目錄學發微》，商務印書館 2011 年版，第 7 頁。

〔註16〕 余嘉錫：《目錄學發微》，商務印書館 2011 年版，第 21 頁。

〔註17〕 余嘉錫：《目錄學發微》，商務印書館 2011 年版，第 46 頁。

本」「考訂初學各書」「詞章初學各書」「童蒙幼學各書」，所列皆為便於初學者入門的典籍。

第三，推薦讀書選本。初學者讀書，經常碰到一本書有數家注本，不能判其優劣，並且同一書也有不同的版本。在這種情況下，選擇最精的注本、最好的版本，對讀書來說無疑是一件事半功倍的事情。《書目答問》「《十三經注疏》」條有注語曰：「阮本最於學者有益，凡有關校勘處旁有一圈，依圈檢之，精妙全在於此。四川書坊翻刻阮本，訛謬太多，不可讀，且削去其圈，尤謬。明監、汲古本不善。」指明讀《十三經注疏》當選阮元刻本。《書目答問》「《說文解字》」條下有注語云：「平津館小字本，《小學匯函》重刻孫本，汲古閣五次剜改大字本，朱校大字本即毛本，藤花榭額氏刻中字本，廣州新刻陳昌治編錄一篆一行本，蘇州浦氏重刻孫本。孫本最善，陳本最便。」指明《說文解字》以孫星衍平津館本最善，以陳昌治刻本最便。

（四）查詢檢索典籍

古代目錄學家不僅重視「辨章學術，考鏡源流」，而且也注意到分類便於檢索的作用，宋鄭樵在《通志·校讎略》中提出「類例分，則百家九流各有條理」。古人所謂「類例」就是今天所說的「分類」。明祁承㸁在《庚申整書略例》中說：「部有類，類有目，若絲之引序，若網之就綱，井然有條，雜而不紊……經史子集之分，簡而盡，約而且詳，循序仿目，簡閱收藏，莫此為善。」顯而易見，檢索是古代目錄的一項重要職能。根據書目的分類和類目，可以較為方便地找到所需要的書籍。古代沒有索引的目錄大多採用「即類求書，因書究學」的方式，而現代所編纂的目錄一般附有索引，包括作者索引、書名索引等，我們可以通過拼音或筆劃查找作者或書名，進而瞭解其版本情況、館藏情況，再找到原書進行閱讀和研究。

三、目錄的學習

（一）掌握目錄分類

學習目錄學，首先要對古代書目分類體系有一定的瞭解，從劉向、劉歆父子發明的六分法，到後世成為主流的四分法，以及其他敢於創新的分類體系，應該做到心中有數。對於每大類之下的小類，應該熟記於心，掌握各類目的歷史沿革與演變。以佛、道典籍為例，《隋書·經籍志》將其附於經史子集四部之後，而後世書目多置諸子部。

只有熟練地掌握了目錄的分類情況，我們在利用書目時才能更好地做到「即類求書，因書究學」。書錄分類不僅便於我們找到所需之書，而且對瞭解學術源流頗有裨益。

（二）多記書名人名

在掌握書目分類的基礎上，我們還需要進一步熟悉古代典籍的書名和作者，從而培養對書目的親切感，不致於有開卷茫然之感。熟記書名、人名雖然看似枯燥，但只要我們深入鑽研，就會發現其樂無窮。在這一過程中也要學會循序漸進，首先找出經史子集中的要籍，並根據書目分類逐步熟記。對於那些著述較多的學者，也可以按作者來記其著述，這樣易於瞭解該學者的學術成就。

在記書名的過程中，我們需要注意同名異書、同書異名以及書名相近易混的情形。同名異書者，如《一切經音義》就有唐代釋慧琳和唐代釋玄應兩種，慧琳所著一百卷，而玄應所著僅二十五卷；同書異名者，如《老子》又名《道德經》，《國語》又名《春秋外傳》等；而書名易混者，如明王祖嫡著有《師竹堂集》三十七卷，清李鼎元著有《師竹齋集》十四卷，書名僅一字之差，極易混淆。對於人名，如《清史稿·藝文志》著錄《周易筮述》八卷，題「王弘撰撰」，這裡需要注意的是，王弘撰為清初學者，不可誤以「撰」為衍字。在記人名的過程中，我們對作者的生平也要有所瞭解。

（三）瞭解存世的古代目錄以及現當代編纂的古籍目錄

學習目錄學，我們要系統把握各類古代目錄的編撰宗旨、分類體系、學術價值等情況，對於《漢書·藝文志》《隋書·經籍志》《郡齋讀書志》《直齋書錄解題》《文獻通考·經籍考》《四庫全書總目》《書目答問》等重要書目，我們更應深入研讀，了然於胸。而對於近現代以來新編的古籍目錄，我們也要瞭解其總體情況，對《中國叢書綜錄》《中國古籍總目》等常用目錄，要學會熟練使用，能夠快速找到自己在讀書治學過程中所需要的典籍。對於研究者來說，自己研究領域範圍內的專科目錄應該置於案頭，以便經常查閱。

郝潤華、侯富芳《二十世紀以來中國古籍目錄提要》（華東師範大學出版社2012年版）一書，著錄了自1911年至2009年國內出版的各種中國古籍書目專著640餘種，分綜合目錄、專科目錄、特種目錄三大類，還在每類之後附錄了一些域外漢籍目錄，對於我們瞭解現當代新出的古籍目錄大有助益。

第二節　目錄的體制與類別

一、目錄體制

　　要認識和利用古代目錄，就必須瞭解目錄的結構，熟悉目錄的類別。余嘉錫《目錄學發微》稱：「目錄者學術之史也。綜其體制，大要有三：一曰篇目，所以考一書之源流；二曰敘錄，所以考一人之源流；三曰小序，所以考一家之源流。三者亦相為出入，要之皆辨章學術也。三者不備，則其功用不全。」〔註18〕

　　目錄之書，自有其體制。就一書目而言，有解題，有小序。解題之中，又可分書名、篇卷、作者、篇目、敘錄、版本、序跋諸項；小序又可分部序、類序。今分述如下：

（一）書名

　　書名是書目的基本內容之一。即使最簡單的書目也要著錄書名，否則就不能成為書目。先秦時期，古書大多不題書名。余嘉錫謂：「古書之命名，多後人所追題，不皆出於作者之手。故惟官書及不知其學之所自出者，乃別為之名，其他多以人名書。」〔註19〕劉向、劉歆父子在校理中秘典籍之時，就要為無書名者命名，將書名混用者統一書名。如劉向《戰國策敘錄》云：「中書本號，或曰《國策》，或曰《國事》，或曰《短長》，或曰《事語》，或曰《長書》，或曰《修書》。臣向以為戰國時，遊士輔所用之國，為之策謀，宜為《戰國策》。」可見，《戰國策》版本頗多，書名不一，劉向去其重複，重加編次，定名為《戰國策》。余嘉錫還指出：「《儒家言》《雜陰陽》《法家言》《雜家言》，則劉向校讎之時，因其既無書名，姓氏又無可考，姑以其所學者題之耳，皆非其本名也。」〔註20〕沒有書名的著作雖然也可以流傳，但如果要將它們著錄於目錄，就必須命名。

　　關於自撰書名的起源，余嘉錫認為：「自撰書名，萌芽於《呂氏春秋》，而成於武帝之世。」〔註21〕《史記·呂不韋傳》稱：「不韋乃使其客人人著所聞，集論以為八《覽》、六《論》、十二《紀》，十二餘萬言，以為備天地萬物古今之事，號曰《呂氏春秋》。」《史記·太史公自序》云：「凡百三十篇，五十二

〔註18〕余嘉錫：《目錄學發微》，商務印書館2011年版，第34頁。
〔註19〕余嘉錫：《古書通例》，商務印書館2011年版，第208頁。
〔註20〕余嘉錫：《古書通例》，商務印書館2011年版，第213頁。
〔註21〕余嘉錫：《古書通例》，商務印書館2011年版，第215頁。

萬六千五百字,為《太史公書序》。」可見《呂氏春秋》《史記》的書名均出於自撰。後世著作多由作者自己命名,目錄學家在著錄書名時就不會遇到重新命名的問題。

(二)篇卷

篇卷是書目中典籍大小的主要計量單位。章學誠稱:「向、歆著錄,多以篇卷為計,大約篇從竹簡,卷從縑素,因物定名,無他義也。而縑素為書,後於竹簡,故周秦稱篇,入漢始有卷也。」〔註22〕余嘉錫亦稱:「及縑帛盛行,易篇為卷,一幅所容,與簡篇約略相當。故多以一篇為一卷。」〔註23〕先秦兩漢以竹帛為典籍的主要載體,書於竹簡之書稱篇,書於縑帛之書稱卷,篇卷內容相當。隨著後世典籍載體形式的變化,竹帛被紙張替代,「篇」逐漸廢棄不用,計量單位又有本、冊、部、函等,但仍以「卷」為最主要計量單位,如《隋書・經籍志》於各書均只計卷數,不再稱篇。

(三)作者

《孟子》曰:「頌其詩,讀其書,不知其人,可乎?」讀古書,知人論世是必不可少的環節;對作者有所瞭解,才能更好地認識古書的內容。古人之書大多也不題作者。《史記・韓非列傳》云:「人或傳其書至秦,秦王見《孤憤》《五蠹》之書,曰:『嗟乎!寡人得見此人與之遊,死不恨矣。』李斯曰:『此韓非之所著書也。』」可見秦始皇所見《孤憤》《五蠹》均未題韓非之名。余嘉錫指出:「周秦古書,皆不題撰人。俗本有題者,蓋後人所妄增。」〔註24〕《漢書・藝文志》於書名之下間題人名,但這些人名未必就是作者。余嘉錫說:「古人著書,不自署姓名,惟師師相傳,知其學出於某氏,遂書以題之,其或時代過久,或學未名家,則傳者失其姓名矣。即其稱為某氏者,或出自其人手著,或門弟子始著竹帛,或後師有所附益,但能不失家法,即為某氏之學。」〔註25〕《漢志》所題人名姓氏,僅為家學之標識,或為「學出某氏」者,或為「始著竹帛」者,著書之人未必就是傳學之人,故書中多有述及身後之事者。余嘉錫認為:「傳注稱氏,諸子稱子,皆明其為一家之學也。」又說:「古書既不署名,而後人乃執相傳之說,謂某書必某人所自作。就其時與事以求之,鮮有不

〔註22〕（清）章學誠:《文史通義》卷三《篇卷》。
〔註23〕余嘉錫:《目錄學發微》,商務印書館 2011 年版,第 35 頁。
〔註24〕余嘉錫:《古書通例》,商務印書館 2011 年版,第 201 頁。
〔註25〕余嘉錫:《古書通例》,商務印書館 2011 年版,第 202 頁。

見其牴牾者矣。」〔註26〕「古書之題某氏某子，皆推本其學之所自出言之。《漢
志》本之《七略》，上書某子，下注名某者，以其書有姓無名，明此所謂某氏
某子者，即某人耳，非謂其書皆所自撰也。」〔註27〕因此，後人據先秦子書載
有「作者」身後之事，從而草率地判定其書為偽託之作，這是由於不瞭解古書
編纂體例造成的。漢魏以後，學者始於所著之書自題姓名，而書目著錄作者姓
名漸趨規範。

（四）篇目

篇目是典籍內每篇的篇名。余嘉錫說：「篇目之體，條別全書，著其某篇
第幾。」〔註28〕又說：「劉向校書，合中外之本，刪除重複，乃定著為若干篇。
故每書必著篇目於前者，所以防散失免錯亂也。」〔註29〕如劉向校書時所上
《列子書錄》所列篇目為：

　　　　天瑞第一　黃帝第二　周穆王第三　仲尼第四（一曰極知）
　　　湯問第五　力命第六　楊朱第七（一曰達生）　說符第八

其敘錄稱：「所校中書《列子》五篇，臣向謹與長社尉臣參校讎，太常書
三篇、太史書四篇、臣向書六篇、臣參書二篇，內外書凡二十篇，以校除複重
十二篇，定著八篇。」劉向據《列子》各散篇，除去重複，重新編訂為八篇，
並定其次序，故「仲尼第四」下注「一曰極知」，「楊朱第七」下注「一曰達生」，
都是一篇重複，而又篇名不同。劉向編訂篇目，始使《列子》篇目完備，而不
致散佚。

余嘉錫認為《別錄》著錄篇目有重要意義，有助於考訂古書真偽、內容
和存佚：「刻書注書者，以冊之厚薄，意為分合，而古書之卷數亦淆。於是有
本是完書而以卷數之少疑其亡者，本是真書而以卷數之多疑其依託者。使《別
錄》篇目具存，或後人著錄能載篇目，則按圖索驥，不至聚訟紛紜矣……就
其篇目，可以窺見文中之大意，古書雖亡而篇目存，猶可以考其崖略……諸
家所輯之書，凡有篇目可考者，望文而知其義，則各歸之本篇。其無可考者，
則以所出之書為次序。亦或意為先後，文義凌亂，無復條理。使目錄皆著篇
目，則無此患矣。」〔註30〕後世目錄收錄書籍變多，卷帙繁重，著錄典籍篇

〔註26〕余嘉錫：《古書通例》，商務印書館 2011 年版，第 204 頁。
〔註27〕余嘉錫：《古書通例》，商務印書館 2011 年版，第 205 頁。
〔註28〕余嘉錫：《目錄學發微》，商務印書館 2011 年版，第 34 頁。
〔註29〕余嘉錫：《目錄學發微》，商務印書館 2011 年版，第 36 頁。
〔註30〕余嘉錫：《目錄學發微》，商務印書館 2011 年版，第 37～39 頁。

目就難以實現了。

（五）敘錄

敘錄是解題的核心部分，主要是介紹作者生平、論述著述宗旨、品評學術價值、考訂作品真偽等。余嘉錫將敘錄的內容分為三部分：「論考作者之行事」、「論考作者之時代」、「論考作者之學術」。其中，「論考作者之行事」有「附錄、補傳、辯誤」三例，「附錄」是剪裁史傳原文以入敘錄，「補傳」是旁採他書，或據所聞見，以補史傳之不詳者，「辯誤」是考之他書以辯正撰人事蹟之傳訛者。「論考作者之時代」有四例，一曰「敘其仕履而時代自明」，二曰「作者之始末不詳，或不知作者，亦考其著書之時代」，三曰「敘作者之生卒，並詳其著書之年月」，四曰「不能得作者之時，則取其書中之所引用，後人之所稱敘……參互推定之」。「論考作者之學術」是目錄中最為重要的，其目的是「定其書之善否」，「非博通古今，明於著作之體，好學深思，心知其意者不能辦」。〔註31〕

評介一書學術價值的高下，最能體現目錄學家的學術水平。這不僅需要他們對該書本身有深入理解，而且要博學多才，學識淵博，精於考證，對各家學術有整體的把握。除了才學以外，還要品德正直，實事求是，不存門戶之見。惟有如此，方能作出公允的評判。余嘉錫認為：「劉向之學，粹然儒者，而於九流百家，皆指陳利弊，不沒所長，於道、法二家皆言其所以然，以為合於六經，可謂能平其心者矣。後之君子，微論才與學不足辦此，才高而學博矣，而或不勝其門戶之見，畛域之私，則高下在心，愛憎任意，舉之欲使上天，按之欲使入地，是丹非素，出主入奴，黑白可以變色，而東西可以易位，此所以劉知幾論史，於才學之外尤貴史識，而章學誠又益之以史德也。」〔註32〕

（六）版本

版本是在雕版印刷出現之後才逐漸流行的一個概念。在雕版印刷發明以前，典籍多以手抄的形式流傳、複製。雕版印刷使同書異本大量出現，版本問題逐漸受到學者重視，這也體現於書目著錄之中。一般認為最早著錄版本的書目是南宋尤袤的《遂初堂書目》，實則在此之前的晁公武《郡齋讀書志》就已

〔註31〕余嘉錫：《目錄學發微》，商務印書館 2011 年版，第 58 頁。
〔註32〕余嘉錫：《目錄學發微》，商務印書館 2011 年版，第 59 頁。

經兼言版本，該志在介紹圖書的作者、內容、源流等情況時，也兼論及版本。〔註33〕南宋尤袤的《遂初堂書目》以著錄版本為特色，書中所載即有成都石刻本、秘閣本、舊監本、京本、江西本、川本、大字本、小字本等多種不同的版本。此後，版本逐漸成為書目著錄中的一項重要內容。

　　余嘉錫在談到著錄版本的重要性時說：「書籍由竹木而帛而紙；由簡篇而卷，而冊，而手抄，而刻版，而活字，其經過不知其若干歲，繕校不知其幾何人。有出於通儒者，有出於俗士者。於是有斷爛而部不完，有刪削而篇不完，有節鈔而文不完，有脫誤而字不同，有增補而書不同，有校勘而本不同。使不載明為何本，則著者與讀者所見迥異。敘錄中之論說，不能不根據原書。吾所舉為足本，而彼所讀為殘本，則求之而無有矣。吾所據為善本，而彼所讀為誤本，則考之而不符矣。吾所引為原本，而彼所書為別本，則篇卷之分合，先後之次序，皆相剌謬矣。目錄本欲示人以門徑，而彼此所見非一書，則治絲而棼，轉令學者瞀亂而無所從，此其所關至不細也。反是，則先未見原書，而執殘本、誤本、別本以為之說，所言是非得失，皆與事實大相徑庭，是不惟厚誣古人，抑且貽誤後學。」〔註34〕可見，只有使用善本，才能正確評價該書內容。誤用了殘本、誤本、別本，得出的結論往往與事實大相徑庭，厚誣古人，貽誤後學。

（七）序跋

　　序跋是作者或他人對其典籍的創作過程、編纂體例、內容主旨的介紹以及對其內容的評價，敘錄即源於書敘。後世書籍繁多，撰寫敘錄，難於為功。所以，輯錄諸家序跋以代替敘錄成為古代目錄學家編纂書目時一種行之有效的方法。

　　現存最早輯錄序跋的書目是梁釋僧祐《出三藏記集》，其卷六至卷十二，於各書之下錄各家序文，其後馬端臨《文獻通考‧經籍考》、朱彝尊《經義考》繼承此法，並發揚光大。雖然序跋中的一些內容與敘錄類似，但並不能替代敘錄，《四庫全書總目》即對《經義考》濫錄序跋有所批評：「惟序跋諸篇，與本書無所發明者，連篇備錄，未免少冗。」〔註35〕有些序跋多為阿諛之詞、空洞之論，與作者行事無關緊要，於本書主旨無所發明，若全文迻錄，未免蕪雜。

〔註33〕李明傑：《宋代版本學研究》，濟南：齊魯書社 2006 年版，第 224～233 頁。
〔註34〕余嘉錫：《目錄學發微》，商務印書館 2011 年版，第 82～83 頁。
〔註35〕《四庫全書總目》卷八十五。

余嘉錫亦稱：「若推廣其例於四部，則文人應酬之作，書估牌記之諮，將並登著錄。論文則文以載道，談詩則窮而後工，刻板則校對無訛，專利則翻刻必究，令人生厭。所貴刪削繁文，屏除套語也。」〔註36〕

所以，書目收錄序跋當以有助於理解書中大旨為去取標準，芟截浮詞，刪繁就簡，一般不必全文照錄。此外，還要對序跋加以考訂，對於序跋中存在的訛誤、缺漏等問題，通過按語的形式進一步修改完善。

（八）小序

小序包括部序、類序。〔註37〕部序即大類之序，總述大類（略、部）的學術源流、演變、特點、得失，起到提綱挈領的作用。類序即小類之序，辨章這一類目的學術源流，品評一家之得失，是古代目錄「辨章學術，考鏡源流」的主要體現。余嘉錫稱：「小序之做法，則章學誠『辨章學術，考鏡源流』二語盡之矣。」〔註38〕又稱：「小序之體，所以辨章學術之得失也。」〔註39〕

現存書目有大序、小序者有《漢書・藝文志》《隋書・經籍志》《四庫全書總目》等。劉歆《七略》之《輯略》雖亡，卻基本保存於班固《漢書・藝文志》。魏晉南北朝時期的書目大多亡佚，《隋書・經籍志》則繼承了小序的傳統，較為系統地展現了唐以前的學術史。此後，《舊唐書・經籍志》「但紀部帙，不取小序」，《新唐書・藝文志》亦沿襲其例，晁公武《郡齋讀書志》僅有大序，而無小序，後世目錄之書作小序者更少，故余嘉錫稱：「自唐以下，學術源流多不可考，不能不追憾《舊唐志》之陋也。」〔註40〕至乾隆時修《四庫全書總目》，每部有大序，每類有小序，間下案語，體例完備，成為古代目錄學的巔峰之作。

小序是一部書目中最難撰寫的部分，對編寫者的學術水平有特別高的要求，以致於傳世書目有小序者屈指可數。章學誠稱：「非深明於道術精微、群言得失之故者，不足與此。後世部次甲乙、紀錄經史者，代有其人，而求能

〔註36〕余嘉錫：《目錄學發微》，商務印書館 2011 年版，第 85 頁。今按：序跋多溢美之詞是正常現象，通過前輩的褒獎，才能起到廣而告之的宣傳作用。人之常情，無可厚非。以前迂腐之輩往往堂而皇之地拒絕為後學作序，究其實還是格局太小。不為後學作序，絕對不能證明你有多麼高尚，反而可能折射出陰暗的心理面積。

〔註37〕一種觀點認為小序是類序，大序是部序，本書採用余嘉錫的說法。

〔註38〕余嘉錫：《目錄學發微》，商務印書館 2011 年版，第 12 頁。

〔註39〕余嘉錫：《目錄學發微》，商務印書館 2011 年版，第 64 頁。

〔註40〕余嘉錫：《目錄學發微》，商務印書館 2011 年版，第 68 頁。

闡大義，條別學術異同，使人由委溯源，以想見墳籍之初者，千百之中，不十一焉。」〔註41〕余嘉錫也說：「目錄之書，莫難於敘錄，而小序則尤難之難者。」〔註42〕

二、目錄類別

在古代，隨著歷史的演進，尤其是在紙張和雕版印刷出現以後，為之大增，各類書目也隨之增多。為了更好地全面掌握目錄的整體狀況，就需要根據不同目錄的特徵進行歸類。今綜合前人觀點，分述如下：

（一）根據目錄體制劃分

根據目錄體制的不同，主要可分為四種。余嘉錫說：「目錄之書有三類：一曰部類之後有小序，書名之下有解題者；二曰有小序而無解題者；三曰小序解題並無，只著書名者。」〔註43〕此三類之外，尚有無小序而有解題者一類。

「有小序有解題」之目錄發端於劉向《別錄》、劉歆《七略》，後經班固刪改為《漢書·藝文志》，今保留小序，其解題大多亡佚，僅可據劉向《別錄》佚文以見一斑。此類代表性目錄有宋晁公武《郡齋讀書志》、陳振孫《直齋書錄解題》、元馬端臨《文獻通考·經籍考》、清《四庫全書總目》。「有小序無解題」之目錄以班固《漢書·藝文志》《隋書·經籍志》為代表；「無小序有解題」之目錄以周中孚《鄭堂讀書記》、孫詒讓《溫州經籍志》為代表。「小序解題並無」之目錄以《舊唐書·經籍志》《新唐書·藝文志》《宋史·藝文志》《明史·藝文志》《書目答問》為代表，僅分門別類，著錄書名、作者，不辨各家各類之源流。

（二）根據目錄修纂者劃分

根據目錄修纂者的不同，可分為兩種，即官修目錄與私家目錄。龔自珍《上海李氏藏書志序》云：「目錄之學，殆劉子政氏，嗣是而降，有三支：一曰朝廷官簿，荀勗《中經簿》，宋《崇文總目》《館閣書目》，明《國史經籍志》是也；一曰私家著錄，晁公武《郡齋讀書志》、陳振孫《書錄解題》以下是也；一曰史家著錄，則《漢·藝文志》、《隋·經籍志》以下皆是也。」〔註44〕此後

〔註41〕（清）章學誠：《校讎通義敘》。
〔註42〕余嘉錫：《目錄學發微》，商務印書館 2011 年版，第 69 頁。
〔註43〕余嘉錫：《目錄學發微》，商務印書館 2011 年版，第 8 頁。
〔註44〕（清）龔自珍：《定庵全集》續集卷三。

目錄學家多有沿用官修目錄、私家目錄、史志目錄三分法。但是，從嚴格意義上來說，史志目錄的分類並非按照修纂者來劃分的，故應以官修目錄、私家目錄二分為宜。

官修目錄指由官方組織人員，成立機構，對國家藏書進行整理、著錄而形成的目錄，這些目錄大多由集體合作完成。最早的官修目錄是劉向《別錄》、劉歆《七略》，此後具有代表性的官修目錄有晉荀勗《中經新簿》、李充《元帝四部書目》、唐毋煚《古今書錄》、宋王堯臣《崇文總目》、明楊士奇《文淵閣書目》、清《四庫全書總目》等。私家目錄主要是由學者個人獨立完成的，所著錄的典籍既可以是自己的私人藏書，也可以是自己閱讀或經眼的典籍。最早的私家目錄可以追溯到南朝王儉《七志》和阮孝緒《七錄》，自宋至清，典籍興盛，藏書家眾多，私家目錄也大量出現，其中具有代表性的有宋晁公武《郡齋讀書志》、陳振孫《直齋書錄解題》、尤袤《遂初堂書目》，明高儒《百川書志》、祁承㸁《澹生堂書目》、徐𤊹《徐氏家藏目錄》、黃虞稷《千頃堂書目》，清朱彝尊《經義考》、錢曾《讀書敏求記》、毛扆《汲古閣珍藏秘本書目》、徐乾學《傳是樓書目》、周中孚《鄭堂讀書記》、張之洞《書目答問》等。

（三）根據目錄著錄典籍的類型劃分

根據目錄所著錄典籍的類型，可分為綜合目錄、專科目錄兩類。古典目錄以綜合目錄為主，專科目錄則產生較晚。綜合目錄能夠從整體上全面反映我國古代典籍情況，在著錄內容上包含經史子集各類典籍，大多採用四分法，或在此基礎上略有調整。如宋晁公武《郡齋讀書志》、陳振孫《直齋書錄解題》，清《四庫全書總目》、張之洞《書目答問》等。而專科目錄則僅著錄某一專門部類的典籍。所著錄的部類可大可小，如朱彝尊《經義考》僅著錄經部典籍，而謝啟昆《小學考》則著錄經部小學類典籍，二者的收錄範圍雖不同，但同屬於專科目錄。此外，高似孫《史略》《子略》，以及叢書目錄、佛藏目錄、道藏目錄等均屬於專科目錄。

（四）根據目錄所著錄典籍的地域範圍劃分

根據目錄所著錄典籍的地域範圍，可分為全國性目錄與地方性目錄兩類。全國性目錄是指按照一定標準，著錄全國範圍內的相關典籍的目錄，它既包括著錄某一朝代典籍的史志目錄，如《漢書·藝文志》《隋書·經籍志》等，也包括國家組織編寫的著錄國家圖書的目錄，如清代《四庫全書總目》，還包括

現代學者組織編纂的著錄全國各單位藏書的聯合目錄。它的特徵是求全求備，有見必錄。而地方性目錄則是著錄某一地區典籍的目錄，既可以是記錄某一地區典籍情況的方志目錄，如孫詒讓《溫州經籍志》；也可以是藏書機構或藏書家的藏書目錄，如毛扆《汲古閣珍藏秘本書目》、徐乾學《傳是樓書目》以及近現代以來各大圖書館的藏書目錄，還可以是某些學者的個人讀書目錄，如晁公武《郡齋讀書志》、陳振孫《直齋書錄解題》、周中孚《鄭堂讀書記》等。它的特徵是僅收錄某一區域的圖書或私人藏書，並不要求完備。當然，即使再完備的全國性目錄，也不可能對全國範圍內的典籍做到「竭澤而漁」。

第三節　目錄簡史

《隋書‧經籍志》史部簿錄類小序稱：「古者史官既司典籍，蓋有目錄以為綱紀。體制湮滅，不可復知。」先秦時期，學在王官，典籍有專人管理，然時代久遠，文獻無徵，是否有書目已不可考見。秦朝歷二世而亡，又有焚毀典籍之舉，此古代典籍之一厄，亦無書目。今述目錄簡史，自漢代始。

一、兩漢的文獻目錄

（一）劉向《別錄》、劉歆《七略》

劉向，本名更生，字子政，高祖劉邦之弟楚元王劉交四世孫。成帝河平三年（公元前26），受詔與任宏、尹咸、李柱國等校理中秘典籍，輯所校圖書敘錄為《別錄》，書未畢而卒。劉歆（約前53～23），字子駿，後改名秀，字穎叔，劉向少子，與父同受詔校中秘書。劉向卒後，劉歆繼承父志，仍領校書之職，集六藝群書，著為《七略》。劉向《別錄》、劉歆《七略》體制完備，是我國目錄學上的奠基之作，對後世影響巨大。

《隋志》、新舊《唐志》皆著錄有「《七略別錄》二十卷，劉向撰」「《七略》七卷，劉歆撰」。然自唐以後，此書已亡佚。清代輯佚學興盛，《別錄》《七略》有數家輯本，如洪頤煊《問經堂叢書》本、嚴可均《全漢文》本、顧觀光《武陵山人遺稿》本、馬國翰《玉函山房輯佚書》本、陶濬宣《稷山館輯補書》本、王仁俊《玉函山房輯佚書續編》本、張選青《受經堂叢書》本、章宗源輯本、姚振宗《師石山房叢書》本等。章太炎先生有《七略別錄佚文徵》。

劉向《別錄》現僅存《戰國策》《晏子》《孫卿子》《管子》《韓非子》《鄧

析子》《山海經》七篇書錄。又有《列子》《關尹子》《子華子》書錄各一篇，乃後人偽託，不足為信。

劉歆《七略》分《輯略》《六藝略》《諸子略》《詩賦略》《兵書略》《術數略》《方技略》七個部分。其中《輯略》不著錄典籍，是敘述以下六略三十八類學術源流的小序的匯輯，乃「六略之總最」，《輯略》後被班固略加刪改而編入《漢書‧藝文志》，《漢志》六略典籍後之小序即是，前文論目錄「辨章學術，考鏡源流」之功用時，已有論及，此不贅述。其他六略分門別類，著錄典籍，為《七略》之主體，其具體分類如下：

六藝略：《易》、《書》、《詩》、《禮》、《樂》、《春秋》、《論語》、《孝經》、小學；

諸子略：儒、道、陰陽、法、名、墨、縱橫、雜、農、小說；

詩賦略：屈原賦、陸賈賦、孫卿賦、雜賦、歌詩；

兵書略：兵權謀、兵形勢、兵陰陽、兵技巧；

術數略：天文、曆譜、五行、蓍龜、雜占、形法；

方技略：醫經、經方、房中、神仙。

「六藝略」的六藝就是六經——《易》《書》《詩》《禮》《樂》《春秋》，是儒家基本經典，《論語》、《孝經》、小學為六經之階梯，是研讀六經的輔助典籍，故附於六經之後。王國維稱：「劉向父子作《七略》，六藝一百三家，於《易》《書》《詩》《禮》《樂》《春秋》之後，附以《語》、《孝經》（附《爾雅》）、小學三目。六藝與此三目，皆漢時學校誦習之書。」〔註45〕可見《論語》、《孝經》、小學「三目」與六經關係密切。《漢書‧藝文志》謂諸子「雖有蔽短，合其要歸，亦六經之支與流裔」，故列「諸子略」於「六藝略」之後。

劉向、劉歆父子校理群籍、著為目錄的工作，在漢代就已得到學者的肯定。如王充云：「《六略》之錄，萬三千篇，雖不盡見，指趣可知。」〔註46〕又說：「《六略》之書，萬三千篇，增善消惡，割截橫拓，驅役遊慢，期便道善，歸政道焉。」〔註47〕班固曰：「《七略》剖判藝文，總百家之緒。」〔註48〕荀悅稱：「劉向父子典校經籍，而新義分方，九流區別，典籍益彰矣。」〔註49〕

〔註45〕王國維《觀堂集林》卷四《漢魏博士考》，中華書局1959年版，第174頁。

〔註46〕（漢）王充：《論衡》卷二十九《案書篇》。

〔註47〕（漢）王充：《論衡》卷二十九《對作篇》。

〔註48〕（漢）班固：《漢書》卷三十六《楚元王傳》。

〔註49〕（漢）荀悅：《漢紀》卷二十五。

（二）班固《漢書‧藝文志》

班固（32～92），字孟堅，永平中為蘭臺令史，奉詔修史，歷二十餘年，於建初中撰成《漢書》一百卷，分十二紀、十志、八表、七十列傳。十志之中的《藝文志》是我國目錄史上現存最早的一部目錄著作。

《漢書‧藝文志》是班固據劉歆《七略》刪改而成的。班固稱：「歆御史總群書而奏其《七略》，今刪其要，以備篇籍。」〔註50〕阮孝緒亦稱：「固乃因《七略》之詞，為《漢書‧藝文志》。」〔註51〕《漢志》對劉歆《七略》既有繼承，也有調整。繼承主要體現在兩個方面：一是《漢志》分六略三十八類，其分類體類完全沿用《七略》，未作修改。二是《漢志》關於書籍的排序基本沿用《七略》。《漢志》對《七略》的調整主要體現在：

第一，拆分《輯略》而置於《漢志》各處。具體來說，《漢志》開篇列總序，概述先秦以來的學術源流、圖書收藏等情況；各略之後設類序；各類之後設部序。

第二，刪節劉歆《七略》中各書敘錄，僅保留書名、篇卷、注語內容。《七略》原為七卷，而班固《漢書‧藝文志》則僅一卷，可見班固對《七略》做了大量的刪節工作，以使其篇幅符合史志體例的要求。且當時《七略》尚存，班固沒有必要再一一照錄《七略》原文。

第三，對劉歆《七略》家數、篇數或卷數略有增減。劉歆《七略》完成於成帝時，而班固《漢書》則完成於王莽新朝之時，所以《漢志》的家數、篇卷相對於《七略》有所增加。班固對《七略》個別重出的條目也有省併。以《六藝略》為例，《書》類後云：「凡《書》九家，四百一十二篇。」班固自注：「入劉向《稽疑》一篇。」《樂》類後云：「凡《樂》六家，百六十五篇。」班固自注：「出淮南、劉向等《琴頌》七篇。」《春秋》類云稱：「凡《春秋》二十三家，九百四十八篇。」班固自注：「省《太史公》四篇。」《六藝略》末總結說：「凡六藝一百三家，三千一百二十三篇。入三家，一百五十九篇，出重十一篇。」可見，班固對劉歆《七略》所載圖書的家數、篇卷有所增減，並未完全照錄《七略》。

《漢志》在目錄史上有著非常重要的地位，為治目錄學者必讀之書。它作為現存最早的書目，是我們得以考見先秦至西漢典籍狀況、學術源流的最

〔註50〕（漢）班固：《漢書》卷三十《藝文志》。
〔註51〕（南朝梁）阮孝緒：《七錄序》，載《廣弘明集》卷三。

重要的文獻。清代著名目錄學家姚振宗稱：「班氏之志藝文也，在當日不過節《七略》之要，為史家立其門戶，初不自以為詳且盡也。今欲求周秦學術之淵源，古昔典籍之綱紀，捨是志無由津逮焉。」〔註52〕《漢志》開創了史書志類著錄典籍的先河，即姚氏所謂「為史家立其門戶」，此後，《隋書》《舊唐書》《新唐書》等史書都將藝文志或經籍志作為一項重要內容，以反映當時經籍的流傳情況。

二、魏晉南北朝隋唐五代的文獻目錄

（一）荀勖《中經新簿》

荀勖（？～289），字公曾，諡號成，其曾祖父為東漢司空荀爽。他在曹魏時鄭默所編《中經》的基礎上，創為四部，撰成《中經新簿》，開四部分法法之先河。阮孝緒《七錄序》稱：「晉領秘書監荀勖，因魏《中經》，更著《新簿》。雖分為十有餘卷，而總以四部別之。」〔註53〕《隋書·經籍志》《舊唐書·經籍志》《新唐書·藝文志》皆著錄為十四卷。

關於《中經新簿》的體例，《隋書·經籍志》謂：「秘書監荀勖又因《中經》，更著《新簿》，分為四部，總括群書。一曰甲部，紀六藝及小學等書；二曰乙部，有古諸子家、近世子家、兵書、兵家、術數；三曰丙部，有史記、舊事、皇覽簿、雜事；四曰丁部，有詩賦、圖讚、汲冢書。大凡四部，合二萬九千九百四十五卷。但錄題及言，盛以縹囊，書用緗素。至於作者之意，無所論辯。」〔註54〕

可見，荀勖《中經新簿》已採用甲乙丙丁四分的方法。甲部紀六藝、小學類典籍，相當於劉歆《七略》的六藝略。乙部紀古諸子家、近世子家、兵書、兵家、術數，相當於劉歆《七略》的諸子略、兵書略、術數略。丙部紀史記、舊事、皇覽簿、雜事等，相當於後來四部分類中的史部，荀勖將《七略》六藝略中的《春秋》類獨立出來，專設一類。丁部紀詩賦、圖讚、汲冢書，相當於劉歆《七略》的詩賦略，而益以西晉時期出土的汲冢竹書。這種分類法已經初具後世經史子集四部分類法的雛形，其區別僅在於尚未標明經史子集的名目，且史書居於子書之後，這顯然仍受到劉歆《七略》諸子略次於六藝略之後的影響。

〔註52〕（清）姚振宗：《漢書藝文志條理·敘例》。
〔註53〕（南朝梁）阮孝緒：《七錄序》，載《廣弘明集》卷三。
〔註54〕（唐）魏徵等：《隋書》卷三十二《經籍志序》。

　　荀勗《中經新簿》在目錄史上的重要地位主要體現在：

　　第一，首創四部分類法。雖然荀勗《中經新簿》在分類上仍受到《七略》的影響，分類也不夠精細，且僅分甲乙丙丁四部，而未標部類名稱，但實現了圖書分類從七分法到四分法的跨越，具有開創性的意義，為《隋書・經籍志》最終確立經史子集四部分類法奠定了基礎。

　　第二，將史書獨立分部。劉歆編撰《七略》時，史學尚不發達，還沒有成為一門獨立的學問，《國語》《世本》《史記》等史書被附於《春秋》類。到了魏晉南北朝時期，史學興盛，官方重視修史，私家修史成風，史籍層出不窮，史注、雜史等新的史書體裁不斷出現。荀勗《中經新簿》在丙部著錄了史記、舊事、皇覽簿、雜事等，這就使史書脫離《春秋》類而單獨成部，實際上確立了史學的獨立地位，這是荀勗《中經新簿》對古典目錄學的又一大貢獻。

　　第三，集中著錄出土文獻。汲冢書是西晉太康二年（281）出土於河南汲縣的竹簡典籍，故又稱「汲冢竹書」，其中有《易經》《竹書紀年》《穆天子傳》等書共七十五篇，這些出土文獻雖兼包四部，似應分散著錄，分別歸類，但同時這些竹書又是一批特殊的文獻，其內容與儒家經典所載頗有出入，引起當時學者的廣泛關注和整理研究，如果分散著錄，勢必會給研究者帶來很大的不便。因此，荀勗在著錄這些文獻時，並未將其分散在四部之中，而是將它們作為「汲冢書」集中著錄，開創目錄著錄特種文獻的先例。

（二）李充《晉元帝四部書目》

　　李充，字弘度，任大著作郎時，曾主持校理典籍，因典籍混亂，乃刪除煩重，以類相從，著成《晉元帝四部書目》。《隋書・經籍志》稱：「著作郎李充，以勗舊簿校之，其見存者，但有三千一十四卷。」可見，相對於荀勗《中經新簿》著錄的兩萬餘卷典籍，當時的政府藏書經永嘉之亂後已所剩無幾。

　　李充《晉元帝四部書目》在分類上沿襲了荀勗《中經新簿》的四分法，但調整了乙部、丙部的位置，使史書居於子書之前。臧榮緒《晉書》載：「李充……於時典籍混亂，刪除頗重，以類相從，分為四部，甚有條貫，祕閣以為永制。五經為甲部，史記為乙部，諸子為丙部，詩賦為丁部。」〔註55〕阮孝緒《七錄序》亦稱李充「因荀勗舊簿四部之法，而換其乙丙之書」〔註56〕。李充《晉元帝四部書目》「史先於子」的做法體現晉代史學的興盛，史學地位進一步提高，

〔註55〕（南朝梁）蕭統編，（唐）李善注：《文選》卷四十六《王文選集序》注。
〔註56〕（南朝梁）阮孝緒：《七錄序》，載《廣弘明集》卷三。

史書數量已大大超過子部，客觀反映了當時圖書典籍和學術發展的實際情況。李充《晉元帝四部書目》雖然仍沿用《中經新簿》甲乙丙丁的名稱，但更換乙丙之位，形成了甲經、乙史、丙子、丁集的四部次序，對古典目錄學分類體系作出了重要貢獻。這種分類編次方法一直為後世所沿用，影響深遠。不過，李充《晉元帝四部書目》僅分甲乙丙丁四部，沒有進一步細分類目，相比《中經新簿》遜色不少，因而遭到後世批評，姚名達認為：「收書既少，非但不分小類，所謂『但以甲乙為次』。且亦略無解題，所謂『沒略眾篇之名』。較之荀勖，又遜一籌，在目錄學史中，又為一大變化，衰弊極矣！」〔註57〕

（三）王儉《七志》、阮孝緒《七錄》

南北朝時期四部分類法雖然已經出現，但並未得到普遍接受，一些目錄仍沿用七分法，王儉《七志》、阮孝緒《七錄》即其代表。

王儉（452～489），字仲寶，東晉王導五世孫。曾任秘書丞，領校國家藏書，於元徽元年（473）撰成《宋元徽元年四部書目錄》四卷。因不滿僅記書名、不辨流別的官修體制，王儉另撰《七志》。關於《七志》分類，《隋書·經籍志》載：「儉又別撰《七志》：一曰經典志，紀六藝、小學、史記、雜傳；二曰諸子志，紀今古諸子；三曰文翰志，紀詩賦；四曰軍書志，紀兵書；五曰陰陽志，紀陰陽圖緯；六曰術藝志，紀方技；七曰圖譜志，紀地域及圖書。其道、佛附見，合九條。」〔註58〕《七志》分類大致因襲《七略》，經典志相當於《七略》之六藝略，《諸子志》相當於《七略》之諸子略，文翰志相當於《七略》之詩賦略，軍書志相當於《七略》之兵書略，陰陽志相當於《七略》之術數略，術藝志相當於《七略》之方技略。《七略》原有輯略，而王儉以為輯略無實際的分類意義，故《七志》易之以圖譜志，專收地圖、譜牒類典籍，使《七志》成為真正意義上採用七分法的書目。《七志》於每書均有解題，但並未採用《別錄》的敘錄體，而新創傳錄體，即《隋書·經籍志》所謂「不述作者之意，但於書名之下，每立一卷」，僅在書名下為作者立傳。《七志》最後附錄道經、佛經，道教、佛教典籍成為目錄著錄的內容之一，反映了當時道教、佛教盛行的時代風氣。

阮孝緒（479～536），字士宗，南朝齊梁時人。撰有《七錄》十二卷，其中《序》一卷，分內、外篇，內篇分經典、紀傳、子兵、文集、術技五錄，外

〔註57〕姚名達：《中國目錄學史》，嶽麓書社 2013 年版，第 129 頁。
〔註58〕（唐）魏徵等：《隋書》卷三十二《經籍志序》。

篇分佛法、仙道二錄，每錄之下又分若干部，共計五十五部，共著錄圖書典籍六千二百八十八種，四萬四千五百二十六卷。其分類如下：

經典錄：《易》、《書》、《詩》、《禮》、《樂》、《春秋》、《論語》、《孝經》、小學，共九部。

記傳錄：國史、注曆、舊事、職官、儀典、法制、偽史、雜傳、鬼神、土地、譜狀、簿錄，共十二部。

子兵錄：儒、道、陰陽、法、名、墨、縱橫、雜、農、小說、兵，共十一部。

文集錄：楚辭、別集、總集、雜文，共四部。

術技錄：天文、讖緯、曆算、五行、卜筮、雜占、形法、醫經、經方、雜藝，共十部。

佛法錄：戒律、禪定、智慧、疑似、論記，共五部。

仙道錄：經戒、服餌、房中、符圖，共四部。

阮孝緒《七錄》之分類雖然也是七分，但與王儉《七志》已有明顯不同。王儉《七志》七分法繼承劉歆《七略》的特徵非常明顯，而阮孝緒《七錄》的七分法在很大程度上受到李充《晉元帝四部書目》四分法的影響。《七錄》經典錄相當於《四部書目》的甲部，即《隋志》之經部；記傳錄相當於《四部書目》的乙部，即《隋志》之史部；子兵錄相當於《四部書目》的丙部，即《隋志》之子部；文集錄相當於《四部書目》的丁部，即《隋志》之集部。《七錄》與《晉元帝四部書目》在分類上的不同之處在於，《七錄》合併《七略》術數、方技二略為術技部，而未像併入子部，同時將《七志》附錄的佛經、道經單獨立類，作為外篇。這與《隋志》以經史子集四分併附錄佛道的分類方法頗為相近，其區別主要在於術技錄。可見，《七錄》雖為七分法，但受四分法的影響更大，而在分類上與劉歆《七略》、王儉《七志》已大為不同。

（四）《隋書・經籍志》

《隋書・經籍志》四卷，為《隋書》十志之一。唐初，高祖下詔遍修梁、陳、齊、周、隋五代之史，當時各史均無志。貞觀十五年（641），唐太宗下詔補修五代史志，後成十志，共三十卷，稱《五代史志》，《隋志》即其中之一。

《五代史志》作為官修志書，成於眾人之手，《隋志》題魏徵修撰，可考者尚有李延壽、敬播二人。姚振宗稱：「大抵是志初修於李延壽、敬播，有網羅

匯聚之功，刪定於魏鄭公，有披荊剪棘之實。撰者可考者三人。」〔註59〕《隋志》在《隋大業正御書目》等前代書目的基礎上，補其未備，刪除重複，並核以當時藏書情況，注明存佚。

《隋志》分經史子集四部，部下又細分四十類。四部共著錄三千一百二十七部，三萬六千七百零八卷，合計亡佚之書，共四千一百九十一部，四萬九千四百六十七卷，其具體部類及各部卷數如下：

　　經部十類：《易》、《書》、《詩》、《禮》、《樂》、《春秋》、《孝經》、《論語》、緯、小學。（共六百二十七部，五千三百七十一卷，合計亡佚之書，共九百五十部，七千二百九十卷。）

　　史部十三類：正史、古史、雜史、霸史、起居注、舊事、職官、儀注、刑法、雜傳、地理、譜系、簿錄。（共八百一十七部，一萬三千二百六十四卷，合計亡佚之書，共八百七十四部，一萬六千五百五十八卷。）

　　子部十四類：儒、道、法、名、墨、縱橫、雜、農、小說、兵、天文、曆數、五行、醫方。（共八百五十三部，六千四百三十七卷。）

　　集部三類：《楚辭》、別集、總集。（共五百五十四部，六千六百二十二卷，合計亡佚之書，共一千一百四十六部，一萬三千三百九十卷。）

《隋志》末又附錄道、佛二部，其中道教典籍共三百七十七部，一千二百一十六卷，佛教典籍共一千九百五十部，六千一百九十八卷，僅作分類，並記每類部卷總數，而不詳細著錄書名等項。

《隋志》是我國現存的第二部史志目錄，最終確立了四部分類法在目錄史上的主導地位，這主要體現在：第一，正式為四部標明經、史、子、集的部目。《隋志》用經史子集的部類標目直接代替甲乙丙丁的編次，使四部的名稱正式確立，一直為後來四部分類的目錄沿用。第二，部下之小類劃分奠定四部分類法類目基礎。《隋志》經部分類基本沿用劉歆《七略》中「六藝略」的類目，僅增加「緯」一目；子部也基本沿用劉歆《七略》中「諸子略」的類目，僅刪去其「陰陽」一家，而改「兵書略」為「兵」類，取「術數略」之天文、曆譜、五行三小類目而為「天文」、「曆數」、「五行」三類，又改「方技略」為「醫方」類。荀勗《中經新簿》乙部已對劉歆「諸子略」、「兵書略」、「術數略」、「方技

〔註59〕（清）姚振宗：《隋書經籍志考證・敘錄》。

「略」有所合併，《隋志》在此基礎更為完備。《隋志》真正具有開創意義的分類體現在史部與集部。史部分正史、古史、雜史、霸史、起居注、舊事、職官、儀注、刑法、雜傳、地理、譜系、簿錄十三類，已遠較荀勗《中經新簿》丙部紀史記、舊事、皇覽簿、雜事四類典籍更為系統，其中「正史」、「雜史」、「職官」、「地理」等類目一直為後世目錄沿用，其他類目的名稱在後世書目中雖有變動，但類目所包含的圖書內容基本上沒有太大變化。

　　《隋志》體例完備，各類後均有小序以敘述學術源流，學術價值很高，是考查唐以前古籍概況的重要目錄。其著錄方法也較已往書目有進一步發展，首次在目錄中注明圖書存佚，使我們得以瞭解五代至唐初書籍的流傳散失情況，為目錄編撰樹立了典範，這一著錄方法為後世許多目錄所沿用。《隋志》對後世有深遠影響，其編撰體例多為後來的正史目錄所承襲。

（五）《舊唐書・經籍志》

　　《舊唐書》的修撰始於 941 年，四年後書後。成書倉促，《舊唐書・經籍志》全節刪節毋煚《古今書錄》而成。《舊唐書・經籍志》序云：「煚等撰集，依班固《藝文志》體例，諸書隨部皆有小序，發明其指。近史官撰《隋書・經籍志》，其例亦然。竊以紀錄簡編異題，卷部相沿，序述無出前修。今之殺青，亦所不取，但紀部帙而已。」〔註60〕

　　《舊唐書・經籍志》將圖書分為甲、乙、丙、丁四部，「乙部為史，其類十有三：一曰正史，以紀紀傳表志；二曰古史，以紀編年繫事；三曰雜史，以紀異體雜紀；四曰霸史，以紀偽朝國史；五曰起居注，以紀人君言動；六曰舊事，以紀朝廷政令；七曰職官，以紀班序品秩；八曰儀注，以紀吉凶行事；九曰刑法，以紀律令格式；十曰雜傳，以紀先聖人物；十一曰地理，以紀山川郡國；十二曰譜系，以紀世族繼序；十三曰略錄，以紀史策條目」〔註61〕，這一分類基本上沿襲《隋志》。

　　《舊唐書・經籍志》認為毋煚《古今書錄》中的小序、解題不能超越《漢志》《隋志》，故而將這些內容一概刪去，僅存書名、篇卷、作者，簡化成了一部單純的分類目錄。這一取巧的做法受到後世學者的嚴厲批評，如余嘉錫稱：「自唐以下，學術源流多不可考，不能不追憾《舊唐志》之陋也。」〔註62〕

〔註60〕（宋）劉昫等：《舊唐書》卷四十六《經籍志序》。
〔註61〕（宋）劉昫等：《舊唐書》卷四十六《經籍志序》。
〔註62〕余嘉錫：《目錄學發微》，商務印書館 2011 年版，第 68 頁。

《舊唐書·經籍志》受人詬病的另一點在於，作為總紀歷代著述的史志目錄，《舊唐書·經籍志》所著錄典籍僅止於開元，於此後二百年間的典籍並無著錄，「其諸公文集，亦見本傳，此並不錄」。毋奘《古今書錄》所收圖書止於開元，《舊唐志》全鈔《古今書錄》，未加增補，故而難免遭後人責難。

（六）佛典目錄

自東漢末年佛教傳入中土，佛經被大量翻譯，出現了竺法護、鳩摩羅什等翻譯家。佛經數量大量增加，佛典目錄隨之產生。這一時期比較著名的佛典目錄有東晉釋道安的《綜理眾經目錄》和僧祐的《出三藏記集》。道安（314～385），本姓衛，東晉佛教學者，他不滿於之前佛典目錄僅列經名，而不記作者、不辨時代、不分譯本的體例，另撰《綜理眾經目錄》一書。該書目首錄經名、著者，次介紹譯者，次考訂譯經時間，次評價翻譯優劣。今此書已不傳，其內容大部分為僧祐《出三藏記集》所繼承，我們可以據僧祐之書窺見其體例。

僧祐（444～518），俗姓俞，為南朝齊梁時期律學宗師，所撰《出三藏記集》即據道安《綜理眾經目錄》損益而成，其中「出」指傳譯，「三藏」指佛教經、律、論三類典籍，「記集」指記錄編集。該書是一部兼收古今經律論的佛典目錄，也是現存最早的完整佛典目錄。《出三藏記集》全書共十五卷，分「撰緣記」（卷一）、「銓名錄」（卷二至五）、「總經序」（卷六至十二）、「述列傳」（卷十三至十五）四部分。「撰緣記」記錄佛教典籍結集、翻譯的情況，「銓名錄」著錄東漢至南朝梁期間被翻譯佛教典籍的情況，「總經序」輯錄經書前序後記等，「述列傳」收錄譯經僧俗的傳記。其中「銓名錄」即是在道安《綜理眾經目錄》的基礎上編撰而成的佛典目錄，每列都相對道安「舊錄」而稱「新集」，共分為十二類：

新集撰出經律論錄第一、新集條解異出經錄第二、新集表序四部律錄第三（有目無文，卷二）

新集安公古異經錄第一、新集安公失譯經錄第二、新集安公涼土異經錄第三、新集安公關中異經錄第四（卷三）

新集續撰失譯雜經錄第一（卷四）

新集抄經錄第一、新集安公疑經錄第二、新集疑經偽撰雜經錄第三、新集安公注經及雜經志錄第四（卷五）

其中，新集條解異出經錄、新集表序四部律錄、新集抄經錄三類為《出三藏記集》所無，是僧祐對佛經目錄的創新。全書共著錄佛經二千一百六十二部，

四千三百二十八卷。「總經序」輯錄佛經序跋，不僅保存了大量佛教材料，而且開創了輯錄體目錄的先例。而「述列傳」收錄的傳記，則是寶貴的佛教史材料。

隋代法經等人於開皇十四年（594）編成《大隋眾經目錄》七卷。其體例為：先按教義分大乘、小乘，再按文體分經、律、論，共六類；每類再按翻譯情況分一譯、異譯、失譯、別生、疑惑、偽妄等六小類。又分三藏之外雜書為抄錄、傳記、著述三類，每類又分西域、中國兩小類。共九類，四十二小類，著錄佛典二千二百五十七部，五千三百一十卷。

隋費長房又於開皇十七年（597）編成《歷代三寶記》十五卷。卷一至卷三為年表，列佛教史事；卷四至卷十二為歷代譯經錄，按朝代分卷，著錄後漢至隋所譯佛典，每卷有敘論，以譯人先後著錄經卷，末繫小傳；卷十三、十四為大小乘入藏目，卷十五為序目。共著錄佛典二千一百四十六部，六千二百三十五卷。

唐釋智陞於開元十八年（730）編成《開元釋教錄》二十卷。分總、分二錄。前十卷為總括群經錄，其中卷一至卷九以譯人為序，著錄後漢至唐開元間所譯佛經、譯人傳記，卷十為「敘列古今諸家目錄」，列四十一家佛典目錄（包括《開元釋教錄》）；後十卷為別分乘藏錄，其中卷十一至卷十八分「有譯有本錄」「有譯無本錄」「支派別行錄」「刪略繁重錄」「補闕拾遺錄」「疑惑再詳錄」「偽妄亂真錄」七錄，每錄之下又分若干小類；卷十九、卷二十分別為「大乘入藏錄」「小乘入藏錄」，各分經、律、論三類，末附「賢聖集」。《開元釋教錄》集眾家目錄之大成，考證詳悉，分類得當，廣為流傳，影響巨大，為佛經目錄中的傑作。

（七）道經目錄

東漢末年，道教創立，道教經典如《太平經》《周易參同契》《老子想爾注》等相繼出現。至魏晉時，道教興盛，道教典籍繁多，道經目錄隨之出現。

葛洪《抱朴子》一書確立了道教神仙理論體系。葛洪（283～363），字稚川，號抱朴子，世稱「葛仙翁」。《抱朴子·內篇》之《遐覽篇》著錄其師鄭隱所藏漢魏晉道書二百餘種，分道經、諸符兩類，僅列書名、卷數，不列卷數者皆為一卷。《遐覽篇》雖然還不是完整意義上的書目，但它已具備了目錄的某些特徵，可以說是道經目錄的雛形。

道教目錄始於南朝宋道士陸修靜編撰的《三洞經書目錄》。陸修靜（406～477），字元德，浙江吳興人，南北朝宋齊時期道士。《三洞經書目錄》成書於

宋明帝太始七年（471），合三皇、靈寶、上清三派道經為一體，以三洞（洞神、洞玄、洞真）分著道經，開創了道教典籍的三洞分類法，奠定了道經目錄的基礎，是目錄史上第一部獨立完整的道經目錄。

孟法師《玉緯七部經書目》是《三洞經書目錄》之後的又一部道經目錄，它在三洞之外，增加「太清」「太平」「太玄」和「正一」四部，作為四輔。「太清」輔「洞神」，「太平」輔「洞玄」，「太玄」輔「洞真」，「正一」則貫通總成。《玉緯七部經書目》將魏晉南北朝自由造經時期出現的三皇經、靈寶經、上清經，分列洞神、洞玄、洞真三部；金丹術的道書歸太清部，為洞神部之輔；《太平經》歸太平部，為洞玄部之輔；《道德經》及其注疏歸太玄部，為洞真部之輔，張陵天師道《正一經》為道教早期教義，歸正一部，為以上六部之輔。三洞四輔的分類法對我國道經目錄分類體系作出重要貢獻，唐孟安排《道教義樞》即在此基礎上進一步完善，確立了三洞四輔十二部的分類體系。

三、宋元的文獻目錄

（一）王堯臣《崇文總目》

王堯臣（1003～1058），字伯庸，天聖五年（1027）狀元。景祐六年（1034），受詔與歐陽修等整理昭文、史館、集賢、秘閣四庫典籍，仿唐《開元四部書目》體例，於慶曆元年（1041）撰成《崇文總目》六十六卷。〔註63〕全書分經史子集四部，每部之下分若干類，共四十五類，著錄典籍三千四百四十五部，三萬零六百六十九卷。每類皆有類序，每書之後有解題，體例十分完備。其分類如下：

經部：《易》、《書》、《詩》、《禮》、《樂》、《春秋》、《孝經》、《論語》、小學，共九類。

史部：正史、編年、實錄、雜史、偽史、職官、儀注、刑法、地理、氏族、歲時、傳記、目錄，共十三類。

子部：儒家、道家、法家、名家、墨家、縱橫家、雜家、農家、小說家、兵家、類書、算術、藝術、醫書、卜筮、天文占書、曆數、五行、道書、釋書，共二十類。

集部：總集、別集、文史，共三類。

〔註63〕《文獻通考》著錄為六十四卷，《宋史·藝文志》著錄為六十六卷，李燾《續資治通鑒長編》云六十卷，《麟臺故事》引《中興書目》云六十六卷。《四庫全書》輯本十二卷，清錢東垣輯釋本五卷。

　　與《隋書・經籍志》《舊唐書・經籍志》相比，《崇文總目》的分類在總體上變化不大，只是在部分小類上有所增減省併。如《隋志》以佛教、道教典籍作為附錄，《舊唐志》統列入子部道家類，而《崇文總目》則將道教、佛教典籍分別立類，列入子部之末。

　　《崇文總目》在元初已無完本，明清時僅剩簡目，類序等已被刪除。清乾隆間修《四庫全書》，始從《永樂大典》中輯出，僅剩為十二卷；嘉慶間，錢侗又從《歐陽文忠公集》《玉海》《文獻通考》等書之中輯錄佚文，編為《崇文總目輯釋》五卷，《補》一卷，《附》一卷，優於《四庫全書》本。然較原書六十六卷，已缺失大半。

（二）《新唐書・藝文志》

　　歐陽修（1007～1072），字永叔，號醉翁、六一居士。曾受詔與宋祁等同修《新唐書》，其中《新唐書・藝文志》四卷，據《古今書錄》和《舊唐書・經籍志》增訂而成，增入開元以後著作一千三百九十部，二萬七千一百二十七卷，較為全面地反映了唐代典籍的整體情況。

　　《新唐書・藝文志》在《開元書目》五萬三千九百一十五卷的基礎上，增入唐人著述二萬八千四百六十九卷，共著錄三千二百七十七部、五萬二千零九十四卷。《新唐書・藝文志》比《舊唐書・經籍志》更為完備，分類則基本沿襲《舊唐書・經籍志》，略有調整。其分類如下：

　　　　甲部經錄：《易》、《書》、《詩》、《禮》、《樂》、《春秋》、《孝經》、《論語》、讖緯、經解、小學，共十一類。

　　　　乙部史錄：正史（附集史）、編年、偽史、雜史、起居注（附實錄、詔令）、故事、職官、雜傳記、儀注、刑法、目錄、譜牒、地理，共十三類。

　　　　丙部子錄：儒、道（附神仙與釋氏）、法、名、墨、縱橫、雜、農、小說、天文、曆算、兵書、五行、雜藝術、類書、明堂經脈、醫術，共十七類。

　　　　丁部集錄：楚辭、別集、總集（附文史），共三類。

　　《新唐書・藝文志》雖主要據《古今書錄》和《舊唐書・經籍志》增修而成，但也有鮮明的特點。首先，《新唐書・藝文志》開始採用三級分類，其分類體系較以往更為完備、精細，這是中國目錄學史上的一個重大發展。其次，《新唐書・藝文志》在每個類目內通過「著錄」與「不著錄」區別之前已經著

錄的書籍與後來增補的書籍，對後世史志目錄有較大影響，元脫脫等編《宋史·藝文志》就採用了這種方法。「著錄」者，謂《古今書錄》原已著錄的著作，「不著錄」者乃歐陽修所增入的唐人著作。此外，《新唐書·藝文志》注語豐富，可以幫助瞭解成書背景、成書年代、書籍作者、內容、別名、殘缺等情況，頗有參考價值。

《新唐書·藝文志》也有明顯缺點。一是同《舊唐書·經籍志》一樣沒有小序、敘錄，無從考見學術源流。二是在著錄方面存在不少訛誤。三是因編者的排佛思想，該志收錄佛道書籍極少，與事實不合。

（三）晁公武《郡齋讀書志》與陳振孫《直齋書錄解題》

晁公武（1105～1180），字子止，人稱「昭德先生」，紹興二年（1132）進士。撰有《郡齋讀書志》，該志有「衢本」「袁本」兩個版本系統。紹興二十一年，《郡齋讀書志》初成，未及刊行；乾道中，晁氏對初稿進行修訂補充，編成四卷，由門人杜鵬舉在蜀中刊刻行世，此為蜀刻四卷本。此後，晁氏門人姚應績又將《郡齋讀書志》重編為二十卷，刊刻行世，此為蜀刻二十卷本。可惜兩種蜀刻本後皆失傳。淳祐九年（1249），游鈞在衢州重刊蜀刻二十卷本，是為「衢本」；黎安朝在袁州重刊蜀刻四卷本，並補充趙希弁所撰的《讀書附志》以及趙氏據衢本摘編而成的《讀書後志》二卷，合為七卷，其中晁公武四卷稱為《前志》，是為「袁本」。「衢本」共著錄典籍一千四百七十二部，「袁本」《前志》共著錄典籍一千零三十五部。〔註64〕來新夏認為：「二十卷的衢本共收書一千四百六十一部，袁州本《後志》共補四百三十五部，加入原有四卷一千三十三部，共一千四百六十八部，比衢本尚多七部，如再加上附志的四百六十九部，則袁本實際收書一千九百三十七部，比衢本增多四分之一，在收書量上，袁本比衢本為優。」〔註65〕「衢本」「袁本」書前都有總序，經史子集四部之前都有部序（原書稱「總論」），部之下分若干類，「衢本」分四十五類，「袁本」分四十三類，二本類序皆不全。所著錄典籍大致以時代為次，每書之後有解題。「衢本」分類如下：

> 經部：《易》、《書》、《詩》、《禮》、《樂》、《春秋》、《孝經》、《論
> 語》、經解、小學；

〔註64〕孫猛：《郡齋讀書志校證·前言》。
〔註65〕來新夏：《古典目錄學》，中華書局1991年版，第187～188頁。

　　　　史部：正史、編年、實錄、雜史、偽史、史評、職官、儀注、
　　刑法、地理、傳記、譜牒、書目；
　　　　子部：儒家、道家、法家、名家、墨家、縱橫家、雜家、農家、
　　小說、天文、星曆、五行、兵家、類書、藝術、醫書、神仙、釋書；
　　　　集部：楚辭、別集、總集、文說。

　　「袁本」合併「衢本」子部天文、星曆兩類為天文曆算一類，又無集部文
說一類，故較「衢本」少二類。今人孫猛所撰《郡齋讀書志校證》（上海古籍
出版社 2011 年版）以「衢本」為底本，「袁本」為校本，並參校其他典籍徵引
《讀書志》文字，整理而成，可資參考。「衢本」「袁本」之間的異同可參見其
附錄四《〈郡齋讀書志〉衢、袁二本的比較研究》一文。

　　陳振孫，字伯玉，號直齋。撰《直齋書錄解題》五十六卷，著錄圖書三千
零九十六種，五萬一千一百八十餘卷，分經史子集四部，每部皆有部序。原本
明初已佚，清修《四庫全書》時，從《永樂大典》中輯出，編為二十二卷，是
為通行本，直接分為五十三類目，雖不標經史子集四部，但仍保持了四部的順
序。其分類為：

　　　　經部十類：易類、書類、詩類、禮類、春秋類、孝經類、語孟
　　類、經解類、讖緯類、小學類；
　　　　史部十六類：正史類、別史類、編年類、起居注類、詔令類、
　　偽史類、雜史類、典故類、職官類、禮注類、時令類、傳記類、法令
　　類、譜牒類、目錄類、地理類；
　　　　子部二十類：儒家類、道家類、法家類、名家類、墨家類、縱橫
　　家類、農家類、雜家類、小說家類、神仙類、釋氏類、兵書類、曆象
　　類、陰陽家類、卜筮類、形法類、醫書類、音樂類、雜藝術、類書類；
　　　　集部七類：楚辭類、總集類、別集類、詩集類、歌詞類、章奏
　　類、文史類。

　　陳《錄》在分類上多有獨創，如經部改論語類為語孟類，史部增加詔令、
時令、別史類，子部增加刑法、音樂類，集部增加詩集、歌詞、章奏等，多前
人所未有。陳《錄》中部分小類有類序，如「語孟類」類序稱：「前志《孟子》，
本列於儒家，然趙岐固嘗以為則像《論語》矣。自韓文公稱孔子傳之孟軻，軻
死不得其傳；天下學者咸曰孔孟，孟子之書，固非荀、揚以降所可同日語也。
今國家設科取士，《語》《孟》並列為經，而程氏諸儒訓解二書，常相表裏，故

今合為一類。」此一類序敘述了《孟子》改入經部而與《論語》合為語孟類之原因。

晁《志》、陳《錄》二書於每書之下均有解題，於考證典籍、辨章學術多有助益，可謂宋代解題目錄之雙璧。劉咸炘稱：「宋人好為題跋，別集中多有之，本屬偶然涉筆，不為整理一書，晁、陳二書未脫題跋之習，故不詳明。但晁頗及著述風習，陳間能評書之得失，尚多可採，勝於《崇文》。」〔註66〕可謂公允之論。

（四）尤袤《遂初堂書目》

尤袤（1127～1202），字延之，紹興十八年（1148）進士，官至禮部尚書。家富藏書，遂初堂即其藏書樓名，亦名萬卷樓，藏書多達三千餘種，三萬餘卷。《遂初堂書目》一卷，即為其藏書而編的書目。此目共分四十四類，雖未標經史子集之名，而仍用四部分類法，其中經分九類，史分十八類，子分十二類，集分五類。其分類如下：

> 經總類、周易類、尚書類、詩類、禮類、樂類、春秋類、論語
> 類、小學類；
> 正史類、編年類、雜史類、故事類、雜傳類、偽史類、國史類、
> 本朝雜史、本朝故事、本朝雜傳、實錄類、職官類、儀注類、刑法
> 類、姓氏類、史學類、目錄類、地理類；
> 儒家類、雜家類、道家類、釋家類、農家類、兵書類、數術類、
> 小說類、雜藝類、譜錄類、類書類、醫書類；
> 別集類、章奏類、總集類、文史類、樂曲類。

尤袤《遂初堂書目》在分類上多有創新，如經部新設經總類，著錄群經合刻本和善本各經；並《孝經》《孟子》於論語類。史部設國史類、本朝雜史、本朝故事、本朝雜傳等類，專門著錄記載本朝史籍；新設史學類，著錄史書的音義、考證、校勘、評論類著作。子部合併墨、法、名、縱橫諸家而入雜家類。集部並楚辭於總集類，又新設章奏、樂曲兩類。

《遂初堂書目》著錄版本，在目錄學史上具有重大意義。其中有同一書而著錄不同版本者，如經部經總類著錄《九經》有成都石刻《九經》、江西本《九經》兩種版本，史部正史類著錄《史記》有川本《史記》、嚴州《史記》兩種

〔註66〕劉咸炘：《目錄學》，《劉咸炘學術論集·校讎學編》，廣西師範大學出版社 2010 年版，第 351 頁。

版本，《前漢書》有川本《前漢書》、吉州本《前漢書》、越州《前漢書》、湖北本《前漢書》四種版本。《遂初堂書目》還並非完全意義上的版本目錄，這主要體現在：第一，《遂初堂書目》所著錄典籍僅極少部分著錄版本，絕大部分都僅著錄書名，或於書名上注明作者。第二，同一典籍的不同版本是作為不同的條目著錄的，而並非於同一書名下著錄不同的版本，所以《遂初堂書目》著錄版本的目的是為了對不同的條目加以區別，並沒有著錄版本的自覺意識。《遂初堂書目》對版本的著錄雖然只是局部的、不自覺的，但它對後世版本目錄的產生有著重要的影響。

（五）脫脫《宋史·藝文志》

脫脫（1314～1355），字大用，蒙古族蔑兒乞人。曾主持修撰宋、遼、金史，編成《宋史·藝文志》八卷。該志依據宋代呂夷簡《三朝國史藝文志》（太祖、太宗、真宗）、王珪《兩朝國史藝文志》（仁宗、英宗）、李燾《四朝國史藝文志》（神宗、哲宗、徽宗、欽宗）、《中興四朝國史藝文志》（高宗、孝宗、光宗、寧宗）等國史藝文志，刪去重複，並增補寧宗以後四部國史藝文志所未著錄者，著錄宋代典籍九千八百一十九部，十一萬九千九百七十二卷。全書分四部四十四類，其中經部十類，史部十三類，子部十七類，集部四類。其類目如下：

> 經部：《易》、《書》、《詩》、《禮》、《樂》、《春秋》、《孝經》、《論語》、經解、小學；
> 史部類：正史、編年、別史、史鈔、故事、職官、傳記、儀注、刑法、目錄、譜牒、地理、霸史；
> 子部：儒、道、法、名、墨、縱橫、農、雜、小說、天文、五行耆龜、曆算、兵書、雜藝術、類事、醫書；
> 集部：楚辭、別集、總集、文史。

《宋史·藝文志》對於寧宗以後的新增著作，仿照《新唐書·藝文志》例，分「著錄」與「不著錄」以示區別。於每類之後，說明著錄若干部，若干卷；其下又有小注，稱自某某以下不著錄若干部，若干卷。其中著錄者，為見於四部《國史藝文志》；不著錄者，為編《宋史·藝文志》時增入。如經部《易》類：「右《易》類二百十三部，一千七百四十卷。」小注曰：「王柏《讀易記》以下不著錄十九部，一百八十六卷。」故《易》類共收著作二百三十二部，一千九百二十六卷。

（六）鄭樵《通志・藝文略》

鄭樵（1104～1162），字漁仲，以畢生精力撰成《通志》二百卷。「二十略」為《通志》之精華，《通志・校讎略》《通志・藝文略》是「二十略」中最為重要的目錄學著作。《通志・校讎略》集中反映了鄭樵的目錄學理論，《通志・藝文略》則是其目錄學主張的實踐成果。關於《藝文略》的分類，鄭樵云：「欲明書者，在於明類例。噫！類例不明，圖書失紀，有自來矣。臣於是總古今有無之書，為之區別，凡十二類。經類第一，禮類第二，樂類第三，小學類第四，史類第五，諸子類第六，星數類第七（《藝文略》為天文類——引者注），五行類第八，藝術類第九，醫方類第十，類書類第十一，文類第十二……總十二類，百家，四百二十二種。」〔註67〕鄭樵分群書為十二點，完全打破了以往的四部分類法，是對目錄分類的一次大敢創新，其分類的主要特點有：第一，「紀百代之有無，廣古今而無遺」。鄭樵會通古今，廣泛參考古今、公私目錄，無論存亡，一概著錄。著錄古今圖書一萬零九百一十二部，凡十一萬零九百，規模宏大。第二，將部分類目從四部之中獨立出來，如經部的禮、樂、小學，子部的天文、五行、藝術、醫方、類書等，都獨立為與經、子相當的一類。第三，修改二級類目，細化三級類目，如《國語》但列一家，列《春秋》之後，入經類；《易》一家而分「古《易》、石經、章句、傳、注、集注、義疏、論說、類例、譜、考正、數、圖、音、讖緯、擬《易》」等十六種，三級類目得到細化。余嘉錫稱：「樵之《藝文略》，雖牴牾訛謬，而其每類之中，所分子目，剖析流別，至為纖悉，實秩然有條理。蓋真能適用類例以存專門之學者也。」〔註68〕又稱：「鄭氏之類例，在備錄存亡之書，以見專門學之先後本末，為古人之意多。張氏之類例，在慎擇約舉，以使初學分別書之緩急，為今人之意多也。」〔註69〕

當然，《通志・藝文略》也存在明顯的不足，難免遭到後人的不滿和批評。一是由於記載浩繁，該志在著錄上存在不少錯誤；二是不分存佚，容易造成混亂；三是分類體系過於龐大，一些類目過於繁瑣，不切於實用，無法起到反映學術流變的作用；四是由於只是抄寫舊目，沒有沒要的注釋，參考價值不大。

〔註67〕（宋）鄭樵：《通志》卷七十一《校讎略第一・編次必謹類例論》。
〔註68〕余嘉錫：《目錄學發微》，商務印書館 2011 年版，第 16 頁。
〔註69〕余嘉錫：《目錄學發微》，商務印書館 2011 年版，第 17 頁。

（七）馬端臨《文獻通考・經籍考》

　　馬端臨（1254～1323），字貴與，咸淳七年（1273）進士。入元不仕，專心著述，撰成《文獻通考》三百四十八卷，凡二十四考。其中《經籍考》七十六卷（卷一百七十四至卷二百四十九）：「總敘」一卷，「經」十六卷，「史」十七卷，「子」二十二卷，「集」二十卷。分四部，五十五類。其分類如下：

　　　　經部：《易》、《詩》、《書》、《禮》、《春秋》、《論語》、《孝經》、經解、樂、儀注、諡法、讖緯、小學，凡十四類。

　　　　史部：正史、編年、起居注、雜史、傳記、偽史霸史、史評史鈔、故事、職官、刑法、地理、時令、譜牒、目錄，凡十六類。

　　　　子部：儒、道、法、名、墨、縱橫、雜、小說、農、天文、曆算、五行、占筮、刑法、兵、醫、神仙、釋氏、類書、雜藝術，凡二十類。

　　　　集部：楚辭、別集、詩集、歌詞、章奏、總集、文史，凡七類。

　　馬端臨《文獻通考・經籍考》於每書之下，廣泛輯錄與一書有關的資料如序、跋、題記、列傳、歷代目錄敘錄等，以供研究參考之用。其自序稱：「今所錄，先以《四代史志》列其目，其存於近世而可考者，則採諸家書目所評，並旁搜史傳文集、雜說詩話，凡議論所及，可以紀其著作之本末，考其流傳之真偽，訂其文理之純駁者，則具載焉。」〔註70〕

　　《文獻通考・經籍考》在目錄學、史學、學術史上均具有重要價值，對所世產生了極大影響。《文獻通考・經籍考》採用輯錄體，廣泛參考了晁公武《郡齋讀書志》、陳振孫《直齋書錄解題》《漢志》、《隋志》、《新唐志》、宋代各朝《國史藝文志》以及史傳、文集、雜說、詩話等書籍，彙集眾家之長，保存了豐富的研究資料，為學者研究提供極大方便。孫詒讓指出：「於篇題之下，春迻敘跋，目錄之外，採證群書，《通考》經籍一門，實創茲例。」〔註71〕姚名達認為：「凡各種學術之淵源，各書內容之梗概，覽此一篇而各說俱備。雖多引成文，無甚新解；然而徵文考獻者，利莫大焉。較諸鄭樵之僅列書目者，有用多矣。」輯錄體目錄雖萌芽於《出三藏記集》「總經序」，但到了《文獻通考・經籍考》才發展成熟。此後朱彝尊《經義考》、章學誠《史籍考》、孫詒讓《溫州經籍志》等悉沿其體，相沿不絕。

〔註70〕（元）馬端臨：《文獻通考序》。
〔註71〕（清）孫詒讓：《籀廎述林》卷九《溫州經籍志敘例》。

（八）宋元時期的專科目錄

《大藏經綱目指要錄》，由東京（開封）法雲禪寺住持惟白於北宋崇寧三年（1104）編成，是現存最早的一部《大藏經》解題著作。全書八卷，其中卷二、四、五、六、七均分上下，實則十三卷。卷一、卷二上下、卷三、卷四上下、卷五上下等八卷紀大乘三藏，卷六上下、卷七上下等四卷紀小乘三藏，卷八為聖賢傳記，著錄佛經一千零四十九種。其分類及編次仿《開元釋教錄》，並附錄惟白《禪教五派宗源述》《大藏經綱目指要錄五利五報述》二文。每一經典均有解題，對於從大部經典中派生出來的別生經，或者同本異譯的經典，一般採用參見方法，以避免重複。〔註72〕姚名達認為該書「在佛錄中，允推為至高無上之解題傑作」。〔註73〕

高似孫（1158～1231），字續古，號疏僚，淳熙十一年（1184）進士。著有《史略》六卷、《子略》四卷等。《史略》是我國現存最早的史籍專科目錄。《史略》在國內久佚，南宋以來官、私書目均未著錄，清末楊守敬於日本訪得此書，刻入《古逸叢書》。卷一、二紀《史記》、《漢書》至《五代史》等紀傳體史書，卷三《東觀漢記》以及歷代實錄、起居注、會要等史籍，卷四紀史典、史表、史略、史抄、史詳、史贊、史草、史例、史目和通史、通鑒等。卷五紀霸史、雜史等。卷六紀《山海經》《世本》等古史。《史略》於所著史書多有說明性文字，或作解題，或詳舉版本，或記述創作、刊行過程。《史略》多載逸書，輯錄資料豐富，在考鏡史學源流方面頗為有功，既可為讀史者提供參考，補《史通》之未備，也可為考證者所取資。《子略》為子書專科目錄。此書卷一為《子略目》，依次節抄《漢書·藝文志》、《隋書·經籍志》、《唐書·藝文志》、庾仲容《子鈔》、馬總《意林》和鄭樵《通志·藝文略》的子部。《子略》卷二至卷四著錄諸子共三十八家，每家分別撰有提要。《子略》包含了高氏對諸子各家獨到的理解和看法，在書目體例建構方面多有創新，重視辨別諸子的學術源流，在諸子真偽的考辨方面頗有發明，在諸子學、目錄學等方面均具有較高的參考價值。

鍾嗣成（約1279～1360），字繼先，號醜齋。所撰《錄鬼簿》二卷，開戲曲專科目錄之先河。《錄鬼簿》的著錄體例獨特，「以人為綱，以劇為目」，附錄作者小傳。全書共著錄元雜劇、散曲家151人（其中1人著錄兩次），雜居

〔註72〕參見陳士強：《〈大藏經綱目指要錄〉義例》，《法音》1988年第1期。
〔註73〕姚名達：《中國目錄學史》，嶽麓書社2013年版，第214頁。

名目 458 種。根據鍾嗣成對所著錄著者情況的熟悉程度的不同，《錄鬼簿》對著作、作品的情況著錄有詳有略，有為之作傳者，有僅記姓名行實者。

四、明代的文獻目錄

（一）《文淵閣書目》與《新定內閣藏書目錄》

《文淵閣書目》，楊士奇等奉敕編，是現存最早的明代宮廷藏書目錄。《文淵閣書目》編排奇特，不分經史子集四部，而以《千字文》為序，自「天」至「往」，凡二十字，每一字號分若干類，僅著錄書名、冊數，不著錄作者、卷數等，往字號書目也有僅著錄書名、不載冊數者。其分類如下：

天	國朝	盈	類書
地	易、書、詩、春秋、周禮、儀禮、禮記	仄	韻書、姓氏
玄	禮書、樂書、諸經總類	陳	法帖、畫譜（諸譜附）
黃	四書、性理、附、經濟	宿	政書、刑書、兵法、算法
宇	史	列	陰陽、醫書、農圃
宙	史附、史雜	張	道書
洪	子書	寒	佛書
荒	子雜、雜附	來	古今志（雜誌附）
日	文集	暑	舊志
月	詩詞	往	新志

《文淵閣書目》原本不分卷，黃虞稷《千頃堂書目》著錄為十四卷，《四庫全書總目》作四卷。《文淵閣書目》天字號首列國朝，收錄明代訓誥實錄、御製詩文、禮儀律令等。地字號至月字號分類，大致按經史子集四部順序排列。在類目設置上有一些特色，如諸經總類兼收無類可歸的經書，類書不入子部。但總體來看，《文淵閣書目》在分類上較為混亂疏陋，著錄的內容過於簡略，甚至不錄作者、卷數，因而歷來評價不高，如錢大昕認為《文淵閣書目》「不過內閣之簿帳，初非勒為一書」。〔註74〕

《新定內閣藏書目錄》，萬曆三十三年（1605）由中書舍人張萱等奉詔校理內閣藏書時所編。全書共八卷，其分類一律稱部，廢除小類，共分十八部。第一卷聖製、典制二部；第二卷經、史、子三部；第三卷集部一部；第四卷總

〔註74〕　（清）錢大昕：《潛研堂文集》卷二十九《跋文淵閣書目》。

集、類書、金石、圖經四部；第五卷樂律、字學、理學、奏疏四部；第六卷傳記、技藝二部；第七卷志乘一部，第八卷雜部一部。該目體例仍非完善，略勝《文淵閣書目》，丁丙稱此書「略注撰人姓名、官職，書之全闕，而部類參差，殊鮮端緒」。〔註75〕

（二）焦竑《國史經籍志》

焦竑（1541～1620），字弱侯，號澹園，萬曆十七年（1589）進士。曾主修國史，成《國史經籍志》六卷。卷一至卷五分五類，沿《文淵閣書目》列「國朝」於首之例，卷一列「制書類」，卷二列「經類」，卷三列「史類」，卷四列「子類」，卷五列「集類」，其中卷四又分上下，每類之下又分若干小類；卷六附錄《糾謬》一卷。其分類如下：

> 制書類：御製、中宮御製、敕修、記注時政，共四小類；
>
> 經類：《易》、《書》、《詩》、《春秋》、《禮》、《樂》、《孝經》、《論語》、《孟子》、經總解、小學，共十一小類；
>
> 史類：正史、編年、霸史、雜史、起居注、故事、職官、時令、食貨、儀注、法令、傳記、地理、譜牒、簿錄十五小類；
>
> 子類：儒家、道家、釋家、墨家、名家、法家、縱橫家、雜家、農家、小說家、兵家、天文家、五行家、醫家、藝術家、類書，共十六小類；
>
> 集類：制詔、表奏、賦頌、別集、總集、詩文評，共六小類。

在每小類之下，又仿鄭樵《通志・藝文略》之例，再分若干子目，如易類分古易、石經、章句、傳注、集注、義疏、論說、例、譜、考正、音、數、圖、讖緯十四子目。每類之後有小序，闡明學術源流，間有創見，價值頗高，清目錄學家周中孚認為：「以暢發其大旨，是又《新唐志》、《宋志》所不及為者，所謂質有其文也，此則加於人一等矣。」〔註76〕《國史經籍志》所附《糾謬》列舉《漢書・藝文志》、《隋書・經籍志》、《新唐書・藝文志》、《唐四庫書目》、《宋史・藝文志》、《崇文總目》、鄭樵《通志・藝文略》、晁公武《郡齋讀書志》、馬端臨《文獻通考・經籍考》等目錄在分類上的錯誤，並一一予以糾正，其中大多可以信從。《國史經籍志》的缺點在於非據見存之書著錄，叢鈔舊目，濫收前代，斷限不明，遺漏較多。

〔註75〕（清）丁丙：《善本書室藏書志》卷十四。
〔註76〕（清）周中孚：《鄭堂讀書記》卷三十二，《國史經籍志》條。

（三）明代私家目錄舉要

　　明代私家目錄相當興盛，無論在收錄圖書的數量上，還是在分類、編排質量上，均遠超同時代的官修目錄。明代的私家目錄主要可以分為兩類，一類是採用傳統四部分類法的目錄，一類是打破四分法常規、重新分類的目錄。

　　第一類目錄主要有葉盛《菉竹堂書目》、高儒《百川書志》、朱睦㮮《萬卷堂書目》、趙琦美《脈望館書目》、祁承㸁的《澹生堂藏書目》、徐𤊹《紅雨樓書目》。以趙琦美《脈望館書目》為例，該目是趙氏私家藏書的目錄，全書按《千字文》排序，自天字至調字，共三十一號。自天字至閏字二十五號分經、史、子、集四部；余、成、歲、律四字號列「不全舊宋元版書」「舊板書」，同樣按四部分類，其中「舊版書」中又於四部之後附錄小學、醫、佛家、仙家；呂字號列碑帖及續增書，調字號列畫、墨刻等。趙氏於書前目錄每字號之下皆列該號書的藏書地點，如天字號藏書在「後書房西間朝西大廚」，可見該書目是趙氏按照其藏書的存放形式進行編目的，其分類大體是按照四部分類進行的。《脈望館書目》設「不全舊宋元版書」一類，著錄宋元刻本一百五十四種，開後世藏書家藏書目錄著錄殘宋元本書的先河。

　　第二類目錄主要有陸深的《江東藏書目》、晁瑮的《寶文堂書目》、孫樓的《博雅堂藏書目錄》、沈節甫的《玩易樓藏書目錄》、陳第的《世善堂藏書目錄》、孫能傳的《內閣藏書目錄》、茅元儀的《白華樓書目》等。陸深《江東藏書目》分經、理性、史、古書、諸子、文集、詩集、類書、雜史、諸志、韻書、小學、醫藥、雜流制書十三類。陳第《世善堂藏書目錄》分經部、四書部、子部、史部、集部、各家部等六部，每部之下分若干類：經部分《周易》、《尚書》、《毛詩》、《春秋》、《禮記》、二戴、《周禮》、《儀禮》、禮樂各著、《孝經》、諸經總解、《爾雅》等十二類；四書部分《大學》、《中庸》、《論語》、《孟子》、四書總論等五類；子部分諸子、輔道諸儒書、各家傳世名書等三類；史部分正史、編年、學堂鑒選、明朝記載、稗史野史雜記、語怪各書、實錄、偏據偽史、史論、訓誡書、四譯載記、方州各志、歷代典制、律例、詔令、奏議、譜系、類編等十八類；集部分帝王文集、歷代大臣將相文集、兩漢魏晉六朝諸賢集、唐諸名賢集、宋元諸名賢集、明諸賢集、緇流集、閨閣集、詞曲、諸家詩文名選、金石法帖、字學等十二類；各家部分農圃、天文、時令、曆家、五行、卜筮、堪輿、形相風鑒、兵家書、醫家、神仙道家、釋典、雜藝等十三類。《世善堂藏書目錄》在分類上的特點主要體現在：第一，將四書從經部獨立出來，與經

史子集並列；第二，改變四分法史在子前的排序方式，列子部於史部之前；第三，將子部中實用型的典籍以及佛道典籍獨立為各家部。

五、清代的文獻目錄

（一）黃虞稷《千頃堂書目》與《明史·藝文志》

黃虞稷（1629～1691），字俞邰。在其父黃居中《千頃齋藏書目錄》基礎上，黃虞稷廣採公私藏書增補，編成《千頃堂書目》。康熙二十年（1681），黃虞稷入明史館，分修《藝文志》，遂以《千頃堂書目》為基礎，廣泛閱讀公私藏書而寫成《明史·藝文志稿》，故該目可視為《明史·藝文志》的初稿。《千頃堂書目》成書後一直以鈔本流傳，《四庫全書》著錄三十二卷。該目所著錄圖書以明代著作為主，於每類之後附錄南宋咸淳以下及遼、金、元著作，以補其藝文志之闕。每書之下以小注著錄作者姓名、字號、爵里、字號、科第，兼及生平。其四部分類如下：

> 經部：《易》、《書》、詩》、《禮》、《春秋》、《孝經》、《論語》、《孟子》、經解、《四書》、小學，共十一類；
>
> 史部：國史、正史、通史、編年、別史、霸史、史學、史鈔、地理、職官、典故、時令、食貨、儀注、政刑、傳記、譜系、簿錄，共十八類；
>
> 子部：儒、雜、小說、兵、天文、曆數、五行、醫、藝術、類書、釋、道，共十二類；
>
> 集部：別集、制誥、表奏、騷賦、詞典、制舉、總集、文史，共八類。

康熙二十八年（1689），黃虞稷將《千頃堂書目》作為《明史·藝文志》稿本上交明史館。不久，明史館總裁徐乾學任滿，此後之繼任者王鴻緒、張廷玉等，將所附錄宋、遼、金、元著作以及明代著作中「卷數莫考、疑信未定者」，並加刪削，而成《明史·藝文志》。該志共四卷，分三十五類，在著錄上大多先列作者，後列書名、卷數。其分類如下：

> 經部：《易》、《書》、《詩》、《禮》、《樂》、《春秋》、《孝經》、諸經、《四書》、小學類，共十類；
>
> 史部：正史（附編年）、雜史、史鈔、故事、職官、儀注、刑法、傳記、地理、譜牒，共十類；

子部：儒、雜、農、小說、兵書、天文、曆數、五行、藝術（附醫書）、類書、道、釋，共十二類；

集部：別集、總集、文史，共三類。

該志專收明一代典籍，共著錄明人著作四千六百三十三種，較《千頃堂書目》所著錄一萬兩千餘種，已刪削大半。

（二）《經義考》《史籍考》

朱彝尊（1629～1709），字錫鬯，號竹垞。所著《經義考》三百卷，原名《經義存亡考》，是關於經學的專科目錄。首錄御注、敕撰之書，以下易、書、詩、周禮、儀禮、禮記、通禮、樂、春秋、論語、孝經、孟子、爾雅、群經、四書、逸經、讖緯、擬經、承師、宣講、立學、刊石、書壁、鏤版、著錄、通說，凡二十六類。其著錄體例為：首列姓名、書名、卷數，並附注「存」「佚」「闕」「未見」，再輯錄諸家序跋、傳記等相關材料，以敘述作者生平事蹟、典籍內容評介、學術源流等。間有按語，大致可分輯佚、考辨、解說三類，以搜輯前人觀點或闡述自己觀點。

《經義考》「網羅宏富，囊括千古」，著錄宏富，體例完備，考證精詳，是經學目錄的集大成之作，在經學著述源流的梳理方面具有示範意義，為研究中國古代經學的必備參考書，歷來受到學者高度重視。但該也並非完備無缺，如周中孚稱：「竹垞之為是書，未能竭一生之精力為之，故編次尚未極當，小學僅載《爾雅》一類，而不及遍考小學全部。元、明以下，或僅據書目甄錄，並序跋亦多未載；且所闕佚各書，至今日或存，全賴後人為之續補，庶臻美備。」〔註77〕後世學者對《經義考》多有校訂、補續之作，如翁方綱《經義考補正》、盧文弨《經籍考》、錢東垣《補經義考》、《續經義考》、謝啟昆《小學考》等。

除了對《經義考》的校訂、補續外，清代還有仿其體例進行編纂的專科目錄，《史籍考》即是其中最重要的一種。《史籍考》的修纂，大致有三個階段：即是其中最重要的一種。《史籍考》的修纂，大致有三個階段：第一階段為乾隆末年（1787～1794）在畢沅主持下的醞釀和初纂時期，章學誠主修，洪亮吉、胡虔、武億、凌廷堪等參修；第二階段為嘉慶初年（1798～1799）在謝啟昆主持下的續纂時期，章學誠、胡虔先後主持，錢大昭、陳鱣等人參修，在杭州開始續纂，但未能定稿；第三階段為道光末年（1846～1848）在潘錫恩主持下的

〔註77〕　（清）周中孚：《鄭堂讀書記》卷三十二。

再度續纂時期，許瀚主修，劉毓崧、包慎言參修，在袁浦完成定稿，凡三百卷。此書未及刊刻，咸豐六年（1856），太平天國戰亂禍及潘錫恩家，其藏書及《史籍考》皆付之一炬，原稿亦不復存，學界引為憾事。今僅存章學誠《論修史籍考要略》《史考釋例》及許瀚《史籍考校例》諸文，略可窺其編修體例。章學誠《論修史籍考要略》稱：「朱竹垞《經義》一考，為功甚巨，既辨經籍存亡，且採群書敘錄，間為案斷，以折其衷，後人溯經藝者，所攸賴矣。第類例間有未盡，則創始之難。而所收止於經部，則史籍浩繁，一人之力，不能兼盡，勢固不能無待於後人也。今擬修《史籍考》，一仿朱氏成法，少加變通，蔚為巨部，以存經緯相宣之意。」《經義考》對《史籍考》的影響於此可見一斑。

（三）《四庫全書總目》

《四庫全書總目》二百卷，是清代乾隆年間修《四庫全書》時編纂的一部大型解題目錄。《總目》按四部分類法編排，每部之下分若干類，每類之下又有分若干屬，形成了一個由「部─類─屬」組成的三級分類體系，每類又分「著錄」（收入《四庫全書》）、「存目」兩種類型，其中著錄先秦至清乾隆間典籍三千四百零一種，七萬九千三百零九卷，存目六千七百九十三部，九萬三千五百五十一卷。其分類為：

> 經部：易、書、詩、禮（周禮、儀禮、禮記、三禮總義、通禮、雜禮書）、春秋、孝經、五經總義、四書、樂、小學（訓詁、字書、韻書），共十類。

> 史部：正史、編年、紀事本末、雜史、別史、詔令奏議（詔令、奏議）、傳記（聖賢、名人、總錄、雜錄、別錄）、史鈔、載記、時令、地理（宮殿疏、總志、都會郡縣、河渠、邊防、山川、古蹟、雜記、遊記、外記）、職官（官制、官箴）、政書（通制、典禮、邦計、軍政、法令、考工）、目錄（經籍、金石）、史評，共十五類。

> 子部：儒家、兵家、法家、農家、醫家、天文算法（推步、算書）、術數（數學、占侯、相宅相墓、占卜、命書相書、陰陽五行、雜技術）、藝術（書畫、琴譜、篆刻、雜技）、譜錄（器物、食譜、草木鳥獸蟲魚）、雜家（雜學、雜考、雜說、雜品、雜纂、雜編）、類書、小說家（雜事、異聞、瑣語）、釋家、道家，共十四類。

> 集部：楚辭、別集、總集、詩文評、詞曲（詞集、詞選、詞話、詞譜詞韻、南北曲），共五類。

　　《總目》一書，部類有序，每書之下有解題。其序之體例為：「四部之首，各冠以總序，撮述其源流演變，以挈綱領。四十四類之首，亦各冠以小序，詳述其分併改隸，以析條目。如其義有未盡，例有未該，則或於子目之末，或於本條之下，附注案語，以明通變之由。」〔註78〕這就形成了「總序—小序—案語」的結構，以論述《總目》的分類源流演變。解題則於每條之下，「先列作者之爵里」，「次考本書之得失」，「文字增刪，篇帙分合，皆詳為訂辨」。〔註79〕《總目》的體例非常完善，著錄較為完備，是目錄史上里程碑式的著作。

（四）周中孚《鄭堂讀書記》

　　周中孚（1768～1831），字信之，別字鄭堂。《鄭堂讀書記》是周中孚在為李筠嘉所編《慈雲樓藏書志》的基礎上，稍作改寫、編次而成的。周中孚卒後，《鄭堂讀書記》稿本經朱為弼、莫友芝、丁日昌、劉承幹等人收藏，多有脫佚，今存七十一卷。後人又從《慈雲樓藏書志》中輯出《鄭堂讀書記》中所缺之書，編為《鄭堂讀書記補逸》三十卷。《鄭堂讀書記》所著錄典籍，按四部分類，共分三十八類，部分類目之下又分若干小類。其分類如下：

　　　經部：孝經、五經總義、禮（周禮、儀禮、禮記、三禮總義、通禮、雜禮書）、樂、詩、書、春秋、四書、小學類（韻書），共九類。

　　　史部：正史、編年、紀事本末、別史、雜史、詔令、史鈔、載紀、時令、職官（官制、官箴）、政事（通制、儀制、邦計、軍政）、律書（法書、考工）、目錄（經籍、金石）、史評，共十四類。

　　　子部：儒、兵、法、農、醫、天文算法（推步、算書）、術數（數學、占候、相宅相墓、占卜、相書命書、陰陽五行、雜技術）、藝術（書畫、琴譜、篆刻、雜技）、譜錄（器物、飲饌、草木鳥獸蟲魚）、雜家（雜家、雜考、雜說、雜品、雜纂、雜編）、類書、小說（雜事、異聞、瑣記）、釋、道，共十四類。

　　　集部：別集，共一類。

　　《鄭堂讀書記》經部未著錄《易》類典籍，且經部編次也與傳統分類不同；集部僅著錄別集一類，且均為清代別集。史、子二部分類與傳統分類大致相同。《補逸》三十卷為後人編訂，分類與《四庫全書總目》略同，然僅有經、史、子三部，而無集部，子部亦無詔令奏議、職官、政書三類。《鄭堂讀書記》及

〔註78〕《四庫全書總目‧凡例》第十條。
〔註79〕《四庫全書總目‧凡例》第九條。

《補逸》共著錄典籍四千七百餘種，其中《四庫全書總目》未收者一千九百餘種。周中孚仿《四庫全書總目》之例，每書皆有解題，考作者，述源流，撮旨要，評得失，於《四庫全書總目》已收錄者，皆注明「著錄」或「存目」。

六、現當代文獻目錄舉要

民國時期以來，由於印刷技術以及圖書館事業的發展，出現了許多不同類型的典籍目錄，使目錄事業得到了很大的發展。其中既有各大公共圖書館、高校圖書館等編修的館藏目錄、館藏善本書目以及合作編纂的聯合目錄等，又有藏書家、學者等編撰的藏書目錄、專科目錄以及各種特種目錄。今略舉數種如下：

（一）謝國楨《增訂晚明史籍考》

謝國楨（1901～1982），字剛主，所撰《增訂晚明史籍考》是一部晚明史籍的專科解題目錄。此書原名《晚明史籍考》，初版於民國二十一年，對所見晚明史籍詳加考辨，剖析版本源流，論述史料價值，簡介作者生平。後經修訂，輯錄按語，修正原觀點、立場、方法有誤者，約增三分之一，名為《增訂晚明史籍考》。全書共二十四卷，《補遺》一卷。分通記有明一代史乘、萬曆至崇禎、黨社、農民起義、甲乙之際、總記南明史乘、南明三朝、魯監國、鄭氏始末、抗清義師、清初三藩、史獄、傳記、文集題跋、雜記、明季史料叢刻及書目、宮詞詩話小說傳奇等類，每類之下又有細目。每書列其書名、卷數、版本、作者，並記其旨要，或列序跋、題跋、凡例等。

（二）王重民《中國善本書提要》

王重民（1903～1975），字有三，所撰《中國善本書提要》著錄國家圖書館、北京大學圖書館、美國國會圖書館等處古籍善本四千二百餘種，《補遺》著錄一百餘種。該書採用四部分類，較《四庫全書總目》略有變更。每書均有解題，《四庫全書總目》有提要者，節錄其提要，提要中有誤或未完善者，加以補充辯證，無提要者補寫。解題內容以考證版本源流為重心，著錄書名、卷數、冊數、藏書機構、版本年代、行款、板框、題名、碑記、序跋等，又多錄校刻者或刻書故實，所據底本與各本之同異，刻本之優缺點，刻工姓名，刻書地點及收藏印記等，兼及作者事蹟、圖書內容。書末附有《書名索引》《撰校刊刻人名索引》《刻工人名索引》《刻書鋪人名索引》四種索引。《中國善本書

提要補編》所著錄者係新發現的王重民遺稿中的書目提要，計有史部提要 770 餘篇，涉及紀傳、編年、紀事本末、雜史、傳記、政書、地理、金石、目錄等 9 類，另有子部書提要 10 篇，編輯體例與《中國善本書提要》基本一致。

（三）來新夏《近三百年人物年譜知見錄》

來新夏（1923～2014）編。該書共十卷，前八卷按譜主生年，分生於明卒於清、生於順康雍時期、生於乾隆時期、生於嘉慶時期、生於道光時期、生於咸同時期、生於光緒元年至十九年前、生於光緒二十年後八個階段。卷九為知而未見錄，卷十為《譜主索引》《譜名索引》《編者索引》《譜主別名字號索引》四種。其編排以譜主生年為序，生年相同則按卒年先後為序。每一年譜作解題一篇，一人多譜者則作多篇解題，解題內容包括譜名、撰者、刊本、著錄情況、譜主事略、史料徵引、纂譜情況及藏者等項。全書共著錄年譜 800 餘種，包括自譜、子孫友生編譜、後人著譜、合譜等。

（四）《中國古籍總目》

《中國古籍總目》是中國古籍總目編纂委員會編纂，由中國國家圖書、北京大學圖書館、上海圖書館、南京圖書館、天津圖書館、湖北省圖書館、復旦大學圖書館、中國科學院圖書館、遼寧省圖書館、山東省圖書館、浙江圖書館等十一家圖書館先後參與編纂，著錄中國大陸及港澳臺地區公共、學校、科研機構圖書館及博物館等所藏歷代漢文古籍之基本品種、主要版本及主要收藏信息，並部分採錄海外公藏之中國古籍稀見品種。以古代至民國初人撰著並經寫抄、刻印、排印、影印之歷代漢文古籍為基本著錄範圍為主，部分典籍著錄下限有所延伸。《總目》分經部、史部、子部、集部、叢書部五種，各部下復分若干類屬，類目設置參酌《中國叢書綜錄》《中國古籍善本書目》而有所增損移易。各書著錄款目依次為：書目序列號、書名、卷數、著者時代、著者姓名、著作方式、出版年代、出版者、出版地、版本類別及批校題跋、各版本主要收藏機構等。第一次將中國古籍著錄為約二十萬種。〔註80〕各部分類為：經部分類編類、易類、尚書類、詩經類、周禮類、儀禮類、禮記類、三禮總義類、樂類、春秋列、春秋總義類、孝經類、四書類、群經總義類、小學類等十五類；史部分總類、紀傳類、編年類、紀事本末類、雜史類、史表類、史抄類、史評類、傳記類、譜牒類、政書類、詔令奏議類、地理類、方志類、金石考古類、

〔註80〕《中國古籍總目·編纂說明》。

目錄類等十七類；子部分總類、儒家類、兵家類、法家類、農家類、醫家類、天文算法類、術數類、藝術類、譜錄類、雜家類、類書類、小說類、道家類、釋家類、諸教類、新學類等十七類；集部分分楚辭類、別集類、總集類、詩文評類、詞類、曲類等六類。叢書部分雜纂類、輯佚類、郡邑類、氏族類、獨撰類等五類。

第三章 文獻校勘

第一節 校勘概述

一、校勘的基本概念

　　校勘有廣義與狹義之分，廣義上包括版本搜集鑒定、編排目錄與文字校定等內容，而狹義則僅指文字校訂，目前提到「校勘」一詞絕大多數只是指校正文字，本章所用「校勘」亦僅取其狹義。

　　「校勘」作為一個詞語使用出現較晚，大概在南北朝之後，此前與校勘相關之行為都稱「校讎」或「讎校」。「讎校」最早見於漢劉向的《管子敘錄》：「讎校，一人讀書，校其上下，得謬誤，為校；一人持本，一人讀書，若怨家相對，故曰讎也。」單就字面意思而言，此處「校讎」與現在所說的校勘並沒有太大區別，都是對書籍文字的校訂。而實際上，劉向的校讎工作遠遠不只限於校訂文字謬誤，而是廣羅版本、比較異同、刪除繁浮、校定誤闕、釐定篇章次序。鄭樵《校讎略》講的不只是狹義的校勘，還包括求書、分類、編目等內容，建構了廣義校讎學的理論框架。范希曾在《校讎雜述》中這樣定義校讎學：「細辯乎一字之微，廣極夫古今內外載籍浩瀚。其事以校勘始，以分類終，明其體用，得其緼理，斯稱『校讎學』。」即指包括版本、目錄與校勘在內的校讎學。張舜徽在《廣校讎略》中也寫到：「目錄、版本、校勘，皆校讎家之事也。」可見雖然前人也用「校讎」來指校勘，但其涵義實則廣於現代所言的「校勘」，多數情況下相當於今天的文獻學。時至今日，學術著作中「校勘」

與「校讎」的區別已經非常清晰,並已很少使用「校讎」一詞。

二、校勘的目的與內容

無論是最初的竹簡木牘還是後世的紙質書籍,其材質本身的保存即十分不易,且期限有限,再加上流傳過程受到戰亂等各種外界因素的破壞,許多書籍原本早已不復存在,而後世的各種注本又多存異文與歧解。因此,校勘並非易事,清人段玉裁論之頗精:「校書定是非最難。是非有二:曰底本之是非,曰立說之是非……故校經之法,必還賈還賈,以孔還孔,以陸還陸,以杜還杜,以鄭還鄭,各得其底本,而後判其義理之是非,而後經之底本可定,而後經之義理可以徐定。不先正注疏釋文之底本,則多誣古人;不斷其立說之是非,則多誤今人。」〔註1〕校勘經文應先還原賈公彥等人所注的底本,然後再以此還原最初的經文原本。可見校勘的目的就是正本清源,恢復古籍原貌,以形成一個可靠的本子。

校勘還原典籍原貌更有其現實目的,即為了方便讀書與治學。古人讀書治學特別強調校勘的重要性。王鳴盛在《十七史商榷序》中說:「欲讀書必先精校書,校之未精而遽讀,恐讀亦多誤矣。」葉德輝在《藏書十約·校勘》中亦有類似觀點:「書不校勘,不如不讀。」校勘可以幫助我們更加有效地理解古籍內容,校讀法是閱讀古籍的一種有效方法。由於年代久遠,文字、典章制度等與今天相差很大,我們在閱讀古書時無法憑一己之力識別出古籍在流轉傳抄中產生的錯誤,更無法瞭解不同版本在文字上的異同,校勘可以為我們提供高質量的古籍文體。校勘也是開展研究的先導工作。研究者如果利用未經校勘的誤本,很可能就會得出錯誤的結論。如歷來學者根據通行本《史記》的《殷本紀》和《三代世表》得出殷商先公先王世系中列有冥、振、微等。王國維據甲骨文發現「振」乃「核」或「垓」字之誤,糾正了通行本的錯誤,澄清了歷史事實。

校勘工作的內容就是對典籍內容進行整理,具體來說,包括收集不同版本並考其文字異同、根據各種知識來判定是非。古籍在流傳過程在出現各種各樣的訛誤,情況相當複雜。古人在治學時有意識地將這些訛誤進行歸類總結,如王念孫將訛誤通例列為六十二條。總的來看,古籍訛誤的情況不外乎誤、脫、衍與錯位四大類。「誤」是指傳抄過程中出現的字詞錯誤,一般包括字形相近

〔註1〕(清)段玉裁:《經韻樓集》卷一二《與諸同志論校書之難》。

致誤，字音相近致誤，字的位置相近致誤，不熟悉古時的字、音、義、語法、典故習俗、避諱致誤等，例如前文所舉誤「芋」為「羊」的例子則是字形相近而產生的錯誤。「脫」是比原文少了字、詞、句、行乃至頁，或因字義相近、重文、上下文相牽連等導致無意抄刻脫漏，或因不明訓詁、不解句讀、不熟悉語法典故等有意識刪改而造成脫漏，如《晏子春秋・外篇十一》有「子胥忠其君，故天下皆原得以為子。」對此，王念孫《讀書雜志》校此句曰：「按此文原有四句，今脫去中二句，則文不成意。《秦策》云：『子胥忠其君，天下皆欲以為臣；孝己愛其親，天下皆欲以為子。』文義正與此同。」可見此處是因上下文牽連而導致的誤脫。「衍」與脫相反，是指多出文字，一般是涉及上下字而導致衍文、涉及上下文而導致衍文、因誤旁注為正文而衍文等無意識的抄刻錯誤，亦有因不懂文義訓詁等而妄改導致的衍文。錯位一般是簡或文字位置的顛倒錯亂，原因也無外乎疏忽或者是不明文義而導致的順序顛倒，如《戰國策・楚四》載：「楚君雖欲攻燕，將道何哉？」王念孫《讀書雜志》云：「『將道何哉』，當作『將何道哉』。道，從也。言楚欲攻燕，兵從何出。置『道』於『何』字之上，則文不成義矣。」

三、校勘的條件

顏之推有「觀天下書未遍，不得妄下雌黃」〔註2〕之語。要做好校勘，需要具備豐富的相關知識，主要包括以下方面：

第一，校勘須識文字音韻。漢字發展經歷了相當漫長的過程，形成了篆書、隸書、楷書、草書等多種形式，古今音韻相去甚遠，且不同區域的音韻往往各成體系，古今字義變化巨大，情況複雜。若無法明辨古字的形、音、義，校勘就無從著手。

第二，校勘須明句讀。古人著述並無標點，有時會添加一些符號來作為斷句識讀的依據，有時則並無任何標記，句讀出現錯誤，會導致語句不順、理解困難，甚至讓人誤解原文之意。在標點符號普及的今天，在校勘工作中若無法正確斷句標點，書籍質量會大打折扣。

第三，校勘須通語法、修辭。俞樾在《古書疑義舉例序》中說：「夫周、秦、兩漢，至於今遠矣。執今人尋行數墨之文法，而以讀周、秦、兩漢之書，譬猶執山野之夫，而與言甘泉、建章之巨麗也。」清人尚有此言，何況距先秦

〔註2〕（北齊）顏之推：《顏氏家訓・勉學篇八》。

兩漢年代更加久遠之今天，我們不能不更加慎重地對待語法和修辭問題。

第四，校勘須精典章制度。典章制度包括土地、田賦、貢稅、職官、禮俗、樂律、兵刑、科舉等制度，涉及政治、經濟、文化、教育等各個方面。熟悉典章制度，可以幫助我們發現並糾正古書中的相關文字謬誤，清人在利用典章制度校勘方面取得了豐碩的成果。

第五，校勘須譜版本目錄。書籍流傳的過程中則會出現各種各樣的版本，搜集各類版本是校勘的前期工作，而搜集古籍現存版本則需要依靠目錄。版本目錄的相關知識是校勘的基本條件之一。

此外，還要瞭解避諱的相關知識。避諱除了官方所定之外，更有避自家長輩之諱者，所有這些避諱字都會反映在時人的著作書籍之中。典故習俗方面的知識亦是需要略有所知的，校勘過程中很可能僅由於一個典故、習俗或歷史知識的不熟悉而導致無法理解文義，進而無法做出正確的判斷。例如王念孫《讀書雜志》有「『燕有黃鼠，銜其尾，舞王宮端門中。往視之，鼠舞如故。王使夫人以酒脯祠鼠。』念孫案：『夫人』二字有誤，夫人在宮中不當使至端門祠鼠，上文記此事云『王使吏以酒脯飼鼠』，吏字是也。」（《讀書雜志・漢書第五・五行志》）「『每相二千石至，彭祖衣帛布單衣，自行迎除捨。』念孫案：『帛布』，當從《史記・五宗世家》作「皁布」。皁布單衣，賤者之服也。皁與帛字相似，因誤為帛（原注：《管子・輕重戊篇》：「立皁牢，服牛馬」，今本皁誤作帛）。衣帛則不衣布，衣布則不衣帛，不得言『衣帛布』也。師古曰：『或帛或布，以為單衣』，斯為曲說矣。」前者依據「夫人在宮中不當使至端門祠鼠」判斷出謬誤，後者則是根據「衣帛則不衣布，衣布則不衣帛，不得言『衣帛布』」的常識指出「帛」是「皁」之誤字。雖說現在信息檢索非常方便，不需要校勘者將這些知識熟記於心，但依然要對這些有一個大體的認識，方可保證校勘的順利進行。

在校勘時，還有不少問題值得我們注意。在基本原則方面要注意不可輕改古書，這也是校勘學者的優良傳統。自孔子起即有不輕改的校勘實例，故而在很多校勘著作中都僅將自己得校勘成果寫入校勘記之中，而保留原本，這樣的做法為後世學術研究提供了極大地方便。在校勘實際工作中要注意：一是廣羅眾本及各類相關資料，擴大參考範圍；二是學會利用前人的校勘成果，同時不迷信任何權威，通過客觀的判斷與分析有選擇地加以利用，這樣才能夠站在前人的肩膀上提高校勘的質量；二是慎重使用舊注、類書等他書引文。這些引文

也是校勘的重要資料之一，可以辨明校勘過程中出現的許多問題，但對這些引文亦不可輕信，因為古人引書並不一定會一字一句原封不動地引用，不少引文甚至源自記憶而非抄自原書，往往都有所節略或僅取大意，這種情況校勘者不得不知、不得不慎。

第二節　校勘簡史

一、先秦、兩漢的文獻校勘

　　我國的校勘事業起源很早，先秦時期已有校勘的實例。《國語・魯語下》云：「昔正考父校商之名《頌》十二篇於周太師，以《那》為首。」正考父校《商頌》十二篇之事亦載於《詩經・商頌・那》小序之中。唐孔穎達《毛詩正義》對此解釋說：「言校者，宋之禮樂雖則忘散，猶有此詩之本。考父恐其舛謬，故就太師校之也。」正考父因《商頌》傳世既久，存在舛謬，於是他到周太師處用周王朝保存的《商頌》本子來進行校對，還編訂了《商頌》的篇次，以《那》作為首篇。這是歷史上關於校勘的最早記載。

　　正考父的七世孫孔子也精於校書。《孔子家語・本姓解第三十九》載：

> 孔子生於衰周，先王典籍錯亂無紀，而乃論百家之遺記，考其正義，祖述堯舜，憲章文武，刪《詩》述《書》，定《禮》理《樂》，製作《春秋》，贊明《易》道。

《公羊傳・昭公十二年》有一則關於孔子校勘的實例，其文曰：

> 「伯於陽」者何？「公子陽生」也。子曰：「我乃知之矣。」（何休《解詁》：子謂孔子。乃，乃是歲也。時孔子年二十三，具知其事。後作《春秋》，案《史記》，知「公」誤為「伯」，「子」誤為「於」，「陽」在（不誤），「生」刊滅，闕。）
>
> 在側者曰：「子苟知之，何以不革？」曰：「如爾所不知何。」
> （《解詁》：此夫子欲為後人法，不欲令人妄億錯。）

「伯於陽」出於《春秋》「齊高偃率師納北燕伯於陽」，《公羊傳》在此引「在側者」與孔子的對話來佐證「伯於陽」三字乃「公子陽生」之誤闕。此段話體現了孔子校勘的原則，即即使存在異文，也不輕易改動原文。

　　孔子編訂整理六經之事亦見於《史記》及其他著作，這種系統整理包含大量校勘工作，因此歷代學者都尊孔子為校讎鼻祖。段玉裁謂：「校書何放乎？

放自孔子、子夏。自孔、卜而後，漢成帝時劉向及任宏、尹咸、李柱國各顯所能。」〔註3〕俞樾亦有「校讎之法出於孔子」之語。

孔子的門生子夏也從事過校勘。《呂氏春秋‧察傳》載：

> 子夏之晉，過衛。有讀《史記》者，曰：「晉師三豕涉河。」子夏曰：「非也，是『己亥』也。夫『己』與『三』相近，『豕』與『亥』相似。」至於晉而問之，則曰晉師己亥涉河也。

此即子夏以天干紀年為背景依據，指出了衛人因形體相近而誤讀「己亥」為「三豕」。

秦朝為改變春秋戰國時期各國各自為政、各家學說獨立發展的混亂局面，實行「車同軌，書同文」，通過「焚書坑儒，獨傳秦史」來滅除異端。到了漢代，因簡殘帛缺，圖籍混亂，漢成帝河平年間政府組織了大規模的校書活動。劉向父子受命主持整理國家藏書，在校勘方面成果頗豐，主要包括：（1）網羅眾本。劉向父子在校書盡可能網羅異本，搜集到的版本眾多，包括中書、太史書、太常書及私人藏書等。章學誠在《校讎通義‧校讎條理》中總結其校勘經驗時說：「校書宜廣儲副本。劉向校讎中秘，有所謂中書，有所謂外書，有所謂太常書，有所謂太史書，有所謂臣向書、臣某書。夫中書與太常、太史，則官守之書不一本也。外書與臣向、臣某，則家藏之書不一本也。夫博求諸本，乃得讎正一書，則副本固將廣儲以待質也。」（2）訂脫簡、脫字、誤字。如《晏子敘錄》云「書中以夭為芳，又為備；先為牛；章為長。如此類者多。」即是正誤字之例。《漢書‧藝文志》書類序載：「劉向以中古文校歐陽、大小夏侯三家經文。《酒誥》脫簡一，《召誥》脫簡二。率簡二十五字者，脫亦二十五字；簡二十二字者，脫亦二十二字。文字異者，七百有餘。脫字數十。」此可訂脫文之例。（3）校書篇的缺漏、重複與錯亂。如《孫卿敘錄》曰：「所校讎中《孫卿書》凡三百三十二篇，以相校，除重複二百九十篇，定著三十二篇，皆已定。」《晏子敘錄》曰：「凡中外書三十篇，為八百三十八章，除重複二十二篇，六百三十八章，定著八篇，二百一十五章。」（4）重新釐定書名。將兩漢前一些沒有書名或是存在多種的圖書確定書名，如《戰國策書錄》曰：「中書本號，或曰《國策》，或曰《國事》，或曰《長短》，或曰《事語》，或曰《長書》，或曰《修書》，臣向以為戰國遊士輔所用之國，為之策謀，宜為《戰國策》。」

東漢初期，光武帝、明帝與章帝皆篤好文學，重視搜集古書，國家藏書由

〔註3〕（清）段玉裁：《經韻樓集》卷八《經義雜記序》。

是倍增，明、章二帝即先後下詔令校書郎班固、蘭臺令史傅毅點校群書。傅毅依《七略》將古籍進行分類，而後班固又編為《漢書·藝文志》，開創了為正史書籍立志的先河。漢靈帝時，郎中蔡邕校書東觀，並於熹平四年將其所校《詩》《書》《易》《禮》《春秋》《論語》六經寫刻於石板之上，即後世所稱的「熹平石經」，石經「立於太學門外，於是後儒晚學，咸取正焉」〔註4〕。熹平石經可以長久保存，為世人提供了權威的經學定本，是校勘史上的一個創舉。

東漢後期，由於造紙術的發明，書籍流傳更為廣泛，學者藏書與私人校書亦隨之日益興盛。這一時期的代表性校勘學者是東漢經學大師鄭玄。鄭玄「囊括大典，網羅眾家，刪裁繁誣，刊改漏失」〔註5〕，所注經籍有《周易》《尚書》《毛詩》《儀禮》《禮記》《論語》《孝經》《尚書大傳》《尚書中候》《乾象曆》等，其注見於《十三經注疏》的《毛詩》鄭箋、《儀禮》鄭注、《周禮》鄭注、《禮記》鄭注。鄭玄的校勘成就為後世所稱道，如段玉裁云：「自來經師往往墨守本經，不敢小有出入。惟鄭學宏通，故其注『三禮』，往往有駁正經之誤者。」〔註6〕又謂：「千古之大業未有盛於鄭康成氏者也。」〔註7〕

關於鄭氏的校書成果，張舜徽有專門總結：一、備致多本，擇善而從；二、注明錯簡，毫無固拘；三、考辨遺編，審證真偽；四、敘次篇目，重新寫定；五、條理禮書，普加注說；六、辨章六藝，闡明體用。〔註8〕

此外，東漢學者高誘也作過不少校勘工作，高誘注《戰國策》《呂氏春秋》《淮南子》，注本流傳至今。高氏在《呂氏春秋序》中自敘其注書目的：「(《呂氏春秋》) 既有脫誤，小儒又以私意改定，猶慮傳義失其本真，少能詳之。故復依先師舊訓，輒乃為之解焉。」可見高氏旨在恢復古籍原貌。

二、魏晉南北朝的文獻校勘

魏晉南北朝時期，戰亂頻繁，王朝更迭頻繁。老莊思想活躍，佛學興起，談玄之風盛行是這一時期的特點。在此背景下，學者多崇尚新說而不重古義，故而校勘並未受到重視，如《十三經注疏》中的五種經典注本都出自魏晉人之手，但其注釋中卻很少保存校勘的成果。然而這並不意味著這一時期的學者不

〔註4〕《後漢書·蔡邕傳》。
〔註5〕《後漢書·鄭玄傳》。
〔註6〕（清）俞樾：《鄭君駁正「三禮」考》，《清經解續編》卷一三五八。
〔註7〕（清）段玉裁：《經韻樓集》卷八《經義雜記序》。
〔註8〕張舜徽：《中國文獻學》，上海古籍出版社2005年版，第206～207頁。

作校勘。實際上，由於史學興盛，史書大量增加，這一時期在史注方面有不少精當的校勘成果，校勘學依然有所發展。

這一時期的官方校勘工作中意義重大且記載相對詳細的是「汲冢書」的整理。私家校書成就較大的有杜預、裴駰、裴松之、劉孝標、顏之推。

「汲冢書」指的是晉咸寧五年至太康二年期間，在戰國魏地汲郡魏襄王墓中出土的古文竹書。關於此「汲冢書」，《晉書》多有記載：「咸寧五年十月戊寅，……汲郡人不准，掘魏襄王冢，得竹簡小篆古書十餘萬言。」〔註9〕「得汲郡冢中古文竹書，詔勗撰次之，以為《中經》，列在秘府。」〔註10〕「太康二年，汲郡人不准，盜發魏襄王墓，或言安釐王冢，得竹書數十車，其紀年十三篇，……大凡七十五篇，七篇簡書折壞，不識名題。……初發冢者，燒策照取寶物，及官收之，多燼簡斷劄，文既殘缺，不復詮次，武帝以其書付秘書，校綴次第，尋考指歸，而以今文寫之。晳在著作，得觀竹書，隨疑分釋，皆有義證。」〔註11〕可見，出土竹書七十五篇皆為古文，且殘缺損壞，勢必要對其進行校勘整理。據朱希祖《汲冢書考》研究，此次出土竹書的整理起於太康二年而訖於永康元年，二十年間共整理三次，參與校勘整理工作的有荀勗、束晳等十七人。

杜預注《左傳》，重點雖在闡說筆法、條例，但亦間有校勘，特別是對年月日及相關錯誤的校勘考證非常精到。如《左傳·襄公九年》：「晉人不得志於鄭，以諸侯復伐之。十二月，癸亥，門其三門，閏月，戊寅，濟於陰阪，侵鄭。」杜預注：「參校上下，此年不得有閏月戊寅，乃是十二月二十日也。思惟古傳文必言，癸亥門其三門，門五日。戊寅相去十六日，癸亥門其三門，門各五日，為十五日。明日戊寅，濟於陰阪，於敘事及曆皆合，然則『五』字上與『門』合為『閏』，後學者自然轉『日』為『月』也。」〔註12〕可見，杜預精於古曆法，僅從日期上即能發現謬誤，再加以訂正。

裴駰撰《史記集解》時作了不少的校勘工作。《史記集解》以徐廣《史記音義》為本。《史記音義》以校勘見長，研核從本，多列異文，但未作判斷。裴駰在《史記集解》中不僅廣列各本文字異同，而且多有考證，陳述己見。如：關於《陳涉世家》「褚先生曰」，徐廣曰：「一作『太史公』。」《集解》：「駰案：

〔註 9〕《晉書·武帝紀》。

〔註10〕《晉書·荀勗傳》。

〔註11〕《晉書·束晳傳》。

〔註12〕（晉）杜預：《春秋釋例》卷十四。

班固《奏事》云『太史遷取賈誼《過秦》上下篇以為《秦始皇本紀》、《陳涉世家》下贊文』，然則言『褚先生』者，非也。」《史記集解》在校勘方面的豐富內容，是《史記索隱》和《史記正義》所不能比擬的。

　　裴松之和梁劉孝標分別為《三國志》與《世說新語》作注，二人所注之書距他們生活的時代並不遙遠，二書的特點都是側重於比較史實，為原著補充大量史料。其中校勘文字雖不太多，但一旦發現脫、誤等情況依然會加以注明。此外，他們會運用音韻、文字等方面的知識進行論證，甚至用地下文物加以考證，這也是對校勘學發展的新貢獻。

　　顏之推精通文字、訓詁、音韻與校勘，所著《顏氏家訓》雖以「家訓」為名，但內容非常廣泛，對佛教之流行、玄風之復扇、鮮卑語之傳播、俗文字之興盛等各方面都有記載，其中《書證》篇專門彙集有關典籍文獻及詩歌俗文的訓詁校勘，以致清初黃叔琳有「此篇純係考據之學，當另為一書，全刪」之說。不同於一般的專書校勘，《書證》篇採取了一種廣泛論述各書訛誤並進行校對的筆記形式，書中校勘的內容雖不多卻涉獵廣泛，但善於運用語言文字、文獻典故、金石文獻等各類材料進行校勘，能夠綜合運用本校、對校、他校、理校等校勘方法。顏之推審慎的校勘態度頗為後世推崇，他說：「觀天下書未遍，不得妄下雌黃。或彼以為非，此以為是；或本同末異；或兩文皆欠，不可偏信一隅也。」〔註13〕

三、唐五代的文獻校勘

　　唐代注重儒家經典的訓詁疏解，十三經中九經注疏形成於這一時期。校勘成就最突出的有顏師古、陸德明、司馬貞和李善。

　　唐代思想文化繁榮，為加強思想統治，唐朝政府很重視儒家經典的整理。據文獻記載，唐代官方組織的校勘活動共有五次：第一次是唐高祖武德年間，修文館歸於門下省（後改為弘文館），掌校正圖書，秘書監令狐德棻以大亂之後經籍散亡，奏請訪求遺書，重加錢帛，增置楷書繕寫，不數年，群書畢至。第二次是唐太宗貞觀年間至唐高宗上元初年，太宗命魏徵為秘書監，主持校定四部書，後又有虞世南、顏師古、趙仁本、李懷儼、張文瓘、崔行功等先後主持或參與其事，前後歷時四十七年，是唐代校書時間最長的一次。第三次是唐玄宗開元年間，主要編纂了《群書四錄》二百卷，著錄圖書兩千六百餘部，四

〔註13〕　（北齊）顏之推：《顏氏家訓・勉學篇八》。

萬八千餘卷,是唐代校書規模最大的一次。第四次是唐德宗貞元年間,是安史之亂後為收集遺書所做的校書工作,由秘書少監陳京為集賢學士,以秘書官六名進行校勘,整理成《貞元御府散書新錄》。第五次是唐文宗開成年間,也是為了收集遺書,共收四部書五萬六千餘部。此外,五代也有校經記載,如後唐至後周校《九經》,後漢校《周禮》《儀禮》《公羊》《穀梁》四經,後周校《經典釋文》等。

孔穎達等人編撰《五經正義》時,雖然恪守「疏不破注」的原則,但對遇到的異文亦間有校勘,其中《春秋左傳正義》在校勘方面成果更為突出。

除《五經正義》外,唐朝政府還依仿漢刻「熹平石經」之舉刻經,以便普及經文定本並保存文字。代宗大曆十年詔考五經,經成後乃刊於論堂東廂壁上,「壁經」乃是此時首創。元和十四年因壁上前字剝落不鮮,再壁新書。五經書壁之後,為避免經文文字日後失其本真,張參奉詔撰《五經文字》一書。文宗太和七年,除《孟子》外的十二經石經陸續刻成,為世人提供了校對經典的定本。石經刻成之後,唐玄度復校石經字體,並參照大曆年間張參所撰的《五經文字》撰成《九經文字》,使得經文文字有形可依。

陸德明著有《經典釋文》,對《周易》《尚書》《毛詩》《周禮》《儀禮》《禮記》《春秋左氏傳》《春秋公羊傳》《春秋穀梁傳》《孝經》《論語》《爾雅》《老子》《莊子》等多部經典進行注解和校勘。陸德明在《經典釋文·序錄》中說:「余既撰音,須定紕謬,若兩本俱用,二理兼通,今並出之,以明同異;其涇渭相亂,朱紫可分,亦悉書之,隨加刊正;復有他經別本,詞反義乖,而又存之者,示博異聞耳。」可見陸德明在力求保存異文的基礎上注重考辨是非。他以《爾雅》為例批評當時妄改原文的錯誤方法:「《爾雅》本釋墳典,字讀須逐五經,而近代學徒,好生異見,改音易字,皆採雜書,唯止信其所聞,不復考其本末。且六文八體各有其義,形聲會意寧拘一揆?豈必飛禽即須安鳥,水族便應著魚,蟲屬要作蟲旁,草類皆從兩草?如此之類,實不可依。今並校量,不從流俗。」強調校勘必須明性質、考本末,不能隨意地據雜書以改本文,也不能機械地執一偏以概全體。陸氏的校勘被范希曾贊為「集漢以下校勘學之大成」。

顏師古傳承家學,博覽群籍,學問淹通,且擅長於文字、聲韻、訓詁、校勘之學,尤精於《漢書》。武德年間,顏氏受命進行文字規範工作,釐正當時流行的訛舛俗書。至貞觀年間,唐太宗因經籍流佈既久,各家傳述不一,文字錯謬,不一而足,令顏氏考定五經。後來,顏氏所校《五經定本》被頒行天下,

令學者誦習。顏師古還在刊正經籍的過程中錄字體數紙，號為《顏氏字樣》，作為讎校楷書的示範。

顏師古的校勘成果集中於《漢書》注一書。博採班昭以下三十七家音義，對各家之說擇善而從，去取精當。《漢書》注不僅要疏通文字障礙，而且參考眾本，重視校勘，「曲核古本，歸其真正」。顏師古在《漢書注‧敘例》中闡述了其注書、校書準則：

> 凡舊注是者，則無間然，具而存之，以示不隱。其有指趣略舉，結約未伸，衍而通之，使皆備悉。至於詭文僻見，越理亂真，匡而矯之，以袪惑蔽。若泛說非當，蕪辭競逐，苟出異端，徒為煩冗，祇穢篇籍，蓋無取焉。舊所闕漏，未嘗解說，普更詳釋，無不洽通。上考典謨，旁究蒼雅，非苟臆說，皆有援據。六藝殘缺，莫觀全文，各自名家，揚鑣分路。是以向、歆、班、馬、仲舒、子雲所引諸經或有殊異，與近代儒者訓義弗同，不可追膠前賢，妄指瑕類，曲從後說，苟會炱塗。今則各依本文，數暢厥指，非不考練，理固宜然，亦猶康成注《禮》，與其《書》《易》相背，元凱解《傳》，無繫毛、鄭詩文。以類而言，其意可了。爰自陳、項，以訖哀、平，年載既多，綜輯斯廣，所以紀傳表志時有不同，當由筆削未休，尚遺秕稗，亦為後人傳授，先後錯雜，隨手率意，遂有乖張。今皆窮波討源，構會甄釋。

可見，顏師古在處理眾多《漢書》異文時，基本原則是劃一歸真，刪除繁濫，遵循古字，追求文從字順，結果就是大多數異文都沒有保留。不過，總的來看，顏師古對《漢書》的校勘十分精良，訂正了流傳過程中的大量異文謬誤，對於遇到的異文歧解，顏師古也進行了分析判斷。

顏師古還有另一部未完成的重要著作——《匡謬正俗》，該書考辨群經與諸書的音義，以精窈而著稱後世，亦頗有關涉校勘的內容。

司馬貞以精於校勘的裴駰《史記集解》為基礎撰《史記索隱》，不僅保存了《史記集解》之後鄒誕生、劉伯莊二本的異文情況，而且重視考辨異文，兼用對校、本校、他校、理校諸法，在校勘方面提出了不少新的看法。

李善注《文選》時在校勘方面亦多有貢獻〔註14〕，主要根據字形、字音、

〔註14〕李奕璠：《論文選李善注對樂府詩集的校勘價值》，《樂府學》第二十一輯，社會科學文獻出版社 2020 年版。

典故等校勘，對同義的異文一般只將它們列出來，不輕據異文妄改原文，這種校勘的態度是很難得的。

四、宋元的文獻校勘

兩宋時期是我國校勘學史上的一個興盛時期。雕版印刷普及，書籍易得，官私藏書大大超過前代。由於書籍刊刻質量良莠不齊，校書變得更加必要和迫切。官府校書和私人校書均相當盛行，出現了校勘專著，校勘方法日趨成熟，校勘水平相比前代大有進步。

兩宋時期大規模的官方校勘書籍共有五次：第一次是宋太宗太平興國初至仁宗慶曆初，自太平興國初建史館書庫並詔令搜訪闕書起，幾十年間有大小數次校書，直至慶曆初王堯臣等上《崇文總目》方大體告一段落，之後兩宋期間的四次官方校書皆為補此次之不足，且重在編目；第二次是仁宗嘉祐年間；第三次是徽宗崇寧初至宣和年間；第四次是南宋高宗紹興年間至孝宗淳熙年間，遭遇靖康之亂之後對典籍的整理；最後一次是南宋寧宗嘉定年間。

宋朝政府對文獻校勘工作非常重視，國家圖書的校勘由館閣主持，分工細緻，組織嚴密，有專門館職工作從事校勘工作。館閣校書對於校勘程序有嚴整的規定，《南宋館閣錄》所載《校讎式》詳細規定了校勘的原則、方法、格式及所用符號等。

宋代有眾多學者投身於文獻整理校勘工作，私家校書風氣十分興盛。孫光憲、趙安仁、宋綬、宋敏求、王洙、王欽臣、晁公武、李清照、尤袤、鄭樵、王應麟等藏書家、學者皆勤於校書。

宋代陸續出現了一些以「刊誤」「考異」「糾繆」「辯訛」等為名的校勘專著。蔣元卿在其《校讎學史》中列兩宋私家校勘而勒成專書者：鄭樵《書辯訛》七卷；張淳《儀禮識誤》三卷；毛居正《六經正誤》六卷；朱熹《孝經考異》一卷、《周易參同契考異》一卷、《陰符經考異》一卷、《韓文考異》十卷；余靖《漢書刊誤》三十卷；張泌《漢書刊誤》一卷；劉攽《東漢刊誤》四卷；無名氏《西漢刊誤》一卷；王逨《西漢決移》五卷；吳仁傑《兩漢刊誤補遺》十卷；吳縝《新唐書糾繆》二十卷、《五代史纂誤》三卷；錢佃《荀子考異》一卷；沈揆《顏氏家訓考證》一卷；余如、黎之校勘《荀子》；陸佃之校《鶡子》；陳襄之校《夢書》《相笏經》《京房婚書》；洪興祖《楚辭考異》一卷；黃伯思《校定楚辭》十卷、《校定杜工部集》二十二卷；方崧卿《韓集舉正》十卷、

《外集舉正》一卷；彭叔夏《文苑英華辯證》十卷。

除上述專門的校勘著述外，宋人所著筆記甚多〔註15〕，其中亦不乏精良的校勘成果。如王應麟的《困學紀聞》有考史六卷；袁文所撰《甕牖閒評》則專以考訂為主，在經史方面多有論辨與發明；沈括《夢溪筆談》與洪邁《容齋隨筆》對於校勘也有所涉及。

兩宋校勘的一大特點是隨著校勘工作的廣泛開展和校勘專著的出現，校勘出現向理論發展的趨勢。宋人不再滿足於記錄校勘成果，而是在校勘成果的基礎上探求校勘規律、總結校勘條例，試圖將校勘知識和經驗上升為理論，以使後世學者知所趨避、有理可循。彭叔夏的《文苑英華辯證》，廖瑩中、岳濬的《刊正九經三傳沿革例》，朱熹的《韓文考異》較具代表性。

《刊正九經三傳沿革例》是岳氏根據廖瑩中舊刻、舊例而重新校刊「九經」、「三傳」的總的例言。「沿革」指當時流行的各種刊印版本，並說明自己校勘的緣由與目的；「例」則是此套經典的編印體例。書中分七個條目：一是書本，簡述《九經》各版本並說明岳氏校勘所用版本；二是字畫，指出文字訛誤原因、闡述了考訂文字之必要並留下判斷文字正誤之原則；三是注文，提出據疏文、正文、校注文以及據注疏校正文的方法；四是音釋，專門設置了一套便於閱讀的注音體例；五是句讀；六是脫簡，根據前人考訂的錯簡、脫簡將更定的篇章作為附錄；七是考異，屬於校勘的異文考證判斷。該書體現了岳氏嚴謹認真的校勘方法和校勘態度，《四庫全書總目》稱其「實有功於經學」。這些條理化的內容無疑是對校勘經驗的理論總結。

《文苑英華辯證》是彭叔夏在周必大校勘基礎上形成的一部校勘名著。彭氏在書中提出了兩條校勘法則，即「實事是正，多聞闕疑」，「書不可以輕易改」（《文苑英華辯證‧自序》）。該書分為二十類：用字、用韻、事證、事誤、事疑、人名、官爵、郡縣、年月、名氏、題目、門類、脫文、同異、離合、避諱、異域、鳥獸、草木、雜錄。每一類都有簡要說明，總結了校勘經驗，指出在判斷正誤時須據版本，並充分利用字、音、訓詁等各方面的知識，分情況區別對待，不妄下結論。這些內容同樣具有校勘類例的作用。

朱熹在校勘方面亦下過不少苦功，其校勘代表作當屬《韓文考異》，此書

〔註15〕上海師範大學古籍整理研究所編纂整理的《全宋筆記》增訂本，近年由大象出版社出版，全一百零二冊，二千三百萬字。《全宋筆記》是由戴建國教授領銜主持的國家社科基金重大項目「《全宋筆記》編纂整理與研究」成果的一部分。

是對宋代方崧卿《韓集舉正》的補證。朱氏自述校勘之法雲：「輒因其書，更為校定，悉考案眾本之同異，而一以文勢義理及他書之可驗者決之。苟是矣，則雖民間近出小本不敢違；有所未安，則雖官本、古本、石本不敢信。」〔註16〕可見，他在校勘實踐中重視以「文勢義理」來決斷正誤，而不迷信善本、權威，若合義合理即便是民間小本也照取不誤。朱熹曾撰有《韓文考異》凡例，惜今不傳，宋末王伯大重編《朱文公校〈昌黎先生集〉凡例》，刻入《韓集》。《四庫全書總目》對朱熹《韓集舉正》的體例有過總結：「凡方本之合者存之，其不合者一一詳為辯證。其體例但摘正文一二字大書，而所考夾註於下，如陸德明《經典釋文》之例。」

元代對學術的重視不及唐宋，官方沒有組織過大規模的文獻校勘活動。元代刻書之風盛行，書院刻書質量較為精良，山長勤於校讎。元代的校勘名家有胡三省和吳師道。宋末元初學者胡三省在入元後即隱居山中，在缺少版本資料的情況下憑藉自己過人的學識為《資治通鑒》作注，注中涉及很多校勘問題，胡氏運用理校、他校等方法解決了不少問題〔註17〕。吳師道注《戰國策注》參考了姚宏《戰國策注》、鮑彪《戰國策注》，不僅保留了二書的校勘成果，還糾正了二書在校勘方面的不少謬誤。其方法是在鮑本的各條下增其闕、糾其繆，並於序中指出鮑彪的校勘錯誤並申述校勘原則。

五、明代的文獻校勘

明滅元後，大將軍徐達收集元都圖書致送南京。成祖移都北京後派人取書百櫃運北京，又遣官四出購書，使閣藏圖書達兩萬餘部、近百萬卷，卻並未進

〔註16〕 （宋）朱熹：《晦庵先生朱文公文集》卷七十六《書韓文考異前》。

〔註17〕 司馬光《資治通鑒》刊行之後，在社會上引起廣泛的反響，然而該書涉及的歷史史實頗為豐富，故不作注難有人能夠通讀此書。此後有劉安世所撰《資治通鑒音義》十卷，但此書已失傳，之後有蜀人史炤作《通鑒釋文》，然而該書有些粗疏。王鳴盛《十七史商榷》認為「史炤功在草創，究尚粗疏」。此後又有偽託司馬光之子司馬康的注本，因該偽託本最早出自海陵，故該本被後世稱為海陵本。另外，私人刻書坊又請一些學究注釋了《資治通鑒》，該注本被稱為費氏本。然而《海陵本》和費氏本就內容而言，基本是抄襲史炤的《通鑒釋文》。既然史炤的這部著作存在不少錯誤，故宋末元初的胡三省對《資治通鑒》一書作了仔細的注釋，該書就是《資治通鑒音注》。而後他又寫了一部《通鑒釋文辨誤》十二卷，這本書就是針對史炤的專著所作出的辯證。胡三省把這部《通鑒釋文辨誤》附在了《資治通鑒音注》之後，而這兩部合刊之本成為了《資治通鑒》注本中最著名的作品。金毓黻《中國史學史》認為：「世稱顏師古為《漢書》功臣，吾謂胡三省亦《通鑒》功臣也。」

行校理。後有楊士奇等編《文淵閣書目》等國家圖書目錄，但僅為內閣藏書的帳簿，並非在校勘基礎上編制而成。明初設有翰林國史院，但僅設典籍二人掌經籍，而秘書監設立不久即廢置。總的來看，官方校勘成績並不顯著。

明代刻書空前繁榮，但萬曆以後，書賈追求刻印的速度與效益，忽視校勘，好妄改古書，圖書質量下降。後人對此多有批評。顧炎武云：「萬曆間人多好改革古書，人心之邪，風氣之變，自此而始。」黃丕烈也說：「明人喜刻書，而又不肯守其舊，故所刻往往廢於古。」《四庫全書總目》稱：「明人好剿襲前人之書，而割裂之以掩其面目。萬曆以後，往往皆然。」現代學術大師黃侃、汪辟疆等人對此卻持反對意見。

雖然明代官方對校勘不夠重視，但明代校勘並非全然停滯不前。明代的藏書家大多重視精校細校，在校勘方面取得了不俗的成績。

著名藏書家毛晉對校勘事業作出了重要貢獻。毛氏前後積書達八萬四千餘卷，不遺餘力地網羅眾書，其中有北宋內府藏書、金元人本等珍貴版本。毛氏校書十分勤奮，態度嚴謹，不輕改古書。《十三經》《十七史》《漢魏六朝百三家集》《津逮秘書》《六十種曲》《宋名家詞》及唐宋元人別集、道藏等，多經毛氏手校。據《汲古閣校刻書目》不完全統計，毛氏刻版達十萬片之多，所刻字數，在三千萬字以上。毛氏所刻行的書籍稱為「毛本」，校勘詳明、雕印精良，世人以善本視之，並廣泛流傳到全國各地。後人對毛氏校刻的書籍亦多有記述評價，如毛晉之友陳繼儒《隱湖題跋敘》曰：「凡人有未見書，百方購訪……得即手自抄寫，糾謬誤，補遺亡，即蛛絲鼠壤、風雨潤濕之所糜敗者，一一整頓。」〔註18〕錢謙益《隱湖毛君墓誌銘》謂毛晉：「於經史全書勘讎流佈，務使學者窮其源流，審其津涉。」〔註19〕毛晉子毛扆，字斧季，繼承父業，亦精於校勘，輯有《汲古閣秘本書目》等。清吳偉業作《汲古閣歌》頌其父子：「比聞充棟虞山翁，里中又得小毛公。搜求遺逸懸金購，繕寫精能鏤板工。」

趙琦美不僅以藏書名傳後世，亦為明代一大校勘家。據《脈望館書目》，趙氏藏書近五千種，兩萬多冊。趙氏對校書非常勤奮、認真，其校勘成就集中體現於《脈望館鈔校古今雜劇》。清初學者錢謙益盛讚道：「朱黃讎求，移日分夜，窮老盡氣，好之之篤摯，與讀之之專勤，蓋近古所未有也。」錢曾《讀書敏求記》有多處記載了趙氏的校勘事蹟。

〔註18〕《汲古閣書跋》卷首。
〔註19〕《汲古閣書跋》卷首。

除了藏書家以外，不少學者亦勤於校書，推動了校勘學的發展。

胡應麟不僅精於辨偽，而且勤於校勘。他批評當時的浮躁之風，提倡求真務實的治學精神，其考據筆記《少室山房筆叢》中有不少校勘內容，態度審慎，論證可靠。他提出了考辨偽書的八種方法：「核之《七略》，以觀其源；核之群志，以觀其緒；核之並世之言，以觀其稱；核之異世之言，以觀其述；核之文，以觀其體；核之事，以觀其時；核之撰者，以觀其託；核之傳者，以觀其人。」這些方法中就有不少校勘的因素，是胡應麟在大量校勘經驗的基礎上總結出來的。

焦竑學識淹博，精通考據，家富藏書，手自校讎。其校勘成就在《俗書刊誤》《焦氏筆乘》中多有體現。《俗書刊誤》是一部專門的辨正民間使用文字過程中產生的錯別字與錯誤讀音的著作，書中有不少校正俗字的例子。《焦氏筆乘》是一部學術筆記，內容豐富，其中有不少校勘的內容。如卷一「盜笋」條、「徐廣注誤」條、續集卷四「古名字」條、續集卷五「訛字」條、續集卷五「句讀」條、續集卷六「俗書之誤」條，都體現了焦竑善於旁徵博引、綜合利用多種材料的校勘特點。

六、清代的文獻校勘

清代是校勘學史上的鼎盛時期。明末清初之際，心學流弊日顯，學術不振，士人束書不觀，同時古書流傳既久，經多次刊刻，各種訛誤亦隨之積累，以致古書難讀。在這種背景下，顧炎武、黃宗羲、王夫之等學者以經世致用為己任，實事求是，力排空虛，自此學風丕變，考據之風漸興。乾嘉時期，戴震、盧文弨、錢大昕、王鳴盛、王念孫、王引之等名家輩出，校勘學達到極盛，在清代成為一代顯學。

與明代不同，清朝官方對校勘頗為重視，組織大批學者進行大規模的圖書整理活動。清代最宏大的校勘成果首推《四庫全書》的編纂。為提高《四庫全書》的質量，四庫館臣制定了詳備的校勘制度，設置了精細的校勘流程，訂立了嚴厲的懲罰措施。儘管《四庫全書》對違礙內容進行一定程度的篡改，但不可否認的是，四庫館臣在校勘方面做了大量工作，其功績不應被抹殺。《四庫全書考證》〔註20〕集中反映了《四庫全書》纂修中取得的一小部分校勘成果。

清代私家校書尤勝前代，湧現出大量校勘名家。張之洞在《書目答問》附

〔註20〕（清）王太岳等：《四庫全書考證》，上海三聯書店 2021 年整理版。

錄二《國朝著述諸家姓名略總目》中列有清代校勘家三十一人，包括何焯、惠
棟、盧見曾、全祖望、沈炳震、沈廷芳、謝墉、姚范、盧文弨、錢大昕、錢東
垣、彭元瑞、李文藻、周永年、戴震、王念孫、張敦仁、丁傑、趙懷玉、鮑廷
博、黃丕烈、孫星衍、秦恩復、阮元、顧廣圻、袁廷檮、吳騫、陳鱣、錢泰吉、
曾釗、汪遠孫。由此可見清代私家校勘的興盛。

　　顧炎武被公認為中國近三百年學術的開山祖師〔註 21〕，是明清之際轉變
學術風氣的關鍵人物。顧炎武提出宋明學者不通古音，不懂漢字音、形、義的
內部結構，故而妄改古書，導致古籍失真，進而提出「經學即理學」的觀點，
倡導實學，奠定了清代校勘學的基礎。顧炎武從古音入手考釋古代文獻，主張
校勘當自「知音」「考文」始。他在《音論》中強調證據對校勘的重要性：「列
本證、旁證二條。本證者，《詩》自相證也；旁證者，採之他書也。二者俱無，
則宛轉以審其音，參伍以諧其韻。」〔註 22〕即校勘要廣於求證，相互參訂，無
其他佐證者即可從音韻入手。顧炎武還非常重視利用金石材料來校勘古籍，這
一思想對清代校勘學的發展大有影響。

　　自顧炎武之後，張昭、潘耒、閻若璩、胡渭等人在校勘方面有所貢獻。
推動校勘事業達到鼎盛的則是乾嘉時期的諸多學者。這一時期的學者多精通
考據，被稱為「乾嘉學派」，但他們在治學態度上也存在不同，有吳派與皖派
之分。

　　吳派學者以惠棟為首，其餘知名者有江聲、余蕭客、王鳴盛、錢大昕等。
吳派學者篤信漢儒，倡導光復漢學（尤其是東漢經學），門庭廣大，偏於信古，
難免會偏於泥古。惠棟一生著述頗多，其中校勘最精者當推《九經古義》，此書
解《周易》《尚書》《毛詩》《周禮》《儀禮》《禮記》《左傳》《公羊》《穀梁》《論
語》十經，因《左傳》六卷後更名為《補注》刊版別行，故僅存其九。該書搜採
舊文相互參證，原原本本，可稱精覈，但因過於崇古，難免有盲目是古非今、
迂拘難通之處。王引之評價惠氏治學：「惠定宇先生考古雖勤，而識不高，心不
細，見異於今者則從之，大都不論是非，如說《周禮》邱封之度，顛倒甚矣，
它人無此謬也。來書言之，足使株守漢學而不求是者爽然自失。」〔註 23〕

〔註 21〕　詳見周可真《顧炎武年譜》、許蘇民《顧炎武評傳》等書。
〔註 22〕　（清）顧炎武：《音論》卷中，載《音學五書》。
〔註 23〕　（清）王引之：《王文簡公文集》卷四《與焦理堂先生書》。按：王引之的批評
　　　　　未免過於嚴苛。現在對吳派研究貢獻最大的首推北京大學漆永祥教授。

　　《十七史商榷》是王鳴盛的考史代表作，在校勘文字訛誤及考訂地理、職官、典章、名物方面尤為詳細。他曾問學於惠棟，治漢學以漢儒為宗，由經學轉入史學。《十七史商榷》取材廣泛，「購借善本，再三讎勘，又搜羅偏霸雜史，稗官野乘，山經地志，譜牒簿錄，以暨諸子百家，小說筆記，詩文別集，釋老異教，旁及於鍾鼎尊彝之款識，山林冢墓祠廟伽藍碑碣斷闕之文，盡取以供佐證」〔註24〕，王鳴盛在此基礎上「改訛文，補脫文，去衍文」，運用了多種校勘方法。

　　錢大昕是乾嘉時期的校勘大師，博通四部，學識淵博，校勘態度嚴謹，實事求是，以小學、金石、官制、避諱、輿地、氏族等校史，以金石校史，能嫻熟地運用各種校勘方法，對文獻中的年代、地名、書名、官制、名號以及刻寫錯衍進行了全方位的校勘。尤精於校史，「於正史、雜史無不討尋，訂千年未正之訛」。錢大昕的校勘成果和思想集中體現於《廿二史考異》《十駕齋養新錄》《潛研堂全集》等著述之中。

　　皖派學者以戴震為首，段玉裁、王念孫承戴氏之學，而盧文弨、俞樾、孫詒讓等皆與此派相近。戴震對反對「凡古必真，凡漢皆好」，排比異文，不論是非的死校法，倡異理校，認為即使是宋本也存在訛誤，以漢魏古注為「訂經之助」。戴震勇於糾正古書錯誤亦非妄改，而是以實事求是的客觀態度幾經考訂推敲，「尋求而獲有十分之見」〔註25〕，才下結論。戴震校勘過的古籍有《周髀算經》《九章算術》《五經算術》《海島算經》《孫子算經》《張丘建算經》《夏侯陽算經》《五曹算經》《輯古算經》《數術記遺》《儀禮集釋》《儀禮釋宮》《儀禮識誤》《大戴禮》《水經注》，其中尤以校《水經注》最受稱道。《水經注》自明以來無善本，戴震逐條參校，並博考唐以前著作所引以互相參證，在校勘方面取得了很大的成績。戴震生平所校書籍並不算多，然皆校訂精良，余廷燦對他的評價是：「其有一字不准六書，一字解不通貫群經，即無稽者不信。不信，必反覆參證而後即安。以故胸中所得，皆破出傳注重圍。」〔註26〕

　　段玉裁以戴震為師，以求是為宗旨，以小學入手校勘，是清代理校派的代表人物之一。段玉裁不僅有豐富的校勘實踐經驗，而且提出了明確的校勘理論。段玉裁反對墨守，主張當改則改。他說：「夫校經者，將以求其是也，審

〔註24〕　（清）王鳴盛：《十七史商榷序》。
〔註25〕　（清）戴震：《戴東原集》卷九《與姚孝廉姬傳書》。
〔註26〕　（清）余廷燦：《存吾文稿·戴東原事略》。

知經字有訛則改之，此漢人法也。漢人求諸義而當改則改之，不必有佐證。」〔註27〕「凡宋版古書，信其是處則從之，信其非處則改之，其疑而不定者則姑存以俟之，不得勿論其是非，不敢改易一字。」〔註28〕主張理校，勇於改字，這在《說文解字注》中體現得淋漓盡致。《說文解字注》改篆達一百一十八處，增篆二十四處，刪篆二十一處，改動的數量很大，其中既不乏精審之見，也因過於自信存在不少失誤。不過，段玉裁也反對妄改：「校定之學識不到，則或指瑜為瑕，而疵類更甚，轉不若多存其未校定之本，使學者隨其學之深淺以定其瑕瑜，而瑕瑜之真固在。」〔註29〕

王念孫父子精通文字、訓詁、音韻及校讎之學，王念孫的《讀書雜志》、王引之的《經義述聞》皆為校勘學巨著。王念孫父子將理校法進一步發揚光大，主張有據則改，根據各類材料反覆比勘，校勘態度極為嚴謹，這與段玉裁過於自信的理校有很大不同。除了對經籍的校勘外，王氏父子對校勘學的突出貢獻體現在他們歸納出了許多校勘通例，促使校勘學理論形成體系。王念孫在《讀書雜志‧淮南內篇第廿二》中歸納出的各種致誤原因的通例共計六十二條：

> 有因字不習見而誤者；有因假借之字而誤者；有因古字而誤者；有因隸書而誤者；有因草書而誤者；有因俗書而誤者；有兩字誤為一字者；有誤字與本字並存者；有校書者旁記之字而闌入正文者；有衍至數字者；有脫數字至十數字者；有誤而兼脫者；有正文誤入注者；有注文誤入正文者；有錯簡者；有因誤而致誤者；有不審文義而妄改者；有因字不習見而妄改者；有不識假借之字而妄改者；有不審文義而妄加者；有不識假借之字而妄加者；有妄加字而失其句讀者；有妄加數字至二十餘字者；有不審文義而妄刪者；有不識假借之字而妄刪者；有不識假借之字而顛倒其文者；有失其句讀而妄移注文者；有既誤而又妄改者；有因誤字而誤改者；有既誤而又妄加者；有既誤而又妄刪者；有既脫而又妄加者；有既脫而又妄刪者；有既衍而又妄加者；有既衍而又妄刪者；有既誤而又改注文者；有既誤而又增注文者；有既誤而又移注文者；有既改而又改注文者；有既改而復增注文者；有既改而復刪注文者；有既脫且誤而又妄增

〔註27〕（清）段玉裁：《經韻樓集》卷十一《答顧千里書》。

〔註28〕（清）段玉裁：《經韻樓集》卷四《與黃蕘圃論孟子音義書》。

〔註29〕（清）段玉裁：《經韻樓集》卷八《重刊明道二年國語序》。

者；有既誤且改而又改注文者；有既誤且衍而又妄加注釋者；有因
字誤而失其韻者；有因字脫而失其韻者；有因字倒而失其韻者；有
句倒而又移注文者；有錯簡而失其韻者；有改字而失其韻者；有改
字以合韻而實非韻者；有改字以合韻而反失其韻者；有改字而失其
韻，又改注文者；有改字而失其韻，又刪注文者；有加字而失其韻
者；有句讀誤而又加字以失其韻者；有既誤且脫而失其韻者；有既
誤且倒而失其韻者；有既誤且改而失其韻者；有既誤而又加字以失
其韻者；有既脫而又加字以失其韻者。

這六十二條通例基本上涵蓋了古籍中文字的誤、脫、衍等各類錯誤，雖然以今
天的眼光來看，這樣的歸納不免過於具體而顯得頗為繁瑣，但將校勘學理論上
升到具體的校勘通則條例，王氏功不可沒。王引之在《經義述聞·通說》，進
一步分析了經籍致誤的原因，具體包括：經文假借；語詞誤解以實義；經義不
同，不可強為之說；經傳平列二字，上下同義；經文數句平列，上下不當歧異；
經文上下兩義，不可合解；衍文；形訛；上下相因而誤；上文因下而省；增字
解經；後人改注疏釋文。

盧文弨嘗從戴震交遊，潛心漢學，學風謹嚴，畢生致力於古籍校勘。盧文
弨主張當改則改，「夫前人有失，後人知而正之，宜也」。〔註30〕這與戴震的看
法有相通之處。盧文弨校書的範圍很廣，無論經、史、子、集，凡經披覽，悉
加丹黃。盧氏一生勤於校書，校有《儀禮注疏》《經典釋文》《逸周書》《孟子
音義》《賈誼新書》《春秋繁露》《方言》《白虎通》《西京雜記》等。盧氏擇其
尤精者三十八種，仿《經典釋文》例，摘字而注之，名曰《群書拾補》。盧氏
刻有《抱經堂叢書》十七種，校勘精善。著有《抱經堂文集》《鍾山札記》《龍
城札記》等〔註31〕，其中有不少內容關乎校勘。

俞樾是近代學者，他以王念孫父子為宗，精通文字、訓詁與音韻，其主要
校勘著作為《群經平議》《諸子平議》和《古書疑義舉例》三書，其中《古書
疑義舉例》即是繼王氏父子之後的歸納校讀類例之作，書中列舉古書句讀、誤
字、衍文等八十八個條例。俞樾廣採清代學者（尤其是高郵二王）之長，做到
具體而不繁細，加之例證豐富，故而影響巨大。章太炎評價俞樾說：「治群經不
如《述聞》諦，《諸子》乃與《雜誌》抗衡，及為《古書疑義舉例》，巡察軌理，

〔註30〕 （清）盧文弨：《抱經堂文集》卷三《儀禮注疏詳校自序》。
〔註31〕 （清）盧文弨：《盧文弨全集》，浙江大學出版社，2017 年版。

疏紾比昔，牙角財見，紬為科條，五寸之榘，極巧以廷，盡天下之方，視《經傳釋詞》益恢郭矣。」〔註32〕

除了張之洞《書目答問》所列舉的三十一家，近人蔣元卿《校勘學史略》又增補十一人：紀容舒、陳景雲、趙一清、沈炳巽、紀昀、孫從添、章學誠、朱文藻、歐陽泉、王筠、戴望。以上四十二家雖不能網羅有清一代校勘學者，但重要學者基本集於此〔註33〕，至於每位學者的校勘成就，由於篇幅所限，不再一一贅言。

七、民國以來的文獻校勘

校勘學作為一門自成體系的學科，主要研究校勘的對象、歷史、內容、方法、操作、原則等問題。而在民國這些內容都得到了進一步的充實和完善，且漸成體系。

首先，在校勘對象上，清代學者們在誤、衍、脫、錯亂四大錯誤之內又細分了許多具體形式，從簡單錯誤到複雜的多重錯誤都作了細緻入微的分析，歸納出大量的誤例。民國校勘學者繼承並發展這一特色，其中最著者當推黃侃、陳垣。

其次，在校勘方法上，很多學者在清人基礎上提出了一些校勘理論，如葉德輝的「死校」與「活校」兩校法、陳垣與黃侃的「四校法」、梁啟超的「五校法」。最後是在校勘成果的處理上，校勘處理形式逐步規範化，發明了「校勘記」這一處理形式。

再次，民國時期校勘範圍的進一步擴大。這一時期學者的眼界更為廣闊，他們把校勘範圍拓展到小說、詞籍、佛經等域外文獻方面，其中對小說的校勘最令人矚目。小說一向被當作稗官野史、不足為道，故民國以前學者並不太重視小說。而近代學者受到西學影響，開始注意對古代小說的校勘。這一時期校勘古代小說最勤、成果最多者當屬汪原放，他校有《紅樓夢》《水滸傳》《海上花》《老殘遊記》《兒女英雄傳》《三國演義》《儒林外史》《鏡花緣》《西遊記》等書。汪氏校小說時嚴選底本，詳加校訂，所校之書多為善本。除小說外，民國學者還致力於校勘詞籍、佛藏、醫書等以往重視不足的文獻。王國維將二重證據法靈活運用於詞籍校勘，曾校點過《周氏詞辨》《介存齋說詞雜著》等詞籍。

〔註32〕章太炎：《太炎文錄》卷二《俞先生傳》。
〔註33〕凡是參與《四庫全書》校勘之役的學者理論上都是校勘學家，這是前無古人後無來者的。

呂澂編校《漢藏佛教關係史料集》《藏要》。江味農居士校《金剛經》等佛藏。周小農輯校《王旭高醫書六種》《高上池醫學問對》等醫學典籍。另外，還有不少學者對新發現的敦煌文書進行搜求、整理、輯校，影響較大的有羅振玉校錄《敦煌零拾》及《敦煌古寫本〈周易王注〉校勘記》，陳寅恪的《〈秦婦吟〉校箋》。

這一時期較為知名的校勘學者主要有梁啟超、陳垣、胡適、張舜徽。

梁啟超在《清代學者整理舊學之總成績》校注古籍部分集中論述清儒在校勘古書方面的成就，並探討了校勘的規律性，既繼承廣義的校勘觀，對中國傳統校勘學理論的發展作了系統總結，又結合自己的校書實踐，提出梁氏「五校法」。

陳垣畢生以校勘為治學考史之要務，糾正了典籍中的諸多訛誤。陳垣最突出的著作是在校補《元典章》的基礎上總結其豐富校勘經驗而寫成的《元典章校補釋例》（後更名為《校勘學釋例》）。陳氏在書中總結了校勘古籍的理論、方法、原則，歸納了古籍文字致誤的各種通例和特例，探討了古籍文字致誤的各類原因，第一次明確而系統地歸納出對校法、本校法、他校法、理校法四種校勘方法，對校勘學走向科學化作出了開創性貢獻。

以「洋法」代表自稱的胡適著有《校勘學方法論》，該書對校勘學的任務、工作作了充分說明：「校勘學的任務是要改正古書傳寫中的錯誤，恢復古書的本來面目；校勘學的工作分為發現錯誤、改正錯誤、證明所改不誤三項。」胡適對《水經注》進行校勘時積極搜求各種版本和有關資料，細細比勘，逐字對校，但並未達到目的，為識者（如陳橋驛先生）所譏。

張舜徽繼承了清代樸學家關於校勘的定義，提倡廣義的校勘觀，在校勘目的、原則、方法、條例以及校勘成果的保存方式等方面提出了獨到見解。在校勘方法方面，張舜徽在葉德輝的「死校」「活校」二法和陳垣「四校法」的應用基礎上，提出了四條具體的校勘條例：（1）甲骨文、金文和出土寫本是校勘古書的重要依據；（2）從多種古書中找出內容相同的篇章作為校勘的依據；（3）依據較早的傳注去校訂正文；（4）依靠類書和舊注所引古書校訂今日通行本的脫誤。在校勘成果方面，張舜徽提出了六種保存校勘成果的具體方式：（1）校成定本；（2）定本另附校勘記；（3）底本不改而另附校勘記；（4）校記單獨印記；（5）校注合併；（6）底本附校勘之外，更將典型成果分類纂集為專著。

　　這一時期還出版了一批有影響的校勘學專門論著，主要有楊樹達《古書疑義舉例續補》、馬敘倫《古書疑義舉例校錄》、陳鍾凡《古書讀校法》、傅振倫《校讎新論》、杜定友《校讎新義》、陳垣《校勘學釋例》、胡樸安《校讎學》、胡適《校勘方法論》、蔣元卿《校讎學史》、張元濟《校史隨筆》、向宗魯《校讎學》、張舜徽《廣校讎略》、蔣伯潛《校讎目錄學纂要》、錢亞新《鄭樵校讎略研究》、程千帆《校讎廣義》等。有關校勘學理論、校勘史和校勘人物等的學術論文有七十餘篇，如余嘉錫的《論校勘學之起源》、徐復的《校勘學中之二重及多重誤例》等。這些專著和論文，對現代校勘學的創立和發展意義重大，對後人研究校勘學影響深遠。

第三節　校勘方法

　　校勘雖起源很早，但其理論體系的形成卻相對較晚。古代學者在校勘上取得了大量令人矚目的成果，但論及古籍校勘方法則多為隻言片語，很少有人系統論述。直至清代中期，考據學大興，清代學者對校勘方法進行了較為系統的總結。如吳承恩在其《遜齋文集》中提出了改字五例之說：「據善本校改」「據古本校改」「據注文校改」「據本書校改」「據義校改」。晚清藏書家許增有言：「校讎之學二途：一是求古，一是求是。」〔註34〕葉德輝在《藏書十約·校勘》中分校勘為死校與活校：

　　　　今試言其法，曰死校，曰活校。死校者，據此本以校彼本，一行幾字，鉤乙如其書；一點一畫，照錄而不改；雖有誤字，必存原本。顧千里廣圻，黃蕘圃丕烈所刻之書是也。活校者，以群書所引，改其誤字，補其闕文，又或錯舉他刻，擇善而從，別為叢書，版歸一式。盧抱經文招，孫淵如星衍所刻之書是也。

「死校」是校明各本異同。「活校」則要在「死校」的基礎上校訂訛誤，擇善而從。古人得書不易，能夠利用的版本較為有限，為保留古本原貌，採用「死校」為多，這種方法的好處在於可以在底本集中各本的異同而不改動底本原文，便於研究者判斷和擇取。而現代印刷業發達、書籍相對易得，這種單純的「求古」之法已沒有太大的必要，故今日之校勘工作也不能止步於此。「活校」需要運用各類知識判斷發現的各種異文，並作出合理的選擇，訂正底本訛誤。

〔註34〕（清）許增：《唐文粹·凡例》。今按：此語抄襲戴震之說。

「活校」需慎之又慎，以免錯上加錯，甚至誤正為錯，更不可妄改原文。

時至今日最科學、被使用最多的則是陳垣在《校勘學釋例》卷六《校法四例》中概括的四種校勘方法。黃侃也曾經提出「四校法」，與陳垣之說大同小異，可謂英雄所見略同。下面我們對這四種方法分別闡釋並舉例說明，以期大家掌握校勘方法並將其運用於實踐當中。文中所舉實例多出自王念孫《讀書雜志》，故不再一一特別說明。

一、對校法

關於對校法，陳垣解釋說：

> 一為對校法。即以同書之祖本或別本對讀，遇不同之處，則注於其旁。劉向《別錄》所謂「一人持本，一人讀書，若怨家相對者」，即此法也。此法最簡便，最穩當，純屬機械法。其主旨在校異同，不校是非，故其短處在不負責任。雖祖本或別本有訛，亦照式錄之；而其長處則在不參己見。得此校本，可知祖本或別本之本來面目。
> 故凡校一書，必須先用對校法，然後再用其他校法。

由此可知，對校法之實質乃是比較異同，即在兩個及以上版本之間比對，找出其中的不同之處，這種方法有些類似於葉德輝所說的「死校法」。使用此方法的前提條件是有可供比對的不同版本，在使用這一法的過程中要注意許多古籍在流傳過程中存在多次修補的情況。

對校法之優點之一在於僅列異文，不校是非，校勘結果客觀，避免了主觀判斷的失誤。對校之另一優點則是版本比對工作快捷簡單，可以迅速發現問題。故自漢劉向父子起，歷來從事校勘的學者，在多種版本的情況下都會使用對校法。同一部書的不同版本又有優劣之分，對校時要注意選擇善本作為底本，此外還要盡可能多地搜集該書的不同版本用以參校。

一般而言，對校發現異文後要再根據其他材料來斷定是非，不能單憑版本下結論，如：

> 《史記·禮書》：「疏房床笫，所以養體也。」念孫案：宋本、游本，「床笫」下並有「几席」二字。《荀子·禮論篇》作：「疏房檖貌越席床笫几筵」，則此當有「几席」二字。

此例是根據《荀子》所引來幫助判斷。

> 《史記·扁鵲倉公列傳》：「病名多相類，不可知。有數者皆異

之，無數者同之。」念孫案：皆字當從宋本作能，字之誤也。此言病同名而異實，唯有數者能異之，無數者則不能也。索隱本作「能異之」，注曰：「謂有術之人，乃可異其狀也」，是其證。

此例以注文輔證索引本「能異之」是正確的。

《漢書・食貨志》：「凡輕重，斂散之以時則準平；使萬室之邑，必有萬鍾之藏，藏繦千萬；千室之邑，必有千鍾之藏，藏繦百萬。」念孫案：景祐本「則準平」下有「守準平」三字，是也（原注：《義門讀書記》曰：「上『準平』句，其始事也，必行之經久，而後能有藏畜。守字極有關係」）。《通典・食貨十二》亦有此三字；《管子・國蓄篇》曰：「故守之以準平，使萬室之都，必有萬鍾之藏」，云云，是其證。

此例即是以《通典》《管子》進一步佐證「景祐本」所載是正確無誤的。

《漢書・匈奴傳》：「漢賜單于印，言璽不言章，又無漢字；諸王已下乃有漢言章。今印去璽加新，與臣下無別。」念孫案：景祐本「今印」作「今即」，是也。即者，若也（間注：《西南夷傳》注：「即猶若也」）；言今若去璽加新，則與臣下無別也。今本即作印者，後人不曉即字之義而以意改之耳。《太平御覽・儀式部四》引此正即。

此例據類書《太平御覽》引文說明景祐本是正確的。

通常情況下，在出現異文時對校的各本至少有一個本子是正確的，但有個別時候也會出現各本皆誤的情況，需以其他方法來勘誤，例如：

《淮南內篇・本經》：「猰貐、鑿齒、九嬰、大風、封豨、修蛇，皆為民害。」念孫案：《漢書・揚雄傳》應劭注、《文選・辨命論》注、《太平御覽》皇王部五、兵部三十六引此，「鑿齒」皆在「封豨」下，各本誤在「禊輸」下。又案，道藏本、劉本、朱本，「猰貐」以下六者之注文，本分見於下文六句之下（原注：《文選・王融・曲水詩序》《辨命論》注、《太平御覽》皇王部五、兵部三十六、羽族部十四所引皆如是），故「鑿齒，獸名」云云本在下文「誅鑿齒於疇華之澤」之下。自茅本始移六者之注於此文下，而次「鑿齒」之注於「禊輸」之下、「九嬰」之上。則是以已誤之正文改不誤之注文也。莊本從之，謬矣。

在這個例子中,作為校勘底本的道藏本誤移「鑿齒」於「猰貐」之下,明茅一桂校注本始將「猰貐」等六者注文移至「皆為民害」之下,且據已誤之正文,將「鑿齒」之注文前移。明劉績校注本與朱東光本中「猰貐」等六者注文次序原本未誤,然經妄改亦誤。清莊伯鴻校注本從茅本,亦誤。王念孫先據《漢書》應劭注等引文正「鑿齒」失次之誤,復據《文選》李善注等引文正「猰貐」等六者注文前移之誤。經過校勘,道藏本、劉本、朱本、茅本、莊本的錯誤都得以更正。

如陳垣所說,對校法是最便捷、最穩當的校勘方法,「凡校一書,必先用對校法」,但對校一般只列出異文,而嚴格說來列出異文是不夠的,還需要進一步加以分析研究,作出判斷,故而在實際操作中對校法可以說是校勘中的一個必要步驟和環節。除了能得到稿本來進行校對外,僅靠對校很難完全解決校勘中的所有問題。

二、本校法

關於本校法,陳垣解釋說:

> 二為本校法。本校法者,以本書前後互證,而抉摘其異同,則知其中之繆誤。吳縝之《新唐書糾繆》,汪輝祖之《元史本證》,即用此法。此法於未得祖本或別本以前,最宜用之。

若所校勘的書籍並無異本,或雖有異本但對校時仍存在很多問題,我們可以通過本校找到解決問題的答案。本校是通過對所校書籍本身進行全面深入地研究,利用書中上下文義的對應關係,通過分析考證來訂正文獻訛誤的一種方法。上下文的對應關係通常可分為字詞用語對應、音韻對應、意義對應及結構對應四種。

(一)字詞用語對應

文章皆有其連貫性,可利用上下文常有的相同字面形式進行兩相比較,故而若某處字詞等用語明顯不合於上下文之時,即可考慮此處可能是傳抄過程中出現的謬誤。

> 《漢書·李廣蘇建傳》:「彼虜以我為走,今解鞍以示不去。」
> 念孫案:「去」當為「走」字之誤也,「走」與「不走」,文正相對,不當變「走」言「去」。《太平御覽》兵部二十五引此正作「不走」。《史記》及《通典·兵六》《通鑒·漢紀十六》並同。

此例即因「走」與「不去」不成對文，故王念孫認為「『去』當為『走』字之誤也」，之後再利用其他引文進一步確證。

> 《史記·衛將軍驃騎列傳》：「驃騎所將常選，然亦敢深入，常與壯騎先其大將軍。軍亦有天幸，未嘗困絕也。」念孫案：「先其大將軍」，本作「先其大軍」，謂驃騎敢於深入，嘗棄其大軍而先進也。上文曰：「與輕勇騎八百，直棄大軍，數百里赴利」，是其證也（原注：「棄大軍」，《漢書》亦誤作「棄大將軍」，蓋篇內稱「大將軍」者甚多，因而致誤矣）。棄大軍而先進，則寡不敵眾，易致困絕，故下文曰：「軍亦有天幸，未嘗困絕也。」若云「先其大將軍」，則其字之義不可通矣。

在此例中，若依原本作「大將軍」，則與上下文皆不合，可見其誤，王念孫認為當作「大軍」，並指出《漢書》中亦誤作「大將軍」。

（二）語音對應

即利用上下文的語音關係進行校勘。

> 《逸周書》：《大明武篇》：「藝因伐用，是謂強轉。」念孫案：「強轉」二字於義無取；且轉字與下文之署、處、賈、女、下韻不相應。轉當為輔，字之誤也。藝，即上文「十藝」也。輔，助也。言用此十藝以伐人，則戰必勝，攻必取，實為我軍之強助也。

此例根據上下文的對韻來進行辨誤、勘校。

> 《漢書·韓彭英盧吳傳》：「信曰：『大王自料勇悍仁強孰與項王？』漢王默然良久，曰：『弗如也。』信再拜賀曰：『唯信亦以為大王弗如也』」，師古斷唯字為句，注云：「唯，應辭。」念孫案：「唯信亦以為大王弗如也」當作一句讀，唯讀為雖，言非獨大王以為弗如，雖信亦以為弗如也。雖字古多借作唯（原注：「少儀」：「雖有君賜」，《雜記》：「雖三年之喪可也」，鄭注並曰：「雖或為唯。」《表記》：「唯天子受命於天」，注曰：「唯當為雖。」《荀子·性惡篇》曰：「今以仁義法正為固無可知可能之理邪？然則唯禹不知仁義法正，不能仁義法正也」，楊倞曰：「唯讀為雖。」《秦策》曰：「弊邑之王所甚說者無大大王，唯儀之所甚願為臣者亦無大大王；弊邑之王所甚憎者無先齊王，唯儀之所甚憎者亦無先齊王」，《史記·張儀傳》唯皆

作雖。《史記‧汲黯傳》:「宏、湯深心疾黯,唯天子亦不說也」,《漢書》唯作雖。又,《大戴禮‧虞戴德篇》曰:「君以聞之,唯某無以更也」,《墨子‧尚同篇》曰:「唯欲毋與我同,將不可得也」,《荀子‧大略篇》曰:「天下之人唯各持意哉,然而有所共予也」,《趙策》曰:「君唯釋虛偽疾,文信猶且知之也」,《史記‧范雎傳》曰:「須賈問曰:『孺子豈有客習於相君者哉?』范雎曰:『主人翁習知之,唯雎亦得謁』」,《司馬相如傳》曰:「相如使時,蜀長老多言通西南夷不為用,唯大臣亦以為然」,唯並與雖同),又借作惟(原注:《淮南‧精神篇》:「不識天下之以我備其物與,且惟無我而物無不備者乎」,惟與雖同)。《史記‧淮陰侯傳》作「惟信亦為大王不如也」,則不得斷惟字為句而讀為「唯諾」之唯矣。

此例根據「唯」字存在兩種通假,或通「雖」、或通「惟」,王念孫指出顏師古對「信再拜賀曰唯,信亦以為大王弗如也」的斷句有誤。

(三)意義對應

即根據書中對同一事件記載的連貫性來辨別謬誤。

《史記‧秦始皇本紀》:「趙高說二世曰:『天子稱朕,固不聞聲。』」《索隱》曰:「一作『固聞聲,(原注:單行本如是。各本無此五字,後人妄刪之也),言天子常處禁中,臣下屬望,才有兆朕,聞其聲(原注:各本無此三字,亦後人所刪)耳,不見其形也。」念孫案:一本及小司馬說是也。《李斯傳》記高之言曰:「天子所以貴者,但以聞聲,群臣莫得見其面,故號曰朕。」是其證。

此例即根據《史記》《李斯傳》「但以聞聲」句與《秦始皇本紀》「固不聞聲」句的意義相應來校勘,王念孫得出「不」字乃衍字的結論。

《漢書‧高紀》:「由所殺蛇白帝子,所殺者赤帝子故也。」念孫案:下「所」字涉上所字而衍。「殺者」謂殺蛇者也,則「殺者」上不當有「所」字。《郊祀志》曰:蛇白帝子,而殺者赤帝子也」,「殺者」上亦無所字。

此例據《漢書‧郊祀志》中「而殺者赤帝子也」與《高帝紀》「所殺者赤帝子故也」意義相對應,從而發現原文衍一「所」字。

《漢書‧西域傳》:「公主與烏孫男女三人俱來至京師。」念孫案:「烏」字涉上下文「烏孫」而衍。「孫男女三人」者,公主之孫

男、孫女共三人也。孫上不當有「烏」字。下文：「公主卒，三孫留守墳墓。」是其證。《漢紀》有「烏」字，亦後人依誤本《漢書》加之。

此例依下文「公主卒，三孫留守墳墓」，王念孫指出文中「烏」為衍字。

另有北宋劉攽校勘一例：《後漢書・西域傳》中載有「三年，班超遂定西域，因以超為都護，居龜茲。復置戊己校尉，」劉氏在其《兩漢書刊誤》中有對此處的辨誤「『置戊己校尉』，戊、己本兩校。今此下文云：『又置戊部候』，則此時當但置戊校也。《車師傳》注中云：『戊校尉所統』，又，《傳》云：『戊校尉閻詳』，足明置戊校而已。後人不知，妄增『己』字，亦非章懷以前失之。」可見，劉氏據下文「又置戊部候」而未言置己部候，上下文意相對，則原文應為僅置戊校尉，「己」字為衍文，再復據同書它篇的注與原文進一步證實「己」字乃後人誤添。

（四）結構對應

行文時常上下結構相對，亦可據此辨誤訂正。

《史記・五帝本紀》：「皇帝居軒轅之丘，而娶於西陵之女。」念孫案：「西陵」下脫「氏」字，下文「昌意娶蜀山氏女」「帝嚳娶陳鋒氏女」皆有「氏」字，《太平御覽・黃王部》《皇親部》引此競作「西陵氏」，《大戴禮・帝系篇》亦作「西陵氏」。

此例即依下文述女之部族時皆加「氏」，與之相對應則前文「西陵之女」處本亦有「氏」字，不過在傳抄過程中誤漏。

《史記・周本紀》：「子昌立，是為西伯。西伯曰文王。」念孫案：「西伯曰文王」，本作：「西伯，文王也。」今本既衍「曰」字，又脫「也」字。此是承上句而申明之，故曰「西伯，文王也」。《五帝紀》曰：「文祖者，堯大祖也」，《項羽紀》曰：「亞父者，范增也」，語意並與此同。若云「西伯曰文王」，則非其指矣。《文選・報任少卿書》注引此正作：「西伯，文王也。」

《淮南內篇・修務》：「夫上不及堯舜，下不及商均。」念孫案：「下不及」，當為「下不若」；言不似商均之不肖也。比上則言「不及」，比下則言「不若」。下文：「美不及西施，惡不若姨母」，即其證。今作「下不及」者，因上句及字而誤。

《淮南內篇・泰族》：「秦穆公為野人食駿馬肉之傷也，飲之美

酒。韓之戰,以其死力報,非券之所責也。」念孫案:責上脫能字。

上文云:「非令之所能召也」;下文云:「非刑之所能禁也」「非法之
所能致也」,是其證。

上述三個例子皆據上下文行文習慣來更正文中的謬誤。

需要注意的是,本校法一般在缺乏其他版本的情況下進行,多依靠校勘者的分析與考證,易摻入主觀因素,因此對於校出的異文,除了可確認為抄刻錯誤外,一般不宜直接改動原文,可寫入校勘記以供參考。

三、他校法

關於他校法,陳垣解釋說:

三為他校法。他校法者,以他書校本書。凡其書有採自前人者,可以前人之書校之,有為後人所引用者,可以後人之書校之,其史料有為同時之書所併載者,可以同時之書校之。此等校法,範圍較廣,用力較勞,而有時非此不能證明其訛誤。

他校法就是利用他書中有關本書的引文、述文、注文或與本書相關的材料來與本書互校。通常可分為三種情況:引文與原文互校;注文與原文互校;內容相關、相應之文與原文互校。

(一)引文與原文互校

一般而言,引文出自原文,內容、字句多無變化,也存在引文與原文不完全一致的情況,用其意而略其文,但變化不大。引文通常包括一般書籍引文和類書引文兩種。

一般書籍引文就是甲本引自乙本,這種情況在古書中很常見,如《史記》敘事很多本於《左傳》及《公羊傳》等,而《漢書》很多內容又本於《史記》。書籍引文與原文多一一對應,在校勘時發現引文存在出入就要懷疑原文是否出現訛誤。有些書籍在引用時並非一字不改、照本全引,常有變動字句、增減原文之例,王念孫即有「史公述《尚書》,每以訓詁之字代之」之言。因此,當引文與原文出現差異之時還應仔細推敲辨認,不可輕改。

類書乃匯總各類著述而成的大型資料性書籍,可提供豐富的校對資料,類書對於校勘的重要性不言而喻。比較常用的類書有唐代的《藝文類聚》《北堂書鈔》,宋代的《太平御覽》《冊府元龜》等。使用類書校勘時也要注意其流轉傳抄中所產生的錯誤,一般而言,古抄本的可信度會更高一些。此外,還應注

意類書編纂中人為的增減改動。以下略舉數例：

> 《戰國策・秦》：「今齊王之罪，其於弊邑之王甚厚，弊邑欲伐之。而大國與之歡，是以弊邑之王不得事令而儀不得為臣也」，高讀至令字絕句，注云：「令，善也；不得善事於楚王也。」念孫案：「不得事令」四字文不成義。高訓令為善，非也。「不得事」下當有「王」字，「令」字當在「而」字下。令者，使也。「是以弊邑之王不得事王」為句，「而令儀不得為臣也」為句。《史記・楚世家》：「是以敝邑之王不得事王，而令儀亦不得為門闌之廝也」，是其證。

此例以《史記》校勘《戰國策》，並指出高誘注本之誤。

> 《逸周書》：「白露不降，民多邪病。」念孫案：「邪病」二字文義不明。《藝文類聚・歲時部上》《太平御覽・疾病部六》並引作「民多欬病」，是也。鈔本《御覽・時序部十》作「劫病」，明是「欬病」之誤；而刻本《御覽》乃改為「疾病」，謬矣。

此例以類書《藝文類聚》《太平御覽》校《逸周書》之誤。

> 《戰國策・魏》：「唐且謂魏王曰：『老臣請出西說秦，令兵先臣出，可乎？』」念孫案：請下不當有「出」字，此涉下文出字而誤衍耳。《史記・魏世家》《新序・雜事篇》俱無「出」字，《藝文類聚》人部、《太平御覽》人事部引《策》文亦無。

> 《史記・秦始皇本紀》：「問左右，左右或默然，或言馬以阿順趙高，或言鹿者」念孫案：「或言鹿」下不當有「者」字，此因下文「言鹿者」而誤衍耳。《群書治要》、《後漢書・文苑傳》注、《太平御覽》職官部、獸部引此並無「者」字。

> 《漢書・李廣蘇建傳》：「將軍自念豈當有恨者乎？」念孫案：「恨」上有「所」字而今本脫之，則語義不完整。《藝文類聚》封爵部、《太平御覽》封建部引此皆有「所」字，《史記》同。

以上三例並用一般書籍與類書引文來校勘原文。

（二）注文與原文互校

注文是加在原文之後，對原文進行解釋補充的文字。注文常以小字夾註於正文之中，在圖書流傳過程中會出現注文誤入正文或正文誤作注文等注文與正文混淆的情況。注文對校勘的作用在於可以同原文相互比較、對勘。

陸德明最早以注文與原文互校。《禮記・投壺》載「司射進度壺，問以二

矢半」，鄭玄注曰：「度壺，度其所設之處也。壺去坐二矢半，則堂上去賓席、主人席邪行各七尺也。」陸德明指出：「『以二矢半』，一本無此四字，依注則有。」

自此之後，注文與原文互校成為一種重要的校勘方法。注文依原文而作，其錯誤相對較少，能夠保留原文的重要信息。清代校勘名家王念孫在《讀書雜志》中最常用的校勘方法之一就是以注文與原文互校。

> 《逸周書》：「長幼成而生曰順極。」念孫案：此當作「長幼成而生義曰順極」，故孔注曰：「使小人、大人皆成其事上之心而生其義，順之至也。」今本蓋脫「義」字。

> 《漢書‧霍光金日磾傳》：「東園溫明」，念孫案：「溫明」下有「秘器」二字，而今本脫之。據服〔虔〕注云：「東園處此器形如方漆桶」；顏注云：「東園，署名也；其署主作此器」，皆是釋「秘器」二字。後《孔光傳》：「光父霸薨，賜東園秘器」「光薨，賜乘輿秘器」，師古皆無注，以注已見於此篇也。《太平御覽‧禮儀部三十二》引此已脫「秘器」二字，而《文選‧齊競陵文宣王行狀》注引此，正作「東園溫明秘器」，《漢紀》同。

> 《管子‧宙合》：「地化生，無法崖。」引之曰：法當為泮。《衛風‧氓篇》：「隰則有泮」，鄭箋曰：「泮，讀為畔；畔，涯也」，故曰「地化生，無泮崖」。尹注云：「物之生化，無有崖畔」，是其證。今本泮做法者，涉注文「法天地」而誤。

以上三例皆以注文與原文互校。

王氏之功力尤見於當原文與注文皆誤時能通過辨析明察，糾正雙方的錯誤，例如《讀書雜志‧逸周書第三》的「不二」條：

> 「純行不二曰定」，孔〔晁〕注曰：「行壹不傷。」念孫案：「不傷」與「不二」異義；若正文作「不二」，則注不得訓為「不傷」。今考「不二」本作「不爽」。《爾雅》曰：「爽，差也」「爽，忒也。」《衛風‧氓篇》：「女也不爽」，《小雅‧蓼蕭篇》：「其德不爽」，毛傳並云：「爽，差也。」故曰「純行不爽曰定」。定即不爽之謂。而孔以「不爽」為「不傷」者，本篇云：「爽，傷也」；《淮南‧精神篇》：「五味亂口，使口厲爽」（今本「厲爽」作「爽傷」，非。辯見《淮南》——原注），高注云：「厲爽，病傷滋味也。」是爽又訓為傷，與此爽字

異義。孔以「不爽」為「不傷」，其誤實由於此。然據此，知正文之本作爽矣。後人改爽為二，則與孔注不合。《史記正義》引此，正作「純行不爽」。《後漢書‧蔡邕傳》注「純行不差曰定」，差亦爽也，義即本於《周書》。

在此例中孔晁注文「不傷」與原文「不二」不合，王氏分析孔注「不傷」的原因，並結合《史記正義》所引，指出原文「不二」當作「不爽」。

（三）內容相關、相應之文互校

古書中存在互相轉述的情況，這些內容相關、相應的文字也可以用來校勘原文訛誤。例如《春秋》三傳常被用來互勘，唐陸淳《春秋集傳辯疑‧卷十》「昭九年夏四月陳災」條云：

《公》《穀》皆為火，《左氏》作災。趙子曰：「按，前後未有書外火者，小事若一一書之，固不可勝記，且諸侯亦當不告也。災是天火，事大，故書之。唯宣榭火，以樂器所在，以示周之所司無人，示譏耳。此則不同其例也，故當依《左氏》為災也。《公》《穀》並云存陳，閔其見滅，故記之，若然，則他見滅者何存之乎！」

對於該年夏四月陳災之事的記載，三傳中《公羊傳》與《穀梁傳》皆載「陳火」，而《左氏傳》的記載則為「陳災」。

再如：

《漢書‧地理志》：「上黨郡屯留，桑欽言：『絳水出西南，東人海。』」念孫案：「人海」本作「入漳」，後人以「信都國信都」下云：「《禹貢》，絳水亦人海」，故改「人漳」為「人海」也。不知彼是班氏之說，此是班氏引桑欽說，不可強同也。《水經‧濁漳水》注曰：「絳水東逕屯留縣故城南，東北流入於漳，故桑欽云：『絳水出屯留西南，東人漳』」；後又曰：「《地理志》云：『絳水發源屯留，下亂漳津』」，則此文本作「人漳」明矣。（王念孫《讀書雜志》）

此例利用《水經注》中的相關記載校《漢書》。

另外，他校法還可以利用金石、簡帛、碑文、寫卷等出土文獻與傳世文獻互校，以訂正古籍在流傳中的謬誤。南北朝時顏之推就利用出土材料來校對書籍，《顏氏家訓‧書證》載：

《史記‧始皇本紀》：「二十八年，丞相隗林、丞相王綰等，議於海上。」諸本皆作「山林」之「林」。開皇二年五月，長安民掘得

　　秦時鐵稱權，旁有銅塗，鐫銘二所。其一所曰：「廿六年，皇帝盡屏
　　兼天下諸侯，黔首大安。立號為皇帝，乃詔丞相狀、綰，法度量
　　則。……余被敕寫讀之，與內史令李德林對見。此稱權今在官庫。其
　　丞相「狀」字，乃為「狀貌」之「狀」，「爿」旁作「犬」。則知俗作
　　「隗林」非也。當為「隗狀」爾。

顏氏根據開皇年間出土的鐵稱權上的銘文來校勘《史記・秦始皇本記》，指出
「隗林」乃「隗狀」之誤。

四、理校法

　　關於理校法，陳垣解釋說：

　　　　四為理校法。段玉裁曰：「校書之難，非照本改字不訛不漏之難，
　　定其是非之難。」所謂理校法也。遇無古本可據，或數本互異，而
　　無所適從之時，則須用此法。此法須通識為之。否則鹵莽滅裂，以
　　不誤為誤，而糾紛愈甚矣。故最高妙者此法，最危險者亦此法。

理校法指發現原文存在錯誤，但沒有其他材料可供比勘，或者即使有其他材料
可供比勘，但眾說紛紜，莫衷一是，校勘者利用文例、文字、音韻、訓詁、語
法、歷史、地理、典章制度等知識，通過演繹、歸納、類比等推理來訂正書中
錯誤。理校是四種校書法中最為困難、最考驗校勘者水平的方法，又是最危險
的校勘法。因為缺少資料佐證，主要靠個人主觀判斷，濫用理校法會導致妄改
原文，故需慎之又慎。

（一）據文字知識理校

　　　　《逸周書》：「命夫復服，用損憂恥。」引之曰：損當為捐，字
　　之誤也。捐者，除也，謂捐除其憂恥，非徒損之而已也。孔注「損
　　除憂恥」，亦是「捐除」之誤。

　　這裡王引之根據「損」字與「捐」字字義的差別，推斷「用損憂恥」及孔
注「損除憂恥」中的「損」皆當作「捐」。

　　　　《戰國策・趙》：「魏勊謂建信君」，吳曰：「勊，一本作魀。《楚
　　辭》『九魀』，北斗星名。」念孫案：《說文》《玉篇》《廣韻》《集韻》
　　《類篇》皆無勊字，勊當為魁。魁，隸或作魀（原注：《漢楊君石門
　　頌》「奉魀承杓」，魀即魁字。斗字隸書或似斤，故魁或作魀），其右
　　畔與介字相近，故訛而為勊。吳云「一本作魀」，《楚辭・九歎》：「訊

九魋與六神」，魋一作魁，皆其證也。《文選・陳琳・檄吳將校部曲文》注引此，正作「魏魁」。

在此例中，王念孫據《說文》等字書中未收「魆」字，指出「魆」當為「魋」之誤，並以《文選》注所引進行佐證。

（二）據語法理校

《史記・越王句踐世家》:「允常之時，與吳王闔廬戰而相怨伐。」

念孫案:怨、伐二字義不相屬，諸書無以怨、伐連文者，伐字蓋因下文而誤衍也。《文選・鵩鳥賦》注引此無伐字。

在此例中，王氏以「怨」「伐」二字不能連用，並參《文選》注所引，從而指出「伐」字係衍字。

（三）據歷史知識理校

《漢書・高惠高后文功臣表》:「使黃河如帶，泰山若厲」，念孫案:黃字乃後人所加，欲以「黃河」對「泰山」耳，不知西漢以前無謂河為「黃河」者。《北堂書鈔》《藝文類聚・封爵部》引此皆有黃字，則所見本已誤。《漢紀》及《吳志・周瑜傳》有黃字，亦後人依誤本《漢書》加之。《史表》無黃字;如淳注《高紀》引《功臣表》「誓詞」云:「使河如帶，大山若厲」，此引《漢表》非引《史表》也（原注:《史表》作「如厲」，《漢表》作「若厲」），而亦無黃字，則黃字為後人所加甚明。

此例據「西漢以前無謂河為『黃河』者」這一歷史知識，指出「黃」字乃衍字。

（四）據常識理校

《逸周書》:「四梧禁豐一醆」，念孫案:梧蓋梧字之誤。梧、禁、豐皆飲酒所用。篆文梧、梧二字相似，故梧誤為梧。醆蓋觴字之誤。觴亦酒器，故曰「四梧禁豐一觴」。

此例據梧、禁、豐、觴皆為飲酒酒器這一常識，推斷出原文「梧禁豐」當相連，「梧」為梧字之誤，「醆」為「觴」字之誤，這樣才與文義相合。

（五）據曆法知識理校

《漢書・天文志》:「孝昭元鳳四年九月，客星在紫宮中斗樞極間。」念孫案:樞上本無斗字。樞，左右樞也。極，北極也。北極五

星在紫宮中，而左樞右樞為紫宮前門，故曰「在紫宮中樞極間」。後人以樞為北斗第一星，故加斗字，不知北斗在紫宮外，不得言「紫宮中斗樞極間」也。《開元占經・客星占七》引此亦無斗字。

此例根據天文知識來校勘《漢書・天文志》中的錯誤，「極」在紫宮中，「樞」為紫宮前門，「斗」在紫宮外，所以「斗樞極間」不能成立，「斗」字為衍字。

（六）據地理知識理校

《戰國策・趙》：「秦攻趙，則韓軍宜陽，楚軍武關，魏軍河外，齊涉渤海，燕出銳師以佐之。」念孫案：齊之救趙，無煩涉渤海。《史記》「渤海」作「清河」，是也。蘇秦說齊王曰「齊西有清河」，說趙王曰：「趙東有清河」，是清河在齊、趙之間。齊、趙相救，必涉清河；齊、趙相攻，亦必涉清河。張儀說齊王曰「大王不事秦，秦悉趙兵涉清河，指博關」，說趙王曰「今秦告齊，使興師度清河，軍於邯鄲之東」，皆是也。今作「渤海」者，因上文有「齊涉渤海」而誤（原注：上文曰「秦攻燕，則趙守常山，楚軍武關，齊涉渤海，韓、魏出銳師以佐之」，渤海在燕、齊之間，故齊之救燕，必涉渤海也）。

此例根據齊、趙、渤海與清河的地理位置來勘訂《戰國策》中的錯誤。

（七）據事理理校

《逸周書》：《程典篇》：「津不行火，藪林不伐。」引之曰：津非行火之地，津疑當為澤，草書相似而誤也。《管子・輕重甲篇》：「齊之北澤燒，火光照堂下」，尹知章曰：「獵而行火曰燒。」是澤為行火之地。

《荀子補遺・禮論篇》：「故天子棺槨十重，諸侯五重，大夫三重，士再重。」楊注曰：「十重，蓋以棺槨與杭木合為十重也。」引之曰：十，疑當作七（原注：凡經傳中七、十二字多互訛，不可枚舉）。禮，自上以下，降殺以兩。天子七重，故諸侯減而為五，大夫減而為三也。楊注非。

此二例據「津非行火之地」「天子七重」等歷史事理發現典籍中的謬誤並加以訂正。

（八）據文理理校

　　《漢書·哀紀》:「其與大司馬、列侯、將軍、中二千石、州牧、守、相舉孝悌、惇厚、能直言、通政事，延於側陋，可親民者，各一人。」念孫案:「延於側陋」四字與上下文義不相屬。此四字當別為一句，在「州牧、守、相」之下，而以「舉孝悌、惇厚、能直言、通政事、可親民者」十五字連讀，則上下文皆貫通矣。師古注云:「孝悌、惇厚、直言、通政事之人，雖在側陋，可延致而任」，則所見本已與今本同。

此例據「延於側陋」與上下文皆不合從而訂正原文錯誤。

　　《漢書·楊胡朱梅雲傳》:「自陽朔以來，天下以言為諱，朝廷尤甚。群臣皆承順上指，莫有執正。何以明其然也？取民所上書，陛下之所善，試下之廷尉，廷尉必曰:『非所宜言，大不敬。』以此卜之，一矣。」念孫案:「一矣」二字文不成義。「一矣」本作「可見矣」；言以此卜之，可見群臣之承順上旨也。「可見矣」三字，與上文「何以明其然也」正相呼應。今作「一矣」者，脫去見字，又脫去可字下半耳。《漢紀·孝成紀》正作:「以此卜之，可見矣。」

此例據「一矣」二字文不成意，從而發現原文謬誤，並據《漢紀·孝成紀》指出「一矣」當作「可見矣」。

第四章　文獻校理

第一節　文獻句讀

一、句讀釋義

（一）句讀簡介

句讀，在古書中亦寫作句逗、句投、句度。「句讀」一詞最早見於東漢何休《公羊傳解詁序》「援引他經，失其句讀」。〔註1〕《增修互注禮部韻略》曰：「凡經書成文語絕處謂之句。語未絕而點分之以便誦詠，謂之讀。」〔註2〕文句中停頓的地方，語氣已經完的叫「句」，未完的叫「讀」。對古文進行標點斷句的工作，亦稱為句讀。由於古書沒有標點，字句之間無明顯間隔，因此斷句就成為讀書的前提。《禮記·學記》記載：「比年入學，中年考校。一年視離經辨志，三年視敬業樂群，五年視博習親師，七年視論學取友，謂之小成。」其中「離經」，鄭玄注為「斷句絕也」，即對文章進行句讀。由此觀之，明句讀為讀書之基礎，在古代教育中歷來受到重視，正如黃侃所云：「學問文章皆宜由章句訓詁起。」〔註3〕

雖然古籍一般不在文中添加標點符號，但古代的標點符號起源很早，已經形成了自己的標點符號系統。春秋晚期「侯馬盟書」就使用了多種句讀符號。

〔註1〕（漢）何休：《春秋公羊傳注疏》。
〔註2〕（宋）毛居正：《增修互注禮部韻略》卷四「讀」。
〔註3〕黃侃：《與陸宗達書》，見司馬朝軍、王文暉合撰：《黃侃年譜》，湖北人民出版社2005年版，第271頁。

許慎《說文解字》五上丶部云:「丶,有所絕止,丶而識之也。」〔註4〕《說文解字》十二下レ部云:「レ,鉤識也,從反ノ」。〔註5〕段玉裁注曰:「鉤識者用鉤,表識其處也。褚先生補《滑稽傳》,東方朔上書,凡用三千奏牘。人主從上方讀之,止輒乙其處,二月乃盡。此非甲乙字,乃正字也。」〔註6〕由此可見,作為讀書記號,「丶」「レ」在漢代已經出現。然而此類記號只是讀者在閱讀時自行標記,而非書籍出版時由作者或刊行者加入。宋人刻書時,就在經文中添加句讀,以方便學者閱讀。《刊正九經三傳沿革例·句讀》云:「監、蜀諸本皆無句讀,惟建本始仿館閣校書式,從旁加圈點,開卷了然,於學者為便。然亦但句讀經文而已。惟蜀中字本與興國本並點注文,益為周盡。」〔註7〕

縱觀整個古代歷史,在古籍刊印時添加標點的仍是少數。這種情況一直到清朝末年新式標點傳入中國才有所改變。1919 年,馬裕藻、朱希祖、錢玄同、劉復、周作人、胡適等人聯名提出《請頒行新式標點符號議案》,並在國語統一籌備會第一次大會上通過,1920 年由北洋政府教育部正式頒行。自此才有了統一的標點規範。我們當下最新的標點符號系統依據的是 2011 年國家語言文字工作委員會和新聞出版署頒布的修訂版《標點符號用法》。

(二)句讀與標點

「標點」一詞最早見於《宋史》,其文云:「凡所讀無不加標點,義顯意明,有不待論說而自見者。」〔註8〕這裡的「標點」與我們現在所說的標點意義已經很相近。今天所謂標點,指輔助文字記錄的符號。標點與句讀之間的差別在於:

第一,古代句讀符號只有兩種,即「圈」和「點」,而標點符號數量眾多。

第二,句讀符號只表示斷句,標點符號還可以表達感情和句子結構,傳達更多信息,如書名號、專名號可以指明書名和專名,疑問號、感歎號可以表達疑問和驚訝等感情色彩。

第三,複句在現代漢語語法中算一個句子,而在古代漢語中為多個句子。如:

> 奇齡既於所著《仲氏易》《推易始末》諸書發明其義,因復舉

〔註4〕 (漢)許慎:《說文解字》卷五下。
〔註5〕 (漢)許慎:《說文解字》卷十二下。
〔註6〕 (清)段玉裁:《說文解字注》卷十二篇下。
〔註7〕 (宋)岳珂:《刊正九經三傳沿革例》。
〔註8〕 (元)脫脫:《宋史·何基傳》。

《春秋》內外傳中凡有得於筮占者匯記成書。而漢、晉以下占筮有
合於法者亦隨類附見焉。〔註9〕

此句按照句讀標注分為兩句，而作為一個複句，在現代漢語中只能算一句。

（三）句讀體例

宋代《增修互注禮部韻略》載：「今秘省校書式：凡句絕，則點於字之旁，
讀分則微點於字之中間。」〔註10〕這就是說，宋代秘書省校書斷句時，用點表
示「句」，用「小點」表示「讀」。元代學者程端禮在《程氏家塾讀書分年日程》
中記錄了古書閱讀中句讀和標記的規章：

批點經書凡例（分五層）

1. 館閣校勘法

句讀二字，側點為句，中點為讀。凡人名、地物名並長句內小
句，並從中點。

2. 勉齋批點四書例

（1）句讀例：

①句：

舉其綱，文意斷。

②讀：

者也相應，文意未斷，復舉上文，上反言而下正，上有呼下字，
下有承上字。

（2）點抹例：

①紅中抹（一本作黃旁抹）

綱、凡例。

②紅旁抹

警語、要語。

③紅點

字義、字眼。

④黑抹

考訂、制度。

〔註 9〕　（清）永瑢等：《四庫全書總目》，中華書局 1981 年版，第 36 頁。
〔註10〕　（宋）毛居正：《增修互注禮部韻略》卷四。

⑤黑點

補不足

3. 實勉齋例

（1）舉其綱為句

如大學之道，在明明德，在親民，在止於至善。

（2）文意斷為句

如此對小子之學言之也。

（3）者也相應為讀

如大學者，大人之學也。

（4）文意未斷為讀

如言既自明其明德，又當推以及人，使之亦有以去其舊染之污也。

（5）復舉上文為讀

如曰，然則此篇所謂在明明德在親民在止於至善者，亦可得而聞其說之詳乎。

（6）上反言而下正為讀

如不親其親不長其長，則所厚者薄，而無以及人之親長。

（7）上有呼下字為讀

如中庸何為而作也，子思子憂道學之失其傳而作也

（8）下有承上字為讀

如德者本也財者，末也。

4. 續補句讀例（並以朱子門人以下諸儒所點修之）

一、曰字，是作本書者，記當時對面答問之辭者，並作句。曰字是援引他書他日他人之言。止作言字說者。並無點。有句長欲讀者。寧讀於上文。仍以曰字連下文。

一、凡呼「小子」，或「二三子」，或「參乎」，對面呼之，而欲重其聽者，皆為句。

一、綱在上而目在下者，綱為句，目為讀，目盡為句，目在上而綱在下者，諸目皆讀，目盡為句，綱獨為句，或下是繳語解語，意短急者，目盡為讀。

一、無綱之目，並為讀。目盡為句。

一、無綱之目，每目自有抑揚，及自解者，解盡為讀，目盡為

句。（如易三陳九卦則可，中庸九經則不可。更詳文義所宜。）

一、有綱之目，每目自有抑揚，及自解者，解盡為讀，目盡為句。（同前例。）

一、上段正，下段反。或上段反，下段正，短者可為讀，若是長段，反正有然字轉者，及有大轉語辭者，當為句。

一、引用他書他人語，上有所謂字，下有者字，急繳歸主意者，所引句下者字為讀，繳語盡為句。

一、凡引他書他人他日，及復舉上文之辭者，其中未盡之語為讀，至所引辭盡為句。（如所引他書語，及事實太長如孟子引齊景公晏子答問，各以答問盡處為句。）

一、凡詩銘韻語，以韻為句。未至韻皆讀。（此謂特意全載者，若經傳中引者，如引書例，到引盡處方為句，更詳文義所宜，詩經自依章句。）

一、凡議論體，自然讀多句少。

一、凡敘事體，自然句多讀少。（意未盡者或為讀，亦可。）

一、提解經文訓詁某者某也之下意盡者，以也字為句。如貼解本意未盡者，雖也字亦為讀，至意盡方為句。（某也下如插見章旨者，也字別為句，更詳文意所宜。

一、注文，釋經訓詁，就兼見章旨以義已明，不再通說經文，後即以大圈斷之者，其中章旨未盡，小句皆讀，意盡為句。（如止釋訓詁，欲人自玩味經文者，不當拘此。）

一、以言字通敘貼解一段經文大意者，並讀，意盡方為句，亦有無言字，而意實貼解段意者，並同。

一、敘論，發明文義，本意已盡為句，其下有繳歸章旨，及別貼讚歎勸勉之辭以結者，別為句。

一、上發明所以然，下以此字或是字，再指上段，繳歸所當然，或繳歸主意者，此字是字上並為句，下段如文意短急者，此字是字上為讀。

一、上發明所以然，下以故字繳歸所當然者，故字上為讀。如上是長段，故字下發意又長者，故字上為句。

一、或問中問目之末，何也，若何而用力邪，奈何，亦可得而

聞其說之詳乎，如之何之類，何也之上，並讀，或何也之上無者字
者，及短句者，不讀，或大段內自提問己意，「何者」「何哉」「何則」
「何也」之類。又自發大段意者，何者之上並句。〔註11〕

這個批點凡例不僅規定了句讀符號、句讀體例，還介紹了句讀的一些具體技
巧。句讀用到的符號一般包括點號、圈號。點號，其書寫形式包括「、」和「·」
兩種，一般用來表示讀。圈號，書寫形式為「。」，一般用來表示句。如有通
篇皆用圈號或點號，則篇中出現的句讀符號既表示句，又表示讀。另有一種鉤
號「レ」，一般用作讀書標記，嚴格來講並非句讀符號。

二、句讀舉例

「稷下有諺曰：『學識何如觀點書。』」〔註12〕句讀水平如何很大程度上可
以反映出學者的學術水平。句讀的基本要求大致包括三點：文通意順，且符合
事實情理；合乎古代音韻；合乎古代語法。這些要求看似簡單，但做起來並不
容易，在古文閱讀與研究中，句讀之誤時有發生。

句讀致誤的原因可以分為以下幾點：

（一）不明詞義

詞義是構成句意的要素，若不明詞義就無法理解句子，也無法正確句讀。
例如，關於《史記》「其極則玩巧併兼茲殖」的句讀問題，王念孫云：

> 其極則玩巧。（句）。併兼茲（今本此下載《索隱》曰：「玩音
> 五官反，巧音苦孝反。」）殖（此字上屬為句），爭於機利（句），
> 念孫案：「此以『其極則玩巧』為句（《貨殖傳》曰：『故其民益玩
> 巧而事末也。』）『併兼茲殖』為句，『爭於機利』為句。《索隱》本
> 玩音五官反云云。本在玩巧下，今本列入茲字之下，殖字之上，則
> 是以『其極則玩』為句，『巧併兼茲』為句，『殖爭於機利』為句矣。
> 大謬。」〔註13〕

此句可翻譯為「其弊端竟發展到玩弄智巧，兼併發財，爭相投機牟利」。玩
巧指玩弄機巧手段。殖是增加之意。在此例中，《史記索隱》斷為「其極則玩，
巧併兼茲，殖爭於機利」。而王念孫主張斷為「其極則玩巧，併兼茲殖，爭於機

〔註11〕（元）程端禮：《程氏家塾讀書分年日程》卷二，《叢書集成新編》第3冊，新
　　　　文豐出版公司，第14～15頁。
〔註12〕（唐）李匡乂：《資暇集》卷上。
〔註13〕（清）王念孫：《讀書雜志·史記第六》。

利」。當以王念孫句讀為佳。此處斷句錯誤為不明「玩巧」「茲殖」之意所致。

> 始皇巡隴西、北地，出雞頭山，過回中（句）。焉作信宮渭南。
> 念孫案：「焉」字下屬為句。焉，猶於是也。於是作信宮於渭南也。
> 今本以焉字絕句，非是。古或謂於是為焉，故僖十五年《左傳》：晉
> 於是乎作爰田，晉於是乎作州兵。《晉語》作「焉作轅田」，「焉作州
> 兵」。又《刺客傳》：豫讓謂趙襄子曰：願請君之衣而擊（之）句，焉
> 以志報讎之意，則雖死不恨。焉字亦下屬為句。焉，猶於也，於以
> 志報讎之意也。古或謂於為焉，故宣六年《公羊傳》注曰：焉者，
> 於也。詳見《釋詞》。〔註14〕

此例的難點在於「焉」字的理解。以往的句讀方式是：「始皇巡隴西、北地，出雞頭山，過回中焉。作信宮渭南。」王念孫的句讀方式為「始皇巡隴西、北地，出雞頭山，過回中。焉作信宮渭南。」在此處，「焉」不當作語氣助詞，而應當作副詞，表示「於是」，故應該屬下句。此例為不明詞義導致的句讀錯誤。

（二）不明文史常識

由於古文往往牽涉天文、地理、典章制度、典故等古代常識或人名、地名、官職等專有名詞，這些知識需要有積累，難以通過字面的意思去臆測。若沒有相關的知識儲備則會導致句讀錯誤。

> 京城百官早朝，而學士、丞、郎、舍人以上導，從呵止太盛，
> 難以趨避，望令裁減。（誤）
> 京城百官早朝，而學士、丞、郎、舍人以上，導從呵止太盛，
> 難以趨避，望令裁減。（正）

古時帝王、貴族、官僚出行時，隨行之人，前驅者稱導，後隨者稱從，因謂隨從之人為導從。此處斷句因不知「導從」為一詞，而錯誤地將其斷開。而且「以上」一詞在此並非表示方位，無法與「導」直接搭配，更證明前者的句讀錯誤。

> 益州將襲，肅舉軍來附，瑜表以肅兵益蒙。蒙盛稱肅有膽用，
> 且慕化遠來，於義宜益不宜奪也。（誤）
> 益州將襲肅舉軍來附，瑜表以肅兵益蒙。蒙盛稱肅有膽用，且
> 慕化遠來，於義宜益不宜奪也。〔註15〕（正）

〔註14〕（清）王念孫：《讀書雜志·史記第一》。
〔註15〕（晉）陳壽：《三國志》卷五十四。

此例中「襲肅」為人名，本是益州劉璋部下，後投降東吳。上文錯誤之處在於將名詞「將」當做副詞，「襲」當做動詞，所以才把人名斷開。此為不識人名導致的句讀錯誤。

（三）不通校勘

古代文獻在傳抄刊刻時，難免出現錯訛，若未經校勘，會導致句讀錯誤。此類情況分為由衍文、脫字、顛倒、訛誤導致的句讀錯誤。

衍文致誤例：

> 然後使諸侯世相朝交，歲相問，殷相聘。孔氏《補注》曰：交歲相問者，猶言每歲交相問也。《大行人》云：凡諸侯之邦交，歲相問也。今誤讀交絕句。引之謹案：孔說非也。記文本作然後使諸侯交歲相問，殷相聘，而無世相朝三字，交字上屬諸侯為句，諸侯交即《大行人》所謂諸侯之邦交也。下文曰：故天子之制，諸侯交，歲相問，殷相聘。亦以諸侯交連讀，而無世相朝之文，是其明證。不言世相朝者，案上文既言諸侯朝覲之禮，乃曰是故一朝而近者三年，遠者五年，有德焉，禮樂為之益習，德行為之益修，天子之命為之益行，其下即曰然後使諸侯交，歲相問，殷相聘，以習禮考義，正刑一德，以崇天子，故曰朝聘之禮者，所以正君臣之義也（以上記文）。朝聘之禮統上文言之，謂諸侯朝於天子，及諸侯使人聘於諸侯，皆有君臣之義（使臣於所聘之君，亦有君臣之義。下文曰：君親醴賓，私覿，致饔既〔註16〕，還圭璋，賄贈饗食燕，所以明賓主君臣之義也。是也。）故曰朝聘之禮者所以正君臣之義也。若諸侯世相朝，則為兩君相見，不得謂之君臣矣。尋討上下文義，不當有「世相朝」三字，顯然明白，後人不達，遂取《大行人》篇內世相朝三字加於交字之上，不唯亂其句讀，且與下文君臣之義不合。孔氏不能釐正而曲為之說，且謂《大行人》凡諸侯之邦交句讀為誤，其失甚矣。〔註17〕

依據上文，孔廣森句讀為：「然後使諸侯世相朝交歲相問，殷相聘。」而王引之的句讀方式為：「然後使諸侯交歲相問，殷相聘。」由於通行本中的「世相朝」為衍文，孔氏未細加校勘而強加句讀，以致出現錯誤。

〔註16〕或作「致饔餼」。
〔註17〕（清）王引之：《經義述聞》卷十三。

脫文致誤例：

> 孔以不學其貌為句，釋曰：不貌為君子。竟其德為句，敦其言
> 為句，釋曰：竟，盡也，敦厚也。家大人曰：不學其貌，竟其德，皆
> 義不可通，孔曲為之說，非也。不學上有博無二字，而今本脫之。
> 博無不學為句，言其學之博，無所不學也。《曾子立事》篇曰：君子
> 既學之，患其不博也。又《天圓》一篇所言皆博學之事，然則曾子
> 未嘗不博學也。竟當為恭字之誤也，其貌恭為句，其德敦為句，其
> 言下屬為義，此依《家語》訂正。〔註18〕

在此例中，孔廣森的句讀方式為：「不學其貌，竟其德，敦其言，於人也
無所不信。」而王念孫的句讀方式為：「博無不學，其貌恭，其德敦，其言於
人也，無所不信。」若依照孔廣森說，則「不學其貌，竟其德」難以解釋，於
義不通。對照《孔子家語·弟子行》一章可知，原文脫「博無」兩字，並將「恭」
寫作「竟」。此為因脫文和文字訛誤導致的句讀錯誤。

顛倒致誤例：

> 「願君留意臣之計，必不為二子所禽矣。」念孫案：「必不為二
> 子所禽矣」，本作「不（句），必為二子所禽矣。」不，與否同。言若
> 不用臣之計，則必為二子所禽也。《史記》作「否，必為二子所禽矣」，
> 是其證。後人不知不字自為一句，而以不必二字連讀，遂不得其解。
> 而改不必為必不，以為陳餘用李左車之計，則必不為二子所禽。不
> 知上文明言兩將之頭，可致戲下。豈特不為所禽而已乎？弗思甚矣
> （《通典·兵》十三作「不然，必為所禽矣。」《通鑒·漢紀》二作
> 「否，則必為二子所禽矣」）。〔註19〕

在此例中，以往的句讀方式為：「願君留意臣之計，必不為二子所禽矣。」
而王念孫的句讀方式為：「願君留意臣之計，不，必為二子所禽矣。」原文「必
不」實際上為「不必」之誤。「不」與「否」通，在此當單獨斷開，表示「否
則」的意思。《史記》作「否，必為二子所禽矣」，即為明證。此為文字顛倒導
致句讀錯誤。

訛誤致誤例：

> 《鄉飲酒義》降說屨升坐修爵無數。熊氏以修爵為行爵，後儒

〔註18〕（清）王引之：《經義述聞》卷十二。
〔註19〕（清）王念孫：《讀書雜志·漢書第八》。

無異說。愚案《鄉飲酒禮》云：「說屨，揖讓如初，升堂，乃羞，無算爵。」經文本無「修」字，始悟「修」乃「羞」之誤，聲相近也。「羞」字為句，《禮》所云「乃羞」也；「爵無數」為句，《禮》所云「無算爵也」。〔註20〕

在此例中，以往的句讀方式為：「降，說屨，升，坐，修爵無數。」而錢大昕的句讀方式為：「降，說屨，升，坐，羞，爵無數。」熊安生誤以「修爵」為「行爵」，即依次敬酒。而錢大昕指出經文中本無「修」字，「修」當為「羞」之誤。「羞」有「進食」之意。此為由文字訛誤導致的句讀錯誤。

（四）不明語境

文章作為一個整體，其前後文之間往往具有關聯。如果忽視這種關係，將文章割裂開來，對原文的理解就容易產生偏差，從而在句讀上出現錯誤。

> 古贖罪皆用銅……後魏以金難得，合金一兩收絹十四，今律乃復依。古死罪贖銅一百二十斤，於古稱為三百六十斤。（誤）。

> 古贖罪皆用銅……後魏以金難得，合金一兩收絹十四。今律乃復依古，死罪贖銅一百二十斤，於古稱為三百六十斤。〔註21〕（正）。

此段句讀的關鍵點在「依」下的「古」字屬上句還是下句。由於首句稱「古贖罪皆用銅」，故這裡的「古」字當與前文照應。「古」若屬下句，就會產生三個問題：一是「古死罪贖銅一百二十斤」與「於古稱為三百六十斤」就相互矛盾；二是今律為依後魏以絹贖罪，與清代實際情況不符；三是後魏及今日贖罪之物之前講古代贖罪用銅，後文又接古代贖罪用銅，重複累贅，不符合行文規範。故此處「古」當屬上句。此例為未聯繫上下文導致的句讀錯誤。

> 苟眾不說，其君之不報也，則有辭矣。韋注曰，苟使晉眾不說惠公不報秦施，今不予糴，則晉得以為辭，故不可不予。家大人曰：韋以苟眾不說其君之不報也作一句讀，非也。苟眾不說為句，不說，謂不說秦也，言秦不予糴，則晉眾不說（下文曰，不若予之以說其眾），晉眾不說，則其君之不報施有辭也。若以不說為不說惠公，則不得言其君有辭矣。〔註22〕

在此例中，韋昭的句讀方式為：「苟眾不說其君之不報也，則有辭矣。」

〔註20〕 （清）錢大昕：《十駕齋養新錄》卷二。

〔註21〕 （清）王鳴盛：《尚書後案》卷一。

〔註22〕 （清）王引之：《經義述聞》下冊，上海書店出版社，2012年版，第67頁。

韋昭理解為若晉國百姓對晉君的忘恩負義不滿，則晉君可以把秦國不向晉國賣糧為自己忘恩負義的託詞。王念孫對這一句話的出處和上下文進行考察，指出正確的句讀方式為：「苟眾不說，其君之不報也，則有辭矣。」意思是說若秦國不賣給晉國糧食，則晉國百姓會對秦國不滿，晉君會以百姓不悅作為忘恩負義的託詞。韋昭由於未聯繫上下文而出現了句讀錯誤。

（五）不明語法

語法指語言的結構方式，包括詞的構成、變化和詞組、句子的組織。語法具有一定的特點和相對的穩定性。熟悉古代漢語的詞性、句法結構等，有助於對古文獻進行句讀。

> 問今是何世，乃不知有漢，無論魏晉。此人一一為具言，所聞皆歎惋。（誤）

> 問今是何世，乃不知有漢，無論魏晉。此人一一為具言所聞，皆歎惋。（正）

「所聞」的主語為「此人」，此句可翻譯為：此人一一為他們詳細地說明了自己所聽到的事情，聽者都感歎惋惜。若將「所聞」與「皆歎惋」斷為一句，則可翻譯為：此人一一為他們詳細地說明，所聽到的都感歎惋惜。「所聞」表示「所聽到的」，不能指人，無法做「歎惋」的主語，因此這種句讀方式是不正確的。原文「皆歎惋」前省略了主語，這種表達在古代漢語中是比較常見的。此例為不明語法導致的句讀錯誤。

> 全忠稱帝，與宗戚飲博於宮中。酒酣，全昱忽以投瓊，擊盆中迸散，睨帝曰……。（誤）

> 全忠稱帝，與宗戚飲博於宮中。酒酣，全昱忽以投瓊擊盆中，迸散，睨帝曰……。（正）

「投瓊」是骰子的意思，而非動詞。原文句讀將「投瓊」上屬，以「擊盆中」與「迸散」相連，不符合語法規範。當以後一種斷句為是。

（六）不明文體

我國古代文體繁多，不同文體之間差異明顯，特徵鮮明。如果不明其中規律，則會導致句讀錯誤。

漁家傲

天接雲濤連曉霧，星河欲轉千帆舞；彷彿夢魂歸帝所，聞天語

殷勤，問我歸何處。

我報路長嗟日暮，學詩謾有驚人句。九萬里風鵬正舉。風休住，

蓬舟吹取三山去！〔註23〕

此為李清照所寫《漁家傲》。宋詞寫作嚴格遵守格律，不同詞牌之間的用韻、字數有明確規定。這首《漁家傲》的格律應當為：

上片：

中仄中平平仄仄（韻），中平中仄平平仄（韻）。

中仄中平平仄仄（韻），平中仄（韻），中平中仄平平仄（韻）。

下片：

中仄中平平仄仄（韻），中平中仄平平仄（韻）。

中仄中平平仄仄（韻），平中仄（韻），中平中仄平平仄（韻）。

由此可知，「聞天語殷勤，問我歸何處」一句與詞牌規範不合，正確的句讀方式應當為：「聞天語，殷勤問我歸何處。」此為不明文體規律導致的句讀錯誤。

三、句讀技巧

句讀的基本步驟一般可分為四步：首先通讀全文以把握文章大體內容，其次斷句，接著標點，最後審查核對並檢驗更正。

句讀、標點的具體技巧有以下幾點：

（一）根據固定句式標點

1. 判斷句

（1）「……者，……也。」

舞陽侯樊噲者，沛人也。（《史記》）

（2）「……，……也。」

昔者鬼侯、鄂侯、文王，紂之三公也。（《戰國策》）

（3）「……者，……。」

兵者，不祥之器。（《老子》）

（4）「……，……。」

夫魯，齊晉之唇。（《左傳・哀公八年》）

〔註23〕（宋）李清照：《漱玉詞》。

2. 被動句

（1）為⋯⋯所⋯⋯。

　　襄公二年，戎圍犬丘，世父擊之，**為戎人所虜**。（《史記・秦本紀》）

（2）見⋯⋯於⋯⋯。

　　吾嘗三仕，三**見逐於君**。（《史記・管晏列傳》）

一般「為」前斷開，「所」後接動詞，動詞後斷開；「於」後接名詞，名詞後斷開。

3. 疑問句

（1）不亦⋯⋯乎？（相當於「不也⋯⋯嗎？」）

　　「有朋自遠方來；**不亦樂乎**？」（《論語・學而》）

（2）得無⋯⋯乎？（相當於「恐怕沒有⋯⋯吧？」）

　　母問使者曰：「士卒**得無恙乎**？」（《列女傳》）

（3）何⋯⋯之有？（相當於「有什麼⋯⋯呢？」）

　　子曰：「君子居之，**何陋之有**？」（《論語・子罕》）

（4）無乃⋯⋯乎？（相當於「恐怕⋯⋯吧？」）

　　師勞力竭，遠主備之，**無乃不可乎**？（《左傳・僖公七年》）

（5）「奈⋯⋯何？」「如⋯⋯何？」「若⋯⋯何？」（此三個句式相類，相當於「把⋯⋯怎麼樣呢？」）

　　墨子雖能獨任，**奈天下何**！（《莊子・天下》）

　　陛下縱自輕，**奈宗廟太后何**？（《史記・酷吏列傳》）

　　以殘年餘力，曾不能毀山之一毛，**其如土石何**？（《列子・湯問》）

　　晉侯謂慶鄭曰：「寇深矣，**若之何**？」（《左傳・僖公十五年》）

（6）「何以⋯⋯為」（此為倒裝句式，相當於「以⋯⋯何為」，翻譯為「要⋯⋯做什麼呢？」）

　　大丈夫定諸侯，即為真王耳，**何以假為**？（《史記・淮陰侯列傳》）

4. 賓語前置句

「唯⋯⋯是⋯⋯。」一般「是」後接動詞，動詞後斷句。

　　吾少孤，及長，不省所怙，**惟兄嫂是依**。（《祭十二郎文》）

　　孔德之容，**惟道是從**。（《老子》）

（二）根據虛詞判斷句讀

虛詞沒有完整的詞彙意義，不能獨立成句，但具備語法意義或功能意義，一般依附於實詞來使用。虛詞包含介詞、連詞、助詞、歎詞、副詞、代詞等。

1. 發語詞

發語詞指位於句首的語氣助詞，一般沒有實在意義，作用在於引起下文。斷句時一般可在其前斷開。如蓋、夫（今夫、若夫、且夫、故夫）、唯（惟、維）等。

蓋：

蓋將自其變者而觀之，則天地曾不能以一瞬。（《前赤壁賦》）

夫、今夫、若夫、且夫、故夫：

夫秦王有虎狼之心，殺人如不能舉，刑人如恐不勝，天下皆叛之。（《史記‧項羽本紀》）

今夫天下之人牧，未有不嗜殺人者也。（《孟子‧梁惠王上》）

若夫功德之賜，上恩所特加，皆表之有司，然後服用之。（《三國志‧魏書‧夏侯尚傳》）

且夫天子以四海為家，非壯麗無以重威，且無令後世有以加也。（《史記‧高祖本紀》）

故夫謀人之主，伐人之國，常苦出辭斷絕人之交也。（《史記‧蘇秦列傳》）

唯（惟、維）：

唯赤則非邦也與？（《論語‧先進》）

維天有漢，監亦有光。（《詩經‧小雅‧大東》）

2. 句首連詞

連詞是用來連接詞與詞、詞組與詞組或句子與句子，表示某種邏輯關係的虛詞。某些連詞一般放在句首。如苟、若、使、向使、假使、即使、縱、縱使、雖、故、是故、然、然而、然則、然且等。

苟、若、使、向使、假使：表假設，相當於「如果」。

苟非吾之所有雖一毫而莫取。（《前赤壁賦》）

程嬰曰：「朔之婦有遺腹，**若**幸而男，吾奉之；即女也，吾徐死耳。」（《史記‧趙世家》）

誠臣計劃有可採者，願大王用之；**使**無可用者，金具在，請封

輸官，得請骸骨。(《史記‧陳丞相世家》)

  向使當初身便死，一生真偽復誰知？(《放言五首‧其三》)

  假使臣得同行於箕子，可以有補於所賢之主，是臣之大榮也，臣又何恥？(《史記‧范睢蔡澤列傳》)

即使、縱、縱使、雖：表假設的讓步，可以翻譯為「就算」。

  丁掾，好士也，**即使**其兩目盲，尚當與女，何況但眇？(《三國志注》)

  縱子忘之，山川鬼神，其忘諸乎？(《左傳‧定公元年》)

  縱使裕得關中，縣遠難守，彼不能守，終為我物。(《魏書‧崔浩列傳》)

  苟非吾之所有，**雖**一毫而莫取。(《前赤壁賦》)

故、是故：表因果，相當於「因此」。

  餘並論次，擇其言尤雅者，**故**著為本紀書首。(《史記‧五帝本紀》)

  是故所欲有甚於生者，所惡有甚於死者。(《孟子‧告子上》)

然、然而：表轉折，相當於「但是」。

  然不自意能先入關破秦，得復見將軍於此。(《史記‧項羽本紀》)

  然而陳涉甕牖繩樞之子，氓隸之人，而遷徙之徒也。(《過秦論》)

然則：表連貫，相當於「那麼」。

  然則是所重者在乎色樂珠玉，而所輕者在乎人民也。

然且：表遞進，相當於「而且」。

  然且王行之者，將以取信於齊也。(《史記‧蘇秦列傳》)

連詞所表示的意義和作用複雜，一個連詞並非僅表示一種語法功能，在具體使用中須多加留心。

3. 句尾語氣

某些語氣詞一般放在句尾，可以作為句讀的標誌。如也、矣、焉、爾、耳、云爾、而已、哉、乎、與（歟）、邪（耶）等。

也，在句末時一般可不譯。若表示疑問則可翻譯為「呢」「嗎」。

  明星熒熒，開妝鏡**也**。綠雲擾擾，梳曉鬟**也**。渭流漲膩，棄脂水**也**。煙斜霧橫，焚椒蘭**也**。雷霆乍驚，宮車過**也**。轆轆遠聽，杳不知其所之**也**。(《阿房宮賦》)

方問曰：「子奚乘是車**也**？」（《韓非子・外儲說左下》）

矣，相當於「了」。

古之聖人，其出人也遠**矣**；今之眾人，其下聖人也亦遠**矣**，而恥學於師。（《師說》）

焉，在句末表肯定時相當於「矣」，表疑問時相當於「呢」。

項羽由是始為諸侯上將軍，諸侯皆屬**焉**。（《史記・項羽本紀》）

冉有曰：「既富矣，又何加**焉**？」（《論語・子路》）

爾、耳、云爾、而已，在句末表示肯定，相當於「罷了」。

其在宗廟朝廷，便便言，唯謹**爾**。（《論語・鄉黨》）

秦王曰：「布衣之怒，亦免冠徒跣，以頭搶地**耳**。」（《戰國策・魏策四》）

子曰：「女奚不曰，其為人也，發憤忘食，樂以忘憂，不知老之將至**云爾**。」（《論語・鄉黨》）

雖然，妾聞之，勇士不以眾強凌孤獨，明惠之君不拂是以行其所欲，此譬之猶自治魚鱉者也，去其腥臊者**而已**。（《晏子春秋・內篇諫下》）

哉，在句末表感歎時，相當於「啊」；表疑問時，相當於「呢」。

非人**哉**！（《世說新語・方正》）

子曰：「默而識之，學而不厭，誨人不倦，何有於我**哉**？」（《論語・述而》）

乎，在句末表疑問或反問時，相當於「嗎」；表感歎時，相當於「啊」或「吧」；表推測時，相當於「吧」。

曾子曰：「吾日三省吾身：為人謀而不忠**乎**？與朋友交而不信**乎**？傳不習**乎**？」（《論語・學而》）

天**乎**人**乎**！而竟已**乎**！（《祭妹文》）

子曰：「其恕**乎**。己所不欲，勿施於人。」（《論語・衛靈公》）

與（歟），在句末表示疑問，相當於「嗎」或「呢」。

求之**與**？抑與之**與**？（《論語・學而》）

漁父見而問之曰：「子非三閭大夫**歟**？何故至於斯？」（《史記・屈原列傳》）

邪（耶），在句末表示疑問，相當於「嗎」

孤豈欲卿治經為博士**邪**？（《資治通鑒‧漢紀》）

今夫不受之天，固眾人，又不受之人，得為眾人而已**耶**？（《傷仲永》）

4. 歎詞

某些歎詞獨立成句，因此，前後皆要斷句。如噫、嘻、籲、嗟乎、嗟夫、嗚呼。

噫！以茲丘之勝，致之澧、鎬、鄠、杜，則貴遊之士爭買者，日增千金而愈不可得。（《鈷鉧潭西小丘記》）

客有彈琴於屏，邕至門試潛聽之，曰：「**嘻**！以樂召我，而有殺心，何也？」（《後漢書‧蔡邕列傳》）

籲！是何言歟？（《法言‧君子》）

嗟乎，燕雀安知鴻鵠之志哉！（《史記‧陳涉世家》）

嗟夫！軾之去鄉久矣，所謂遠景樓者，雖想見其處，而不能道其詳矣。（《眉州遠景樓記》）

嗚呼！盛衰之理，雖曰天命，豈非人事哉！（《五代史‧伶官傳序》）

5. 時間副詞

常置於句首，比如昔、昔者、向者、古者、今、今者、方今、乃今、而今、既而、俄而、無何、未幾、逾時、有頃、古者、是時等。

昔、昔者、向者、古者，表示過去，相當於「從前」。

昔禹治鴻水，百姓罷勞，成功既立，萬世賴之。（《漢書‧宣元六王傳》）

昔者越王句踐困於會稽之上，乃用范蠡、計然。（《史記‧貨殖列傳》）

沛公謝曰：「**向者**聞先生之容，今見先生之意矣。」（《史記‧酈生陸賈列傳》）

子曰：「**古者**言之不出，恥躬之不逮也。」（《論語‧里仁》）

今、今者、方今、乃今、而今，表示當下，相當於「現在」。

今邊境不安，天下騷動，微此人其莫能安也。（《漢書‧宣元六王傳》）

今者有小人之言，令將軍與臣有郤。（《史記‧項羽本紀》）

方今之務，莫若使民務農而已矣。(《漢書·食貨志》)

鄙人固陋，不知忌諱，乃今日見教！(《漢書·董仲舒傳》)

而今而後，吾知免夫！(論語·泰伯)

既而、俄而、無何、未幾、有頃，可翻譯為「不久」。

遂置姜氏於城潁，而誓之曰：「不及黃泉，無相見也。」既而悔之。(《左傳·隱公元年》)

俄而表卒，琮聞曹公來征，遣使請降。(《三國志·蜀書·諸葛亮傳》)

無何棄去，又留書罵之。(《後漢書·方術列傳》)

自是日益開朗，盡通諸經精義，未幾而諸師友北面受業焉。(《舊唐書·儒學列傳》)

有頃，長安中稍定，問之，果詭言。(《漢書·王商史丹傳喜列傳》)

是時，可翻譯為「那時」。

是時蒙恬威振匈奴，始皇甚尊寵蒙氏，信任賢之，而親近蒙毅，位至上卿，出則參乘，入則御前。(《史記·蒙恬列傳》)

（三）根據對話標誌詞判斷句讀

對話標誌詞有曰、云等，其後一般接對話或引文，如：

子曰：「巧言令色，鮮矣仁！」(《論語·陽貨》)

《詩》云：「永言配命，自求多福。」(《孟子·公孫丑上》)

（四）根據句法結構進行句讀

古文中常常出現總分關係或分總關係。正確判斷句子結構，有助於文獻句讀。

總分關係，即先對全文進行總結，然後分述說明。

孔子曰：「侍於君子有三愆：言未及之而言謂之躁，言及之而不言謂之隱，未見顏色而言謂之瞽。」(《論語·季氏》)

子謂子產有君子之道四焉：「其行己也恭，其事上也敬，其養民也惠，其使民也義。」(《論語·公冶長》)

分總關係，即先分述，然後對前文進行總結說明。

夫運籌策帷帳之中，決勝於千里之外，吾不如子房。鎮國家，

撫百姓，給饋餉，不絕糧道，吾不如蕭何。連百萬之軍，戰必勝，攻必取，吾不如韓信。此三者，皆人傑也，吾能用之，此吾所以取天下也。」（《史記·高祖本紀》）

　　子曰：「君子安其身而後動，易其心而後語，定其交而後求。君子脩此三者，故全也。」（《周易·繫辭下》）

（五）根據文體判斷句讀

古代文體繁多，各種文體樣式特徵各有不同。這些特徵可以幫助我們句讀。

1. 格律詩

格律詩一般包括絕句和律詩，其中絕句分為五絕和七絕，律詩分五律和七律。還有一種超過四聯的古律，又稱長律。一般五字或七字一句。另外詩歌一般都押韻，韻字後往往斷句。如杜甫《泛太湖書事寄微之》：

> 煙渚雲帆處處通，飄然舟似入虛空。
> 玉杯淺酌巡初匝，金管徐吹曲未終。
> 黃夾緗林寒有葉，碧琉璃水淨無風。
> 避旗飛鷺翩翩白，驚鼓跳魚拔剌紅。
> 澗雪壓多松偃蹇，岩泉滴久石玲瓏。
> 書為故事留湖上，吟作新詩寄浙東。
> 軍府盛容從道盛，江山氣色定知同。
> 報君一事君應羨，五宿澄波皓月中。

以上韻字空、終、風、紅、瓏、東、同、中皆屬於平水韻上平「一東」韻。七言一句，並參考韻字，可快速完成句讀。

2. 古體詩

古體詩包括歌、行、吟等體裁。大多為五言、七言，但並不嚴守格律。對古體詩句讀時尤其要注意其中長短不齊之處。如《蜀道難》：

> 問君西遊何時還？畏途巉岩不可攀。
> 但見悲鳥號古木，雄飛雌從繞林間。
> 又聞子規啼夜月，愁空山。
> 蜀道之難，難於上青天，使人聽此凋朱顏。
> 連峰去天不盈尺，枯松倒掛倚絕壁。
> 飛湍瀑流爭喧豗，砯崖轉石萬壑雷。

其險也如此，嗟爾遠道之人胡為乎來哉！

此段三言、四言、五言、七言、十一言錯雜，斷句時應格外注意。

《詩經》基本句式為四言，間有二言至九言的句式，且皆押韻，斷句時可參考上古韻部。同樣也要注意其中雜用的非四言句子。如《詩經·鄘風·柏舟》：

汎彼柏舟，在彼中河。

髧彼兩髦，實維我儀。

之死矢靡它。

母也天只！不諒人只！

汎彼柏舟，在彼河側。

髧彼兩髦，實維我特。

之死矢靡慝。

母也天只！不諒人只！

楚辭體，又稱騷體詩，其句式三言至八言不等，形式更加自由。多用「兮」「些」作為語助。一般在此處斷句。

名余曰正則兮，字余曰靈均。（《離騷》）

帶長鋏之陸離兮，冠切雲之崔嵬。（《涉江》）

3. 詞、曲

詞、曲和詩相比，句式上更具靈活性。然而在同一詞牌或曲牌下，字數有著嚴格規定，既可以根據詞譜中所規定的字數斷句，又可以根據韻字斷句。如果瞭解其格式，句讀就極為簡單。如《花非花》詞譜：

（單調二十六字，六句三仄韻）

○○○（句）●●○（韻）

●●○（句）○○●（韻）

○○○●●○○（句）

●●○○○●●（韻）〔註24〕

花非花，霧非霧，

夜半來，天明去。

來如春夢幾多時？

去似朝雲無覓處。

〔註24〕（清）王奕清等編纂，孫通海、王景桐校點：《欽定詞譜》，學苑出版社2008年版，第27頁。

天淨沙

⊙○⊙●○○（韻）

⊙○⊙●○○（韻）

⊙●○○△▲（韻）

⊙○○△（韻）

⊙○⊙●○○（韻）〔註25〕

枯藤老樹昏鴉，

小橋流水人家，

古道西風瘦馬。

夕陽西下，

斷腸人在天涯。

　　根據詞譜、曲譜中每一句的字數和韻字，可以輕鬆句讀。需要注意的是，同一詞譜或曲譜往往有不同的變式，字數相應也會有細微的變化。

4. 駢文

以雙句為主，講求對仗，多以四字、六字相間成句，故又稱四六。

　　暮春三月，江南草長，雜花生樹，群鶯亂飛。見故國之旗鼓，感平生於疇日，撫弦登陴，豈不愴恨！〔註26〕

　　遙襟甫暢，逸興遄飛。爽籟發而清風生，纖歌凝而白雲遏。睢園綠竹，氣凌彭澤之樽；鄴水朱華，光照臨川之筆。四美具，二難並。窮睇眄於中天，極娛遊於暇日。天高地迥，覺宇宙之無窮；興盡悲來，識盈虛之有數。望長安於日下，目吳會於雲間。地勢極而南溟深，天柱高而北辰遠。關山難越，誰悲失路之人；萍水相逢，盡是他鄉之客。懷帝閽而不見，奉宣室以何年？〔註27〕

以上文句皆四字或六字成句，間雜其他句式，多用對仗，句式特徵明顯。

（六）根據修辭判斷句讀

　　為了使文章更具文采，古文行文往往會採用各種修辭方式。有些修辭方式可以為句讀提供依據。

〔註25〕劉長年：《元曲格律新編》，學苑出版社2013年版，第359頁。⊙可平可仄；○平聲；●仄聲；△宜去可上；▲宜上可去。

〔註26〕（南朝梁）丘遲：《與陳伯之書》。

〔註27〕（唐）王勃：《滕王閣序》。

1. 排比

由於排比中所採用的詞組或句子結構一般相同或相似，每句字數大致相同，採用的虛詞往往重複，因此可以參考前後詞組的結構與詞性進行句讀。

> 子曰：「若臧武仲之知，公綽之不欲，卞莊子之勇，冉求之藝，文之以禮樂，亦可以為成人矣。（《論語·憲問》）

> 予謂菊，花之隱逸者也；牡丹，花之富貴者也；蓮，花之君子者也。（《愛蓮說》）

2. 頂針

指將前一句結尾之詞作為後一句開頭之詞，又稱聯珠或蟬聯。一般在行文中如果出現兩個詞語的連用，除非是形容詞、名詞的重疊形式，一般都要在兩詞語中間斷句。

> 物格而後知至，知至而後意誠，意誠而後心正，心正而後身修，身修而後家齊，家齊而後國治，國治而後天下平。（《大學》）

> 名不正則言不順，言不順則事不成；事不成則禮樂不興，禮樂不興則刑罰不中；刑罰不中則民無所措手足。（《論語·子路》）

3. 對偶

指文句中兩兩相對、字數相等、句法相似、平仄相對、意義相關的兩個詞組或句子構成的修辭法。

> 兩個黃鸝鳴翠柳，一行白鷺上青天。（《絕句》）
> 明月松間照，清泉石上流。（《山居秋暝》）

（七）根據前人注疏斷句

在有些古籍中，往往正文和注文合刊，一般正文用大字，注文用小字。如：

> 坐奠爵拜，主人答拜，不祭，立飲，卒爵，不拜既爵，酢，就於阼階上酬主人。言就者，主人立待之。【疏】注「言就」至「待之」。
> ○釋曰：言立待之者，以其不言適阼階上酢主人，明主人不去，立待之可知。主人拜受爵，尸拜送。酬不奠者，急酬侑也。【疏】注「酬不」至「侑也」。○釋曰：此決上主人酬賓奠之也。［註28］

在此段文字中，經文為大字，注、疏為小字。根據字形的大小不同即可斷句。

［註28］《十三經注疏·儀禮注疏》卷五十。

最後，要想正確句讀，不僅要掌握古代漢語基本語法規律，注重各方面文史知識的積累，更要多學多練，同時細心核對檢查。此外，平時語感的訓練尤為重要。不同時代的文風、用辭、文體、語法等有所不同，需要有針對性的加以練習。

第二節　文獻注譯

一、文獻的舊注

古注是閱讀古文的橋樑。阮元云：「士人讀書當從經學始，經學當從注疏始。空疏之士，高明之徒，讀注疏不終卷而思臥者，是不能潛心研索，終身不知有聖賢諸儒經傳之學矣。」〔註29〕可見注疏在閱讀古代文獻中的重要作用。由於時代不同，字義和句法各異。「蓋時有古今，地有南北，字有更革，音有轉移，亦勢所必至。」〔註30〕直接閱讀前人著述難免吃力。如唐代韓愈在《進學解》已謂「《周誥》《殷盤》，佶屈聱牙」。〔註31〕如果沒有前人注釋文字留存，很難想像我們今日閱讀古代文獻將會面臨多大的障礙。

（一）舊注分類

我國古代注釋體例，就其內容而言可以分為以下幾類：

1. 傳注類

此類以直接解釋古書中字詞名物的含義為主。

傳——傳是傳述的意思，原本指解釋儒家經典的書，如《春秋左氏傳》《韓詩外傳》。秦漢之際有六經、五經之說，而解釋經文的文字叫作「傳」。《論衡‧正說》謂：「聖人作其經，賢者作其傳。」

注——本意為「灌也」，引申為解釋經文以發明經義的文字。鄭玄有《三禮注》。

箋——箋創自鄭玄，他對《毛詩》的注解稱「鄭箋」。「鄭氏發明毛義，自命曰箋。」〔註32〕「謙敬不敢言注是也，言但表識其不同者耳。」〔註33〕可見

〔註29〕　（清）阮元《揅經室集‧三集》卷二《江西校刻宋本十三經注疏書後》。
〔註30〕　（明）陳第：《毛詩古音考‧序》。
〔註31〕　（唐）韓愈：《進學解》。
〔註32〕　（清）永瑢等：《四庫全書總目‧毛詩正義提要》。
〔註33〕　（南唐）徐鍇：《說文解字繫傳》通釋卷九。

「箋」與「傳」「注」等雖名不同，而並無實質差別。《十三經注疏》中的《詩經》即為毛傳、鄭箋。

訓、詁、故——《說文》：「訓，說教也。」「詁，訓故言也。」關於訓、詁兩種體例的差別，唐孔穎達謂：「詁者，古也，古今異言，通之使人知也。訓者，道也，道物之貌以告人也。」認為「詁」即以今語釋古語，「訓」指通過對特徵進行描述來解釋名物。清馬瑞辰云：「單詞則為詁，重言則為訓。詁第就其字之義旨而證明之，訓則兼其言之比興而訓道之。此詁與訓之辨也。」認為「詁」是解釋單字，「訓」指解釋雙音節詞並闡明比興之義。「故」，亦作「詁」。「故者，通其指義也。」〔註34〕在實際運用中，「訓」「故」「詁」往往混用，衍生出「故訓」「訓詁」「解詁」等名。此類代表作有何休《春秋公羊傳解詁》、張衡《周官訓詁》、馬其昶《老子故》等。《漢書·藝文志》有《魯故》二十五卷。

2. 章句類

此類以分析古文的章節和句讀為主。

章句——章，原意指一段音樂的結束，引申為章節。句即「句讀」之「句」。章句是「離章辨句」的簡稱，即分析章節句讀，總結章節要旨。如《離騷》：「長太息以掩涕兮，哀民生之多艱。」王逸《楚辭章句》：「艱，難也，言己自傷施行不合於世，將效彭咸自沉於淵，乃太息長悲，哀念萬民，受命而生，遭遇多難，以隕其身。申生雉經，自胥沉江，是謂多難也。」章句之體興於漢代，比較著名的有王逸《楚辭章句》、趙岐《孟子章句》。

3. 義疏類

此類以疏通經注，闡發義旨為主。

義疏——又稱「疏」。疏有「疏通」之意，指解釋傳文的文字。義疏之體起源於南北朝時期，受到佛家講經的影響。其內容為疏通經義和舊注的文意，闡發原文思想，或搜集材料，對舊注進行補充解釋。代表作有皇侃《論語義疏》、郝懿行《爾雅義疏》、陳立《公羊義疏》等。義疏之體旁徵博引，羅列材料，其弊端在於瑣碎繁冗。

正義——解釋經傳而得義之正者。正義不僅注釋正文，也為前人注釋作注。魏晉南北朝時期，國家長期分裂，南北對立，經學內部也一片混亂，宗派林立，分為南學和北學。唐太宗為了整頓學術混亂局面，統一文化思想，故命

〔註34〕班固撰、顏師古注：《漢書注》卷三十。

孔穎達等人主持撰修《五經正義》。此書成為唐代科舉考試的統一標準。與義疏相比，正義具有官方性質，遵循「疏不破注」的原則，即使注文有誤也不加改正，難免墨守成規。

4. 集解類

此類以羅列各家注疏為主，兼下己義。

集解——集合各家之說，亦兼下己意。何晏《論語集解》為典型的集解之作。後世集解、集注、集傳、集釋皆屬此類。杜預《春秋經傳集解》雖名為「集解」，而體例與「集解」並不相合。「杜言集解，謂聚集經傳，為之作解；何晏《論語集解》，乃聚集諸家義理，以解論語，言同而意異也。」〔註35〕可見《春秋經傳集解》當屬傳注類。集解的優點在於可以通過對比各家注解，一目了然地分辨孰優孰劣，又能兼下己義，有所取捨。代表性著作有朱熹《詩集傳》、郭慶藩《莊子集釋》等。

5. 音義類

此類以注音為主，兼及字義。代表性著作為唐代陸德明《經典釋文》、玄應《一切經音義》、宋代孫奭《孟子音義》。

以上五類大體包括了古注的基本功能，即：解釋字詞，標注音讀；補充內容、背景；離章析句；闡述思想，發揮義理。古注名目繁多，顧炎武《日知錄》謂：「其先儒釋經之書，或曰傳，或曰箋，或曰解，或曰學，今通謂之注。《書》則孔安國傳，《詩》則毛萇傳、鄭玄箋，《周禮》《儀禮》《禮記》則鄭玄注，《公羊》則何休學，《孟子》則趙岐注，皆漢人。《易》則王弼注，魏人。《繫辭》則韓康伯注，晉人。《論語》則何晏集解，魏人。《左氏》則杜預注，《爾雅》則郭璞注，《穀梁》則范甯集解，皆晉人。《孝經》則唐明皇御注。其後儒辨釋之書名曰正義，今通謂之疏。」〔註36〕另有補注、說義、微、講疏、索隱、直解、述、疏證、通釋、正讀、譯注、纂義、今詁、說、詮、述、訂、校、徵、疑、義、間詁、音訓、內傳、外傳、大傳、小傳、補傳等等。大部分僅為名稱不同，實際意義並無太大差別。

（二）舊注的格式

古人在對古文進行注釋時遵循一定的格式，主要包括以下類型：

〔註35〕班固：《漢書‧藝文志》。
〔註36〕（清）顧炎武：《日知錄》卷十八「十三經注疏」條。

1.「某，某也」

或作：「某者，某也。」這種注釋格式就是以後者解釋前者。如：

> 載，歲也。(《釋名》)

> 地者，底也。(《釋名》)

2. 曰、為、謂之

既可以用來解釋名物制度，也可以用以分別同義詞或近義詞間的細微差別。大致相當於現代漢語的「叫做」。使用這幾個術語時，被解釋的詞放在它們的後面。

> 山西曰夕陽，山東曰朝陽。(《爾雅》)

> 泰山為東嶽，華山為西嶽，霍山為南嶽，恒山為北嶽，嵩高為中嶽。(《爾雅》)

> 楚謂之黨，或曰曉，齊宋之間謂之哲。(《方言》)

3. 謂

用來說明前面詞語所指的範圍或比喻，被解釋的詞置於前面，相當於現代漢語「指的是」。「謂」有時用來串講句意。

> 有謂富也，無謂貧也。(《毛傳》)

4. 猶

通常用來解釋同義或近義詞，或者用引申義訓釋本義，解釋詞與被釋詞之間意義不完全相同。「凡漢人作注云『猶』者，皆義隔而通之。」〔註37〕相當於現代漢語「等於說」「如同」。

> 弩猶怒也。(《方言》)

5. 貌、之貌

一般用在動詞或形容詞後，解釋表示某種狀態或某種性質的形容詞，相當於現代漢語「……的樣子」。

> 庚，堅強貌也。(《釋名》)

> 悱者，口欲言而未能之貌。(《論語集注》)

6. 之言、之為言

用音同或音近的詞來釋詞，一般為同源字。以後詞釋前詞，表示被訓釋詞和訓釋詞語源相同，意義相通，旨在探求事物得名的由來，這種稱為聲訓或音訓。

〔註37〕（清）段玉裁：《說文解字注》卷三篇上。

膳之言善也，今時美物曰珍膳。(《春秋左傳正義》)

政之為言正也，所以正人之不正也；德之為言得也，得於心而不失也。(《論語集注》)

(三) 注音方法

古注在注解字義的同時還要注解字音。注音的方法有以下幾種：

1. 直音法

即用同音字來注音，一般形式為「某，音某」。例如：

誕，音但。(《爾雅疏》)

這種注音方法的缺點在於用來注音的字必須是常見字，否則難以起到明字音的作用。

2. 讀若法

用本字說明通假字，點明通假現象，一般形式為「讀為」「讀曰」「讀如」「讀若」等。「讀如、讀若者，擬其音也。古無反語，故為比方之詞。」〔註38〕被解釋的字詞放在術語之前，用來解釋的詞放在術語之後。

例如：

愉讀曰偷。(《毛詩注疏》)

泮讀為畔。(《毛詩注疏》)

屮，草木初生也。象丨出形，有枝莖也。古文或以為艸字。讀若徹。(《說文解字》)

信，讀如屈伸之伸。(《禮記注》)

3. 譬況法

用描述性的語言來說明某字的發音狀況。例如：

風，兗豫司冀橫口合脣言之。風，汜也，其氣博汜而動物也。

青徐言風，踧口開脣推氣言之。風，放也，氣放散也。(《釋名》)

這種方法具有非常大的模糊性，只能用來描述字音，嚴格意義來講並非注音方式。

4. 反切法

用兩個字拼出另一個字的讀音，又稱「反」或「切」。一般認為反切法產生於東漢末年，隨著佛教傳入中國，在梵語的影響下中國產生了反切注音法。

〔註38〕 (清) 段玉裁：《周禮漢讀考·序》。

顏之推《顏氏家訓·音辭篇》云:「孫叔然創《爾雅音義》,是漢末人獨知反語,至於魏世,此事大行。」事實上孫炎以前的學者已經開始使用反切。由於反切既擺脫了譬況法的主觀和不確定,又解決了直音法所面臨的生僻字問題,故而在古代廣為流傳。

反切的具體操作方法是運用雙聲疊韻原理,反切上字與被切字為雙聲,反切下字與被切字為疊韻。一般形式為「某某切」或「某某反」。如「孟」,韻書多注為「莫更切」。其中「莫」稱為反切上字,「更」稱為反切下字。取反切上字的聲母,反切下字的韻母和聲調,組合為新的音節,即為所注釋字的讀音。然而需要注意的是,由於古今語音變化,古籍中所標注的反切注音,與今天的讀音並非完全一致。

5. 如字

用來注明多音字讀音的一種注音法。多音字最常見的讀音叫做「本音」。如果注為「如字」,就是說要按照本音來讀。如:

> 子曰:「苟志於仁矣,無惡也。」(惡,如字)(《論語集注》)

此處的「惡」當讀為「惡劣」之「惡」,而非「厭惡」之「惡」。

(四) 釋義方法

在古代文獻注釋中解釋詞義的方法一般有三種,即形訓、聲訓和義訓。

1. 形訓

形訓是以形說義的方法,即通過分析字的形體結構來解釋詞義。這種釋義方法尤以《說文解字》為代表。如:

> 王,天下所歸往也。董仲舒曰:古之造文者,三畫而連其中謂之王。三者,天地人也,而參通之者王也。孔子曰:『一貫三為王。』凡王之屬皆從王。」

> 冊,符命也。諸侯進受於王也。象其札一長一短,中有二編之形。凡冊之屬皆從冊。

漢字中無論象形字還是指事字、會意字、形聲字,都可以從形體結構出發來解釋。然而,一方面由漢字起源很早,代遠難稽,造字之初的本意有的不再使用,另一方面,某些字的意義並非完全由形體結構決定。因此,如果一味依賴形體去解釋,難免會產生「波者水之皮」〔註39〕之類的曲解。

〔註39〕(明)楊慎:《升菴集》卷六十二「荊公字說」。

2. 聲訓

又稱音訓，指用聲音相同或相近的詞來解釋詞義，推求辭源的注釋方法。運用聲訓法最具有代表性的著作是《釋名》。如：

> 聾，籠也。如在蒙籠之內，聽不察也。
>
> 懈，解也，骨節解緩也。

聲訓起源很早，先秦古籍中已經出現，漢代廣泛使用。然而當時的聲訓多為臆測，謬誤頗多。直到清代，學者推求古音，運用「因聲求義，音近義通」的原理來研究小學，取得了極高的成就。

聲訓之法對字音和字義的關係極為重視。清代學者推求古音，主張因聲求義，也和聲訓之法有著密切關係。

聲訓的作用體現在以下方面：

第一，探求同源詞。某些詞本是同一語源，後來分化成幾個意義相關而不完全相同的詞。這些詞往往聲音也相近，稱為同源詞。聲訓所用詞一般在語音和意義上都有聯繫，多為同源詞。

第二，推求假借字的本字。本字，即最初為某字而造的字，又稱正字。如表示「春秋時諸侯的首領」這個義項的字為「伯」，後來常以「霸」作為其假借字，於是，「霸」反而成為常見寫法，如「春秋五霸」。其中「伯」為本字，「霸」為假借字。「訓詁之旨，存乎聲音。字之聲同聲近者，經傳往往假借。學者以聲求義，破其假借之字而讀以本字，則渙然冰釋。如其假借之字而強為之解，則詰屈為病矣。」〔註40〕根據聲訓所用的字，可以擺脫字形的束縛，推求本字。

第三，藉以研究當時的語音系統。根據聲訓所用字，可以考察語音，還原當時語音系統。

聲訓的缺點在於：

第一，不能準確地定義詞義。聲訓往往僅能解釋名物的某一種性狀，而無法作出全面精確的解釋，從而導致以偏概全，流於片面。如：

> 紙，砥也，謂平滑如砥石也。（《釋名》）
>
> 眠，泯也，無知泯泯也。（《釋名》）

以上兩條，皆是根據某一性狀來描述詞義，沒有揭示所釋詞本義。

第二，牽強附會，過於主觀。有些聲訓與被解釋的字往往僅是聲音相近，無意義上的必然聯繫。

〔註40〕（清）王引之：《經義述聞序》。

> 雨，羽也，如鳥羽動則散也。(《釋名》)
>
> 戚，感也。斧以斬斷，見者皆感懼也。(《釋名》)

如此之類，全無根據，乃附會成說。

3. 義訓

既不通過字音考求字義，也不通過字形分析字義，而直接訓釋詞義的釋義方法。如：

> 翁、公、叟，父也。(《廣雅》)
>
> 黔首、氓，民也。(《廣雅》)

正如段玉裁所說：「故文字之始作也，有義而後有音，有音而後有形。」〔註41〕這種訓釋方法不依賴於字形與字音，而是抓住了解釋的關鍵點——字義，避免了因字形與字音而導致的臆測或誤讀。

（五）注釋工具書

古文年代久遠，難以理解，學習古文可借助一些基本的工具書。

1.《佩文韻府》

又稱《御定佩文韻府》，由清聖祖康熙敕命張玉書、陳廷敬、李光地等人編纂。始纂於康熙四十三年（1704），成書於康熙五十年（1711）。此書編纂的目的是為了給士人作詩時查找辭藻和典故方便，兼具詞典和韻書的性質。全書原為一百零六卷，收入《四庫全書》時分為四百四十四卷，在元代陰時夫《韻府群玉》和明代凌稚隆《五車韻瑞》的基礎上增補而來。收字約一萬，按平水韻一百零六韻排列，分為平上去入四聲。每字下注明反切和釋文。字後繫詞，收詞分「韻藻」「增」「對語」「摘句」。韻藻為《韻府群玉》《五車韻瑞》原有的內容。增字為《韻府群玉》《五車韻瑞》未收錄內容。「對語」為二字、三字的詞。「摘句」為以該字為尾的詩句。此書獨特之處在於收詞以詞尾相同排列在一起，這樣做主要是為了方便作詩時作為韻腳。此書卷帙浩繁，收錄材料頗豐，給學者帶來極大便利。然而書中所引材料多為輾轉抄襲而來，與原文相比難免訛誤。其次書中引文皆不標注篇名，查找不便。

2.《經籍籑詁》

清代阮元主編，以臧鏞堂、臧禮堂兄弟為總纂，集合眾人之力編撰而成，兼具字典和辭書的性質。此書收錄唐以前的古文及其注釋，採錄古書達 100 餘

〔註41〕（清）段玉裁：《說文解字注》卷三十。

種。全書收 13349 字，依《佩文韻府》所列平水韻一百零六韻排列編次，每韻一卷，共一百零六卷。總纂臧氏兄弟治學嚴謹，學力精深，其餘參與者皆為一時之選，故此書學術水平歷來為人稱道，具有很高的實用價值。王引之謂：「展一韻而眾字畢備，檢一字而諸訓皆存，尋一訓而原書可識，所謂握六藝之鈐鍵，廓九流之潭奧者矣。」〔註42〕然而此書也有不足之處：一、此書材料雖豐富，但良莠不辨。二、對字詞義項的歸納不夠嚴謹。三、對他書的引用間有錯訛，只能作為檢索的工具，若要引用還需核對原書。四、對於不懂平水韻的人來說檢索不易。

3.《經傳釋詞》

清代王引之撰。此書是一部解釋文言虛詞的專著，共十卷，按喉、牙、舌、齒、唇五個發音部位的順序排列。所收虛字 160 個，以單音虛詞為主，也有同義虛詞連用。所收虛詞的來源以九經三傳為主，以子書和其他書籍為輔，上起周秦，下訖西漢。此書熟練使用「因聲求義」的方法，不拘文字形體。古代解釋實詞的詞典甚多，對虛詞研究的專著卻很少。王引之之前雖有劉淇《助字辨略》，然而其水平與成就難以與之比肩。此書對後代的虛詞研究產生了很大影響，為後世推重。胡培翬謂：「是書專釋語詞虛字，闢前古未有之途徑，薈萃眾解，津逮後人，足補《爾雅》之闕」。〔註43〕

4.《故訓彙纂》

由武漢大學古籍所編寫，主編為宗福邦、陳世鐃、蕭海波。此書在《經籍纂詁》的基礎上擴充而來，但在多方面超越了《經籍纂詁》。首先，在卷帙上，《故訓彙纂》收錄字頭近兩萬個，篇幅約 1300 萬字，是《經籍纂詁》的四倍。其次，在引用材料上，《故訓彙纂》彙集了先秦至晚清各代文獻中的注釋材料，引用古籍二百二十餘種，引據訓詁資料約 50 萬條，不僅包括儒家經典，也有採自佛經與近人訓詁筆記、反映近代漢語詞義變化的豐富語料。引用更加準確，務求直接援引原文。第三，編排更加合理，依《康熙字典》214 部首歸類，書前有單字漢語拼音索引，又有難檢字筆劃索引，檢索方便。

二、文獻的新注

文獻新注區別於舊注，其時間界定在 1912 年以後。隨著白話文的普及，

〔註42〕（清）王引之：《王文簡公文集》卷三《經籍纂詁序》。
〔註43〕（清）胡培翬：《研六堂文鈔》卷七《經傳釋詞書後》。

採用文言文對古籍進行注釋已經無法滿足普通大眾閱讀古籍的需求，所以學者採用更為簡單明瞭的白話語言對古籍進行注解，這種有別於舊注的形式對古籍的推廣具有重大意義。特別是新時期政府倡導整理傳統文獻典籍，推動了古籍今注的發展。較有影響的新注有：

金景芳等《周易全解》

高亨《周易古經今注》

高亨《周易大傳今注》

李鏡池《周易探源》

尚秉和《周易尚氏學》

周秉鈞《尚書易解》

錢宗武《尚書解讀》

周振甫《詩經譯注》

陳子展《詩經直解》

陳子展《詩三百解題》

林尹《周禮今注今譯》

楊天宇《周禮譯注》

楊天宇《儀禮譯注》

王夢鷗《禮記今注今譯》

楊伯峻《春秋左傳注》

李宗侗《春秋公羊傳今注今譯》

程樹德《論語集釋》

楊樹達《論語疏證》

楊伯峻《論語譯注》

楊逢彬《論語新注新譯》

楊伯峻《孟子譯注》

楊逢彬《孟子新注新譯》

瀧川資言《史記會注考證》

張大可《史記全本新注》

韓兆琦《史記箋證》

楊樹達《漢書窺管》

繆鉞《三國志選注》

王天海《荀子校釋》

王利器《新語校注》

閻振益、鍾夏《新書校注》

鍾哲《春秋繁露義證》

王利器《顏氏家訓集解》

王利器《呂氏春秋注疏》

王利器《鹽鐵論校注》

汪榮寶《法言義疏》

傅亞庶《劉子校釋》

陳奇猷《呂氏春秋新校釋》

許維遹《呂氏春秋集釋》

樓宇烈《老子道德經注校釋》

陳鼓應《老子今注今譯》

任繼愈《老子新譯》

楊伯峻《列子集釋》

李步嘉《越絕書校釋》

許富宏《慎子集校集注》

吳毓江《墨子校注》

諸祖耿《戰國策集注匯考》

繆文遠《戰國策新校注》

余嘉錫《世說新語箋疏》

王明《抱朴子內篇校釋》

楊明照《抱朴子外篇校箋》

黃暉《論衡校釋》

劉文典《淮南鴻烈集解》

何寧《淮南子集釋》

袁珂《山海經校注》

陳子展《楚辭直解》

湯炳正《楚辭今注》

范文瀾《文心雕龍注》

王利器《文心雕龍校證》

楊明照《文心雕龍校注拾遺》

詹瑛《文心雕龍義證》

三、文獻的翻譯

（一）文獻翻譯簡介

文獻翻譯是文化交流中必不可少的環節。文獻的翻譯包括漢文、外文互譯以及古文翻譯為現代漢語。本節主要介紹漢文、外文互譯。

《說文解字》卷三上：「譯，傳譯四夷之言者。」「譯」原是名詞，最初的含義就是翻譯外族語言的人，後來變成了動詞，表示將一種語言轉換成另一種語言。「翻譯」一詞，最遲在南北朝時期隨著佛經的翻譯而出現。由於我國地域遼闊，部族眾多，語言千差萬別，因此，語言翻譯必不可少。

關於翻譯的最早文字記載可以追溯到戰國時期。劉向《說苑》載：

襄成君始封之日，衣翠衣，帶玉劍，履縞舄，立於游水之上，大夫擁鍾錘，縣令執桴號令，呼：「誰能渡王者於是也？」楚大夫莊辛，過而說之，遂造託而拜謁，起立曰：「臣願把君之手，其可乎？」襄成君忿作色而不言。莊辛遷延沓手而稱曰：「君獨不聞夫鄂君子皙之泛舟於新波之中也？乘青翰之舟，極茵芘，張翠蓋而檢犀尾，班麗裷衽，會鍾鼓之音，畢榜枻越人擁楫而歌，歌辭曰：『濫兮抃草濫予昌枑澤予昌州州焉乎秦胥胥縵予乎昭澶秦踰滲惿隨河湖。』鄂君子皙曰：『吾不知越歌，子試為我楚說之。』於是乃召越譯，乃楚說之曰：『今夕何夕搴中洲流，今日何日兮，得與王子同舟。蒙羞被好兮，不訾詬恥，心幾頑而不絕兮，知得王子。山有木兮木有枝，心說君兮君不知。』於是鄂君子皙乃 修袂，行而擁之，舉繡被而覆之。鄂君子皙，親楚王母弟也。官為令尹，爵為執圭，一榜枻越人猶得交歡盡意焉。今君何以踰於鄂君子皙，臣何以獨不若榜枻之人，願把君之手，其不可何也？」

襄成君乃奉手而進之，曰：「吾少之時，亦嘗以色稱於長者矣。未嘗過僇如此之卒也。自今以後，願以壯少之禮謹受命。」[註44]

楚國的鄂君子皙不懂越人的語言，通過譯者將越語翻譯為楚語，才理解了越人的意思。這篇《越人歌》是最早的譯詩。

[註44]（漢）劉向：《說苑·善說》。

《禮記‧王制》載：「五方之民，言語不通，嗜欲不同。達其志，通其欲，東方曰寄，南方曰象，西方曰狄鞮，北方曰譯。」其中寄、象、狄鞮、譯即古代的翻譯。又《國語‧周語中》云：「故坐諸門外，而使舌人體委與之。」韋昭注曰：「舌人，能達異方之志，象胥之官也。」舌人成為古代翻譯官的代稱。

關於翻譯，漢許慎《說文解字》云：「囮，譯也。從『口』，『化』聲。率鳥者係生鳥以來之，名曰『囮』，讀若『譌』。」這裡指以鳥媒誘捕。

唐孫穎達《禮記正義》對翻譯有進一步的解釋：「寄，言傳寄內外語言」，「象者，言放象內外之言」，「譯，陳也，謂陳說內外之言」。唐賈公彥《周禮義疏》則說的更為明白：「譯即易，謂換易言語使相解也。」

錢鍾書對《說文解字》的解釋提出了不同看法：「《說文解字》卷六《口》部第 26 字：囮，譯也。從『口』，『化』聲。率鳥者係生鳥以來之，名曰『囮』，讀若『譌』。南唐以來，『小學』家都申說『譯』就是『傳四夷及鳥獸之語』，好比『鳥媒』對『禽鳥』所施的引『誘』，『訛』『化』和『囮』是同一個字。『譯』『誘』『媒』『訛』『化』這些一脈相連、彼此呼應的意義，組成了研究詩歌語言的人所謂『虛涵數意』，把翻譯所起的作用、難於避免的毛病、所向往的最高境界彷彿一一透視出來了。文學翻譯的最高標準是化。」〔註 45〕錢鍾書認為翻譯最高的境界是化境。

（二）古代文獻翻譯的三大高潮

中國歷代王朝安撫境內少數民族，或與外國進行交流，皆離不開翻譯。因此，但凡開明的君主，皆重視培養翻譯人才、翻譯外國書籍。在中國古代翻譯史上出現了三大高潮，即東漢至唐宋的佛經翻譯，明末清初的自然科學翻譯，清末至五四前的技術、政治、思想、文學翻譯。

1. 佛經翻譯

佛教產生於公元前五世紀，東漢末年由天竺經中亞傳入中國，在魏晉南北朝時得到發展。隋唐時期是我國佛教鼎盛時期，形成了天台宗、三論宗、律宗、淨土宗、法相宗、華嚴宗、禪宗、密宗等眾多宗派。佛教對於我國屬於舶來品，經過早期對印度佛教的吸收和改良，並與中國實際相結合，最終形成了具有中國特色的佛教體系。

佛經翻譯是我國佛教得以發展的重要基礎，也是我國古代翻譯史上的重

〔註 45〕錢鍾書：《林紓的翻譯》。

要部分。佛經翻譯自漢末開始，至宋代基本結束。翻譯佛經的主要力量分為兩類，一是由西方來到中國的外國僧侶，如安世高、鳩摩羅什、真諦等；一是西行取經的中土僧侶，如玄奘、釋道安、義淨等。所依據的文本有兩種，一種是由梵文直接譯為漢文，一種是由當時西域各國所流傳的版本轉譯。中國最早翻譯的佛經相傳是迦葉摩騰於白馬寺譯《四十二章經》。而最早的有據可考的佛經譯本是由安息僧人安世高翻譯的《明度五十校計經》。鳩摩羅什、真諦、不空、玄奘被稱為佛經翻譯中的「譯經四大家」。

佛經翻譯對我國傳統文化產生了極為重大的影響：

第一，在思想上，佛經翻譯對佛教中國化產生了很大的促進作用。佛經翻譯使誦習佛經者獲得了更加符合原意、切合漢語文法的譯本，使佛經得以廣泛傳播，為佛教融入中國傳統思想，實現中國化奠定了堅實的基礎。佛教對我國傳統文化產生深刻影響，其眾生平等、四大皆空、因果報應、發慈悲心等思想以及佛教哲學為中國文化所接受，成為中華文化的一部分，魏晉玄學、宋明理學等思潮與佛教思想有密切關係。

第二，在語言上，佛經中的詞彙被納入古代漢語，至今仍在使用，如因果、報應、輪迴、菩提、世界、實際、平等、秘密等。可以說，沒有了佛經詞彙，就沒有漢語博大精深的系統。梵語傳入中國，其聲母、韻母結構還啟發中國學者開創了反切注音法。

第三，在文學上，佛經翻譯還擴充了文學的樣式和內容。唐代產生的變文，就是在佛教僧侶所謂「唱導」的影響下，繼承漢魏六朝樂府詩、志怪小說、雜賦等文學傳統逐漸發展成熟的一種文體，其最初取材多為佛經故事，後來範圍逐漸擴大，產生了像《伍子胥變文》《孟姜女變文》等。變文在興起後，又反過來對唐代傳奇、宋元話本等文學樣式產生影響。佛教的流傳還豐富了文學內容。唐代詩人王維，字摩詰，其名字本身就來自佛經中的維摩詰居士。其詩作多透露出禪理，與佛教思想契合，後世稱其為「詩佛」。明代吳承恩的《西遊記》、許仲琳的《封神演義》，都受到佛經的深刻影響。其他摻雜佛教思想的詩歌、小說等更是數不勝數。

佛經翻譯自東漢末年起，經魏晉南北朝，至隋唐皆有所發展，然而唐代以後，佛教雖然依舊興盛，但至宋元，漸趨沈寂。究其原因，一是中國佛教理論逐漸完備，無需依賴梵文佛經；二是譯經者水平不如前代；三是到了 12 世紀末，佛教在印度衰落，佛經翻譯沒有了根源。

2. 明末清初的自然科學翻譯

明末清初，大批天主教傳教士進入中國，其主要目的是為了傳播西方宗教，但當時的士大夫深習孔孟之書，對其宗教思想並不熱心，而西方的科學技術卻引起了士大夫的注意。故傳教士試圖通過翻譯西方科學著作，循序漸進地讓中國人接收天主教。雖然傳播西方科技並非他們的主觀願望，但這確實為中國帶來了近代自然科學知識。這一時期從事翻譯的主要參與者包括西方傳教士和中國士大夫。由於士大夫難以閱讀外文著作，而傳教士漢語水平普遍不高，故互相合作，由傳教士口譯，士大夫負責潤色。在這一過程中傳教士佔據主導地位。所翻譯的著作除宗教著作外，還涉及天文學、數學、物理學、冶金學、工程學、軍事學、醫學、生物學、地理學、語言文字學等。當時的著名翻譯家有傳教士利瑪竇、湯若望、南懷仁、羅雅谷以及士大夫徐光啟等。

這次科學翻譯活動有重大意義，是中外關係史上的一件大事，使中國人接觸到西學，瞭解西方世界的情況，擴大了視野。遺憾的是此次翻譯高潮僅限於自然學術界，並未引起社會各界廣泛的重視，未對中國社會的變革產生實質影響。

3. 清末至五四前的技術、政治、思想翻譯與文學翻譯

這一時期的翻譯以甲午戰爭為界分為兩部分。甲午戰爭前，有官方主導的同文館和江南製造局翻譯館，所翻譯多為西方技術類書籍，服從於洋務運動的需要。但這種翻譯並未能深刻改變中國面貌。

甲午戰爭後，洋務運動失敗，中國人對西方文化的需求更為迫切，主張學習西方制度的呼聲日益高漲。翻譯政治著作的學者以嚴復為代表。隨著西方政治、思想書籍的譯本進入中國，自由、民主、平等等觀念深入人心，對中國的思想啟蒙具有重要意義，但對傳統文化也帶來衝擊，中學和西學發生碰撞和交融。

另一方面，外國文學的翻譯也逐漸發展起來。較為著名的小說翻譯家有林紓、周桂笙、徐念慈等。蘇曼殊在翻譯詩歌方面成就突出，翻譯了英國詩人拜倫、雪萊，德國詩人歌德等人的大量詩作。在這一時期，外國文學的基本體裁都傳入中國，對中國的文學創作產生了強烈的衝擊，推進了文學的近代化。

（三）漢籍外譯

漢籍外譯是指把中國的文獻翻譯為外文。中國的漢籍外譯現象自古有之。最早的漢籍外譯活動可追溯到魏晉南北朝時期，北天竺僧人菩提留支翻譯《大

乘義章》:「流支讀曇謨最《大乘義章》,每彈指讚歎,唱言微妙,即為胡書寫之,傳之於西域。」〔註46〕後來,玄奘曾將《老子》翻譯為梵文,流傳西域。《續高僧傳》載:「奘奉敕翻《老子》五千言為梵言,以遺西域。」〔註47〕

到了近代,隨著中國與外國聯繫日益密切,中國古籍也被傳播到外國,英國的理雅各、法國學者顧賽芬與德國學者衛禮賢將中國儒家經典翻譯為外文,促進了漢籍在世界的傳播,被稱為漢籍歐譯三大師。辜鴻銘、蘇曼殊等也曾將中國的重要著作翻譯為外文。

新中國成立後至今,國家支持對外交流,重視中華文化的對外推廣,中外交流更加頻繁,漢籍外譯進入了一個新的時期,國家主導的翻譯模式都為主體,許多漢籍外譯的重大項目大大提高了我國傳統文化的影響力,使我國文化事業日益走向世界。如 1995 年立項的《大中華文庫》(漢英對照)工程,是我國歷史上首次系統地全面地向世界推出外文版中國文化典籍的國家重大出版工程,首批選擇了 100 部作品,囊括了文化、歷史、哲學、經濟、軍事、科技等領域最具代表性的經典著作,時間跨度為先秦至近代,均由專家校勘整理,由古文譯成白話文,再從由白話文譯成英文。

四、文獻的今譯

(一)文獻今譯簡介

文獻今譯指以今語釋古語,即將古文翻譯為符合現代語法規範和語言習慣的白話文,嚴格意義上也屬於翻譯的一種。文獻今譯為非古文學者閱讀古代文獻提供方便,對古代文獻的普及具有重要意義。

文獻今譯與文獻注釋不同,今譯講求的是從全文著眼,把文章作為一個整體,需要對原文有深刻的理解。而注釋則以字詞為單位,更注重「點」的把握。

為了普及中國古典文獻,自白話文通行以來,學者就很注重對古籍進行今譯。較為著名的作品有楊伯峻《論語譯注》、陳鼓應《老子今注今譯》、周振甫《文心雕龍今譯》、徐放《唐詩今譯》、余冠英《詩經今譯》、沈玉成《左傳譯文》、王利器《史記注譯》等。一些出版社和機構也大力推進古籍今譯,推出了許多古籍今譯的項目,如貴州人民出版社的《中國歷代名著全譯叢書》。此

〔註46〕 (北魏)楊衒之:《洛陽伽藍記》卷四。
〔註47〕 (唐)道宣:《續高僧傳》卷五《玄奘傳》。

套叢書前後兩批，共 100 種，所翻譯內容遍涉四部，規模龐大。臺灣商務印書館《中華古籍今注今譯叢書》，由王雲五先生主編，所收皆為四部中重具代表性的典籍，由名家編寫，較為權威。

（二）文獻今譯的方法

文獻今譯的方法一般有兩種，即直譯和意譯。

直譯是既完全忠於原文內容，又保持原文語序、句法結構不變的翻譯方式。這種翻譯方式將原文和譯文一一對應，可以保留原文的語言風格，有助於深入理解原文字詞含義。如：

今日割五城，明日割十城，然後得一夕安寢。（《六國論》）

可直譯為：今天割讓五座城池，明天割讓十座城池，然後得到一夜的安睡。

但一味採用直譯，則會失於刻板，甚至使翻譯成為「死譯」「硬譯」。

意譯，即在保持原文基本內容不變的基礎上，調整原文的結構和詞語，靈活地按照譯者自己的方式將原文表達出來。意譯不在於解釋原文字句，而重於傳達原文思想。一般用於詩歌及其他韻文翻譯。這種翻譯方式可以使讀者瞭解原文思想內容，但不利於理解字句，也會改變原文的語言風格。如：

桃之夭夭，	桃樹年輕枝正好，
灼灼其華。	花開紅紅開得妙。
之子于歸，	這個姑娘來出嫁，
宜其室家。	適宜恰好成了家。
桃之夭夭，	桃樹年輕枝正好，
有蕡其實。	結的果兒大得妙。
之子于歸，	這個姑娘來出嫁，
宜其家室。	適宜恰好成一家。
桃之夭夭，	桃樹年輕枝正好，
其葉蓁蓁。	葉兒茂密密得妙。
之子于歸，	這個姑娘來出嫁，
宜其家人。	適宜一家人都好。〔註48〕

直譯與意譯相互聯繫、相互補充。在實際操作中，應當以直譯為主，意譯為輔。

必須注意的是，閱讀古文譯文雖然便捷，但是不可代替閱讀原著。再好的

〔註48〕周振甫：《詩經選譯》，中華書局 2002 年版，第 9 頁。

今譯也只是譯者個人對原著的理解，或多或少摻入了主觀因素。若想瞭解古文的精髓，就必須深入閱讀原著。

第三節　文獻校理簡史

一、先秦兩漢的文獻校理

先秦兩漢時期是我國文獻學的萌芽時期。先秦時期，學在官府的情況發生很大變化，民間學術開始發展，諸子百家興起，先秦諸子重視文獻的整理。秦代焚書給古代文獻帶來浩劫，但儒家經典《詩》《書》等仍流傳不絕。到了漢代，政府組織了大規模的文獻校理活動，漢代學者在經學注釋方面取了很大成績。

（一）先秦兩漢文獻注釋

先秦時期比較常見的注釋方式是直接在正文中進行注釋，如「同謂之玄」〔註49〕，「老而無妻曰鰥，老而無夫曰寡，老而無子曰獨，幼而無父曰孤」〔註50〕。但這一時期，《易傳》《左傳》《公羊傳》《穀梁傳》等注釋性著作就已經出現。

至漢代，隨著社會的安定，統治者對文化教育的重視，學術逐漸繁榮。漢初，黃老之學盛行。漢武帝接受董仲舒的建議，罷黜百家，獨尊儒術，確立了儒學的統治地位。由於五經博士設立後，立於學官的基本上都是今文經，古文經不得立，於是有經今古文之爭。今古文之爭是中國經學史上一大公案。由於秦朝焚書坑儒，禁止民間經書流傳，導致經書幾近絕跡。漢惠帝時廢除挾書令，儒生根據記憶將經書以漢代通行的隸書整理出來，由於是當時通行之文字，故稱為今文經。而在秦朝禁書中，為民間所藏的經書在漢代也陸續發掘出來，其字體是秦朝通行的篆書或其他六國文字，故稱為古文。今古文的差別在於：

第一，字體不同。今文經字體為隸書，古文經字體為篆書或六國文字。

第二，文本內容不同。由於今文經依靠記憶整理，且年代久遠，難免出現差異。具體表現在篇章劃分、具體詞句的不同。如據《漢書・藝文志》記載，今文《詩經》分魯、齊、韓三家，為二十八卷；古文《詩經》有毛詩一家，二十九卷。

〔註49〕《老子》。
〔註50〕《孟子・梁惠王下》。

第三，對名物典制的解釋不同。今文派強調微言大義，古文派注重章句訓詁。

第四，尊奉對象不同。今文派尊奉孔子，古文派尊奉周公。

第五，學術目的不同。今文派主張通經致用，古文派主張為治學。

為了獲得學術上的統治地位，今古文派互相攻訐，客觀上對經學的發展起到推動作用。今古文之爭始於西漢，這一時期今文經基本被列入學官，佔據著絕對的優勢。而古文派則在民間發展。至東漢後期，鄭玄混亂今古文家法，兼採今古文，自成一家之言，今古文之爭逐漸銷聲匿跡。直到清代，今文派才在康有為等人的鼓吹下復興。

漢代最負盛名的經學家當屬鄭玄。鄭玄字康成，北海高密（今山東高密）人，為東漢末年經學大師，曾從學者馬融學習古文經。鄭玄打破經學家法，貫通古今，遍注群經，「凡玄所注《周易》《尚書》《毛詩》《儀禮》《禮記》《論語》《孝經》《尚書大傳》《中候》《乾象曆》，又著《天文七政論》《魯禮禘祫義》《六藝論》《毛詩譜》《駁許慎〈五經異義〉》《答臨孝存〈周禮難〉》，凡百餘萬言。」〔註51〕使經學進入了「小統一時代」。後人稱其學術為「鄭學」。

這一時期其他學者及其代表作還有：毛亨《毛詩故訓傳》，孔安國《古文尚書注》，何休《春秋公羊解詁》，高誘《戰國策注》《呂氏春秋注》《淮南子注》，趙岐《孟子章句》，王逸《楚辭章句》，馬融《孝經》、《論語》、《詩》、《易》、三禮、《尚書》、《列女傳》、《老子》、《淮南子》、《離騷》注，服虔《左傳》注等。

（二）漢代注釋的特點

漢代在注釋方面具有鮮明的時代特點，主要包括以下方面：

第一，注釋對象以儒家經典為主，並出現對於其他典籍的注釋性著作。西漢注釋多以經學著作為主，至東漢逐漸擴展至史書、諸子、文集等。如賈逵有《國語解詁》、高誘有《淮南子注》《呂氏春秋注》《戰國策注》，王逸有《楚辭章句》，文穎、如淳、鄭玄、杜子春皆有《漢書注》，河上公有《老子注》，應劭有《漢書集解音義》。

第二，注釋體例多樣化，注釋內容更為豐富、細緻。「鄭箋」不僅注經，且對注文作注，在注釋方面達到很高的水平。《楚辭章句》則採用韻文的形式為《楚辭》進行注釋。

〔註51〕　（南朝宋）范曄：《後漢書‧鄭玄傳》。

第三，語言學著作產生。漢代注釋之學興盛的標誌就是《爾雅》《方言》《說文解字》《釋名》「四大字書」的問世。

《爾雅》是我國最早的一部解釋詞義的詞典，是我國訓詁學的開山之作。後世模仿者眾多，產生了《小爾雅》《廣雅》《埤雅》《駢雅》《別雅》等系列著作，形成了「雅學」。「爾」，通「邇」，近也。「雅」，正也。「爾雅」之義即指近於標準語。其作者歷來說法不一，有人認為是孔子所作，有人認為是周公所作，現在普遍觀點認為是秦漢間之人所作，代代相傳，間有增益，非成於一人之手。該書分為「釋詁」「釋言」「釋訓」「釋親」「釋宮」「釋器」「釋樂」「釋天」「釋地」「釋丘」「釋山」「釋水」「釋草」「釋木」「釋蟲」「釋魚」「釋鳥」「釋獸」「釋畜」等 19 篇。前三篇解釋一般詞語，其餘解釋專門詞語。該書後世注本甚多，現存最早且最完整的當屬郭璞《爾雅注》。清人注本以邵晉涵的《爾雅正義》和郝懿行的《爾雅義疏》最為有名。

《方言》，原名《輶軒使者絕代語釋別國方言》，作者為西漢揚雄。《方言》是我國第一部方言學著作。今存 13 卷，所收的詞條經過後人增補，計有 675 條，一萬一千九百餘字。基本按內容分類編排。其注釋體例為先列通名，後列各地不同方言。如：

> 逢，逆，迎也。自關而東曰逆，自關而西或曰迎，或曰逢。
>
> 鬱，悠，懷，惄，惟，慮，願，念，靖，慎，思也。晉宋衛魯之間謂之鬱悠。惟，凡思也；慮，謀思也；願，欲思也；念，常思也。東齊海岱之間曰靖；秦晉或曰慎，凡思之貌亦曰慎，或曰惄。

據楊雄為獲取第一手方言資料，向不同地區的人們詢問，然後記錄下來。這種親身調研的方式與其他字書搜羅先代典籍不同，記錄的是當時正在使用的活語言。這種先進的觀念和方法在當時是難能可貴的。由於此書成就非凡，故被時人譽為「懸諸日月不刊之書」〔註52〕。此書較為有名的注本為晉代郭璞《方言注》、清代戴震《方言疏證》和錢繹《方言箋疏》。

《說文解字》，東漢許慎撰，是我國第一部按部首編排，第一部分析字形、說解字義、辨別聲讀的字典。全書 15 卷，收字 9353 個，重文 1163 個，共計收字 10516 個。首創 540 部首，依字形系聯漢字，開創了按部首編排漢字的體例。此書的解釋體例是先列小篆，然後釋義，並論述字形與字義、字音的關係。《說文解字》完整保存了小篆，是後人研究金文、甲骨文的橋樑。

〔註52〕（漢）揚雄：《答劉歆書》。

在《說文解字序》中，許慎提出了漢字的「六書」理論：

> 八歲入小學，保氏教國子先以六書。一曰指事，指事者，視而
> 可識，察而可見，上下是也；二曰象形，象形者，畫成其物，隨體
> 詰詘，日月是也；三曰形聲，形聲者，以事為名，取譬相成，江河
> 是也；四曰會意，會意者，比類合誼，以見指撝，武信是也；五曰
> 轉注，轉注者，建類一首，同意相受，考老是也；六曰假借，假借
> 者，本無其字，依聲託事，令長是也。

這是我國最早的關於漢字構造的系統總結。

《說文解字》原書早已失傳，現在流傳的為宋初徐鉉校定本，稱為「大徐
本」。清代說文學異常興盛，產生了說文「四大家」，分別是段玉裁（著有《說
文解字注》）、桂馥（著有《說文解字義證》）、王筠（著有《說文句讀》《說文
釋例》）和朱駿聲（著有《說文通訓定聲》）。

《釋名》，漢末劉熙作，是一部從漢語聲音的角度推求字義的著作。該書
對後代訓詁學「因聲求義」的發展有很大影響，同時也是研究漢語語源學的重
要材料，其體例仿照《爾雅》。

全書共八卷，按訓釋內容分為二十七篇，書中普遍採用聲訓方法釋義。如：

> 山，產也。產，生物也。土山曰阜；阜，厚也，言高厚也。大
> 阜曰陵；陵，隆也，體高隆也。

> 地者，底也，其體底下載萬物也。亦言諦也，五土所生莫不信
> 諦也。《易》謂之坤。坤，順也，上順乾也。

該書對於探究語源有極高價值。後世研究該書的重要著作有畢沅《釋名疏證》、
王先謙《釋名疏證補》等。

第四，打破門戶之見，出現集大成之作。在西漢及以前，學者大多專守一
經，謹守家法。至東漢，這一情況有所改變，出現了許多學貫群經的學者。如
賈逵「弱冠能誦《左氏傳》及《五經》本文，以《大夏侯尚書》教授，雖為古
學，兼通五家《穀梁》之說」，〔註53〕又能兼通各種典籍，被後世稱為「通儒」。
馬融不僅注《三禮》《孝經》《論語》，還為《老子》《淮南子》《離騷》《列女傳》
做注。鄭玄更是遍注群經，融匯古今。鄭注問世後，前人所做傳注大多被取代，
經學由此進入了「小統一時代」。

〔註53〕（南朝宋）范曄：《後漢書》卷三十六。

（三）漢代注釋興盛的原因

兩漢時期注釋興盛的原因主要包括以下三個方面：

第一，由於語言文字的演變，到了漢代，前人所著的典籍已經難以理解，故需要注釋來輔助理解。

第二，漢武帝罷黜百家，獨尊儒術，提倡文教事業，重視儒家經典，推動了注釋的繁榮。

第三，漢代設立五經博士，今文派與古文派為了爭奪政治上的利益，相互詰難。為了繁榮各自學派，紛紛對經典作出自己的解釋。

（四）漢代注疏的弊端

漢代學者在經學著作的注疏方面取得了相當成績，為後人研讀經文提供了重要參考。不過，漢代注經也存在一些弊病，茲略舉數端。

第一，學重師法，固守門戶之見。漢代經學分為不同派別，甚至同一經也分為數家，如《易》分為施、孟、梁丘三家，《詩》分為魯、齊、韓三家和《毛詩》。不同派別之間家法極嚴，固守門戶，從而形成了墨守師法、拘於儒經的特點，即使前人對經義的理解有誤也要曲為解釋。「師之所傳，弟之所受，一字毋敢出入。」〔註54〕

第二，漢代章句之學頗為繁瑣，「秦近君能說《堯典》，篇目兩字之說，至十餘萬言，但說『曰若稽古』三萬言」。〔註55〕離章斷句支離破碎，繁瑣使人厭棄，故漢以後章句之學逐漸衰落。

第三，附會陰陽災異。這種做法以今文派為代表。今文家說經往往摻雜讖緯，宣揚天人感應，即使鄭玄也難以避免：「鄭玄有參、柴之風，不能推尋正經，專信緯候之書，斯為謬矣。」〔註56〕

（五）漢代的文獻翻譯

由於我國地域遼闊，各地語言不同，在內部交流或對外交流中，翻譯尤為重要。

中國古代官制中，歷來都有負責管理外族、境內少數民族、外國事務的機構或官職。周代翻譯人員稱為「舌人」。秦代設典客，漢代有典屬國、客曹。以後歷代皆有類似的官職和部門。這些機構在處理事務時難免涉及到語言、文

〔註54〕（清）皮錫瑞：《經學歷史·經學昌明時代》。
〔註55〕《漢書·藝文志》注引桓譚《新論》。
〔註56〕（唐）姚思廉：《梁書》卷四十《許懋傳》。

字翻譯的問題。

這一時期，隨著佛教傳入，佛經翻譯興起，最為著名的翻譯家有安世高。

安世高，東漢末僧人，本名清，字世高，西域安息國人。於漢桓帝時來到中國，是中國佛教史上第一個翻譯佛經的僧人。在此之前中國處於口譯階段。其所譯佛經多屬於小乘佛教。「其先後所出經論凡三十九部，義理明析，文字允正，辯而不華，質而不野。」〔註57〕最著名的當屬《安般守意經》。

與安世高同時的支婁迦讖，又稱支讖，西域月支國人。與安世高不同，支讖所翻譯的基本都是大乘佛教的著作，如《道行般若經》《般若三昧經》和《首楞嚴三昧經》。支讖與其徒支亮、支亮之徒支謙合稱「三支」，三人皆精通典籍，博學多識，故當時人稱「天下博知，不出三支」。〔註58〕由於支讖所宣傳的大乘佛教思想與魏晉玄學的某些思想有相合之處，不僅推動了佛教的傳播，也對玄學的發展產生了影響。

這一時期翻譯活動的特點是皆為自發，規模較小。翻譯手法採取直譯，不注重文飾。為了順應中原文化，譯者引用儒家、道家術語來比附佛教名詞，藉以推廣佛教。由於譯者多非本土人士，中文水平較差，故優良的翻譯實屬少見。

二、魏晉南北朝隋唐五代的文獻校理

魏晉南北朝時期的三百多年間，中國只經歷了37年的大一統，其他時間戰亂頻繁，政權對立，社會各方面都受到沉重打擊，這種惡劣的環境中文獻校理依然有所發展。至隋唐時期，國家統一，百姓生活安定，文獻校理迎來了興盛的局面。

（一）魏晉南北朝隋唐五代文獻注釋概況

魏晉時期玄學盛行，其特點為援老莊思想解經。當時被玄學家奉為經典的是三玄，即《老子》《莊子》《周易》。玄學所討論的多為哲學命題，內容涉及本體論、認識論等。時人皆以清談為風尚，反以經世為俗物。這一時期的注釋之學很大程度上受此影響。

三國時王肅與鄭玄相對立，號為「王學」。王肅注《尚書》《詩》《論語》《三禮》《左傳》等。由於它是晉武帝司馬炎的外祖父，其所注諸經在晉代被

〔註57〕（南朝梁）釋慧皎：《高僧傳》卷一。
〔註58〕（隋）費長房：《歷代三寶記》卷五。

列為官學，一度壓倒鄭學。據詩經學大師黃焯先生研究，其詩學成就可能要高於鄭玄。

魏晉時期出現了不少高質量的注釋著作。魏何晏等撰《論語集解》十卷，《經典釋文》載：「何晏集孔安國、包咸、周氏、馬融、鄭玄、陳群、王肅、周生烈之說，並下己意為《集解》。正始中上之，盛行於世。」〔註59〕這是現存最早的《論語》注本。王弼有《周易注》《老子注》，其中《周易注》拋棄象數之學，專講義理，開一代學風。「《易》雜《老》《莊》而專明人事，則自王弼始。」〔註60〕東晉韓康伯繼王弼注《周易》。西晉杜預作《春秋左傳集解》，為現存最早、最完整的《春秋左氏傳》注本，全書共三十卷。東晉范甯作《春秋穀梁傳》集解，為最早的《穀梁傳》注本。吳國韋昭注《國語》。西晉郭璞注《爾雅》《方言》《山海經》《穆天子傳》。東晉張湛注《列子》。另有《莊子注》，題為西晉郭象注。

南北朝時期南北對立，南有宋、齊、梁、陳四朝，北有北魏、東魏、西魏、北齊和北周五朝。經學亦分南北，南北學術各有所長，南方學術重在文飾，北方學術勝於質樸。「大抵南北所為章句，好尚互有不同。江左《周易》則王輔嗣，《尚書》則孔安國，《左傳》則杜元凱。河洛《左傳》則服子慎，《尚書》《周易》則鄭康成。《詩》則並主於毛公，《禮》則同遵於鄭氏。南人約簡，得其英華；北學深蕪，窮其枝葉。」〔註61〕

南北朝時期也有一批足傳後世的注釋之作。北朝有北魏酈道元作《水經注》，此書三十多萬字，約是原著的三十倍，全書四十卷，在我國地理史上有著舉足輕重的地位，後來對於酈道元及其《水經注》的研究形成了一門專門的學問——「酈學」。南朝有劉宋裴松之作《三國志注》，為增補與考訂西晉陳壽《三國志》之作。裴注旁徵博引，博贍可觀，「經部廿二家，史部一百四十二家，子部廿三家，集部廿三家，凡二百十家。」〔註62〕《三國志》不載或記載簡略的很多內容都通過裴注保存下來，具有極高的史料價值。裴松之子裴駰著有《史記集解》，此書以東晉徐廣《史記音義》為底本，兼採經史及先儒舊說增益而成，為著名的《史記》三家注之一。梁代有劉孝標《世說新語注》，為

〔註59〕（唐）陸德明：《經典釋文‧序錄》。

〔註60〕（清）朱彝尊：《經義考》卷十。

〔註61〕（唐）李延壽：《北史‧儒林傳》。

〔註62〕裴注引書的數量一度成為學界關注的一重公案，很多學者都做過考證，當以王文暉所考為定論，詳見氏著《三國志成語研究》。

注解劉義慶《世說新語》之作，此書仿裴松之注《三國志》法，補闕存異，引書達四百餘種。皇侃撰有《論語義疏》十卷，在何晏《論語集解》的基礎上疏解經義，以《老》《莊》解經，為「義疏體」的代表之作。

隋唐時期，我國進入大一統階段，經濟社會各方面全面發展，學術也繁榮起來。

在這一時期，正義之體興起。鑒於唐初宗派林立，南北學對立，為了統一學術，解決經學混亂的局面以及選拔人才，唐太宗命孔穎達主持編纂《五經正義》，包括《周易正義》《尚書正義》《毛詩正義》《禮記正義》《春秋左傳正義》。此書在整合南北學時偏重南學，《周易》用魏王弼、晉韓康伯注；《尚書》為偽孔傳；《詩經》用漢毛亨傳、鄭玄箋；《禮記》用鄭玄注；《左傳》用晉杜預注。《五經正義》作為官方注釋，校勘精良，成為唐代科舉取士的標準，對後世影響很大。不過，此書嚴守「疏不破注」的原則，難免沿襲古人錯誤，以訛傳訛。

陸德明所撰《經典釋文》為注釋群經音義的重要著作，集漢魏六朝音訓之大成，共 30 卷，所注釋著作包括《周易》《古文尚書》《毛詩》《周禮》《儀禮》《禮記》《春秋左氏傳》《公羊傳》《穀梁傳》《孝經》《論語》《老子》《莊子》《爾雅》。以考音為主，兼訓字義，對前代的文字、音韻、訓詁具有總結性意義，深為後世推崇。唐代以後，多與十三經合刊。黃焯先生的《經典釋文彙校》用力甚深，足資參考。

（二）魏晉南北朝隋唐五代文獻注釋的特點

這一時期的注釋體例在沿襲的基礎上有所發展，出現了義疏、集解、音義等新的注釋體例。這一時期佛教發展迅速，受佛家講經影響，既注解經文、又注解傳文的義疏體產生。「正義」更是官方注解出現的標誌。東漢應劭「集解《漢書》，皆傳於時」〔註63〕，何晏《論語集解》、裴駰《史記集解》、李鼎祚《周易集解》均為集解體中的名作。音義類注釋著作也大量出現，以陸德明《經典釋文》為代表。

文獻注釋的規模進一步擴大，遍涉四部。經部有王弼《周易注》、孔穎達等《五經正義》、賈公彥《周禮疏》《儀禮疏》、徐彥《春秋公羊傳疏》、楊士勳《春秋穀梁傳疏》、唐玄宗《孝經注》。史部有韋昭《漢書音義》、徐廣《史記

〔註63〕（南朝宋）范曄《後漢書》卷四十八《楊李翟應霍爰徐列傳》。

音義》、裴松之《三國志注》、劉昭《後漢書注》、酈道元《水經注》、裴駰《史記集解》、張守節《史記正義》、司馬貞《史記索隱》、顏師古《漢書注》、李賢《後漢書注》等。子部有王弼《老子注》、郭象《莊子注》、成玄英《莊子疏》、楊倞《荀子注》、尹知章《管子注》、皇甫謐《鬼谷子注》、劉孝標《世說新語注》、陶弘景《本草經集注》。集部有郭璞《楚辭注》《子虛上林賦注》，皇甫遵《參解楚辭》，劉杳《離騷草木疏》，薛綜《二京賦注》，李善《文選注》等。

注釋方法有了進一步的發展。受梵文影響，反切注音法產生於這一時期，使字音的注釋更為準確可靠。裴松之《三國志注》、劉孝標《世說新語注》等注釋著作博引群書，備載異說，正謬補闕，創造以考核史料為主的注釋方法，與以往注重訓詁的注釋方式有很大不同，對後世注釋著作影響頗深。

（三）魏晉南北朝隋唐五代的文獻翻譯

佛經翻譯在魏晉南北朝時期得到發展，在隋唐時期達到頂峰。

魏晉南北朝時期玄學盛行，上層社會崇尚玄理，盛行清談之風，《老子》《莊子》《周易》成為時人研究的重點，號稱「三玄」。而佛教的「緣起性空」等觀點正與這種風氣相合。在普通百姓看來，佛教所提倡的慈悲、隱忍以期來世福報等觀點成為當時混亂時世中迴避現實的寄託。而統治者為了維持政權安定，也希望百姓忍受苦難，故大力推廣佛教。

這一時期較為著名的翻譯家有釋道安、鳩摩羅什、真諦等。

釋道安，晉代著名僧人、翻譯家，俗姓衛，常山扶柳（河北冀縣）人。前秦皇帝苻堅設立譯場請道安翻譯佛經，標誌著官方譯經開始出現，佛經翻譯由個人翻譯進入集體翻譯階段。釋道安是最早將梵文譯為漢文的翻譯家，提出了「五失本」「三不易」說：

> 譯胡為秦，有五失本也。一者，胡語盡倒而使從秦，一失本也；二者，胡經尚質，秦人好文，傳可眾心，非文不可，斯二失本也；三者，胡語委悉，至於詠歎，叮嚀反覆，或三或四，不嫌其煩，而今裁斥，三失本也；四者，胡有義說，正似亂辭，尋說向語，文無以異，或千、五百，刈而不存，四失本也；五者，事已全成，將更傍及，反騰前辭，已乃後說，而悉除此，五失本也。
>
> 然《般若經》，三達之心，覆面所演，聖必因時，時俗有易，而刪雅古，以適今時，一不易也；愚智天隔，聖人巨階，乃欲以千歲之上微言，傳使合百王之下末俗，二不易也；阿難出經，去佛未久，

> 尊者大迦葉令五百六通，迭察迭書；今離千年，而以近意量裁，彼
> 阿羅漢乃兢兢若此，此生死人而平平若此，豈將不知法者勇乎？斯
> 三不易也。〔註64〕

在這裡，道安解釋了譯經時五種導致譯文與原文不一致的情況以及造成翻譯困難的三種原因。

此外，釋道安的翻譯方式為「直譯」，主張翻譯應忠實於原著，反對輕改經文：「遂案本而傳，不令有損言遊字。時改倒句，余盡實錄也。」

鳩摩羅什，出生於西域龜茲國（今新疆庫車），我國三大譯經家之一。其父為天竺人。後秦皇帝姚興於弘始三年（401）迎鳩摩羅什入長安，以國師禮待之，並建立了規模宏大的譯場，令鳩摩羅什主持譯經。據《出三藏記集》記載，他先後譯經三十五部，共計二百九十四卷。尤以般若系的大乘經典和龍樹、提婆一系的中觀派論書為重點。其中「三論」（《中論》《十二門論》《百論》）為三論宗的主要依據；《成實論》為成實學派的主要依據；《法華經》為天台宗的主要依據；《阿彌陀經》為淨土宗所依「三經」之一。另譯有《大品般若經》《小品般若經》《金剛經》《維摩經》《楞嚴經》《大毗婆沙論》《大智度論》，著有《大乘大義章》《實相論》《通三世論》等。針對當時通行的翻譯方法，他說：「天竺國俗，甚重文藻，其宮商體韻，以入弦為善。凡覲國王，必有贊德見佛之儀，以歌歎為尊，經中偈頌，皆其式也。但改梵為秦，失其藻蔚，雖得大意，殊隔文體，有似嚼飯與人，非徒失味，乃令嘔噦也。」〔註65〕因此，他翻譯主張意譯，改變了自安世高以來古拙的翻譯風格，語言流暢，辭藻華美，便於中原人士記誦，廣為流傳。

真諦，印度優禪尼國人，精通大乘佛教。應梁武帝之請來到中國。譯有佛經 49 部，包括《無上依經》《十七地論》《攝大乘論》《俱舍釋論》等。

隋唐時期國力強盛，百姓生活安樂，統治者對宗教的政策較為開明，甚至大力支持，如隋大業二年，於洛陽上林園建翻經館。唐貞觀二十二年（648），太宗於長安大慈恩寺建翻經院，安置玄奘從印度請回的佛像、經卷、佛舍利等物，並供其翻譯佛經。由此，譯經事業進入頂峰。唐代的翻譯者多為本國人，又精通梵文，因此不僅在數量超越前代，在質量上更遠勝前人。這一時期著名的翻譯家有彥琮、玄奘、義淨、不空等。

〔註64〕（東晉）釋道安：《摩訶缽羅若波羅蜜經抄序第一》。
〔註65〕（南朝梁）釋慧皎：《高僧傳》卷二。

　　彥琮，俗姓李，邢臺隆堯縣雙碑人，唐代高僧。所著《辨正論》是第一篇關於翻譯的專論，提出了「八備十條」的觀點：

　　　　八備者，即：（一）誠心受法，志在益人。（二）將踐勝場，先牢戒足。（三）文詮三藏，義貫五乘。（四）傍涉文史，工綴典詞，不過魯拙。（五）襟抱平恕，器量虛融，不好專執。（六）沈於道術，淡於名利，不欲高炫。（七）要識梵言，不墜彼學。（八）傳閱蒼雅，粗諳篆隸，不昧此文。十條，即：（一）句韻，（二）問答，（三）名義，（四）經論，（五）歌頌，（六）咒功，（七）品題，（八）專業，（九）字部，（十）字聲。

　　在翻譯方法上，彥琮主張「寧貴樸而近理，不用巧而背源」，推重直譯。

　　玄奘，俗姓陳，名禕，河南偃師人。貞觀初前往印度求經，17年後回國，帶回佛經六百五十餘部。玄奘翻譯佛經十分刻苦，「三更暫眠，五更復起。」用19年時間譯經75部，1335卷，較為著名的有《大般若經》《心經》《解深密經》《瑜伽師地論》《成唯識論》。其中《成唯識論》成為唯識宗的主要典籍。此外，他還曾把《老子》和《大乘起信論》譯成梵語。玄奘開啟了佛經翻譯的新局面。自玄奘始，所翻譯佛經皆稱為「新譯」。

　　在翻譯理論上，玄奘提出了「五不翻」的原則：①秘密故，如「陀羅尼」；②含多意故，如「薄伽」，梵具六義；③無此故，如「閻浮」樹，中夏實無此木；④順古故，如「阿耨菩提」，非不可翻，而摩騰以來，常存梵音；⑤生善故，如「般若」尊重，「智慧」輕淺。即秘密之語；多義詞；中國所無之物；前人翻譯通行之詞；能喚起人尊敬心之詞，不得意譯，而當採取音譯。其所說的「不翻」，並非指不翻譯，而是不得意譯。

　　義淨，俗姓張，唐代僧人。曾西行至天竺求經，後回國譯經，以律部典籍居多。「其傳度經律，與奘師抗衡。」

　　不空，師子國（今斯里蘭卡）人，14歲來華，曾至天竺取經。自天寶至大曆，共譯經七十七部，一百二十餘卷，深受當時皇室禮遇。

　　至唐朝後期，由於戰亂頻繁，取經譯經事業逐漸衰落。

　　魏晉南北朝隋唐五代時期，文獻翻譯的特點表現在三個方面：

　　第一，譯經活動逐漸擺脫了私人小規模翻譯，開始大規模的集體翻譯。在南北朝時期，苻堅支持釋道安譯經。到了隋唐，譯經基本上都由官方主導。

第二，翻譯理論進一步發展。釋道安、彥琮、玄奘皆提出了系統的翻譯理論，對後代翻譯活動提供了指導。

第三，翻譯人員本土化。早期的譯經者主要為西域僧人，多由胡僧口授，中土人筆錄。至唐代，譯經多由中原人主導。

三、宋遼金元的文獻校理

宋代初年，為了防止武將專權，統治者推行重文輕武的政策。宋代歷任統治者皆重視文教，讀書人地位較高。宋代社會經濟發達，造紙術、印刷術的普及推動了書籍的傳播，宋代學術形成了繁榮的局面。由宋迄元，理學不斷發展並佔據主流地位，文獻校理受此影響，形成了獨具時代特色的文獻校理風格。

（一）宋遼金元的文獻注釋

北宋慶曆以來，學風不變，革故開新在思想界蔚然成風，兩宋學者遍注群經，他們打破了漢儒「疏不破注」的經學傳統，以「六經注我」的態度重新詮釋儒家經典。這一時期精於注釋的學者眾多，以朱熹為代表。朱熹的注釋之作有《四書章句集注》《詩集傳》《楚辭集注》《周易本義》等。《四書章句集注》為注釋《四書》的重要著作，共 26 卷，其中《大學章句》一卷、《中庸章句》一卷、《論語集注》十卷、《孟子集注》十四卷。該書是宋代理學與訓詁學的代表著作，打破了「傳以解經、疏不破注」的學術傳統，由訓詁以通義理。朱熹在書中闡明了自己的學術觀點，宣揚了儒家倫理與精神，建構起完整的理學體系。此書完成後，為歷代統治者所推崇。宋以後，元、明、清三朝都以此書為教科書和科舉考試的依據。

北宋時期，《孟子》升格為「經」，邢昺作《孝經注疏》《論語注疏》《爾雅注疏》，孫奭作《孟子正義》，「十三經注疏」最終形成。為了便於閱讀，宋人將以上十三部經典注疏及唐代陸德明《經典釋文》的注音合刊為一書，即《十三經注疏》。

兩宋較為著名的注釋著作還有很多，如經部有張載《橫渠易說》、程頤《易傳》、楊萬里《誠齋易傳》、楊簡《楊氏易傳》、蔡沈《書集傳》、呂祖謙《呂氏家塾讀詩記》、歐陽修《詩本義》、王安石《三經新義》、胡國安《春秋傳》等，史部有竇蘋《唐書音訓》、佚名《唐書音義》、董沖《唐書釋音》、徐無黨《新無代史注》、史炤始《資治通鑒釋文》、姚宏《戰國策注》、鮑彪《戰國策注》；子部有彭耜《道德真經集注》、董思靖《道德真經集解》、程大昌《易老通言》、

陳景元《南華真經章句音義》、王雱《南華真經新傳》；集部有洪興祖《老莊本旨》《周易通義》《楚辭補注》，郭知達《九家集注杜詩》、魏仲舉《五百家注音辨韓昌黎先生文集》《五百家注音辨柳先生文集》等。

宋代注釋學的特點：

第一，解釋經文往往援引佛道入儒。主張「六經注我」，即以六經來解釋自己的思想。重義理闡發，輕訓詁，以致遭到後人遊談無根、流於空虛的批評。北宋中期以後，疑古之風盛行，學者皆以此為風尚，多以己意注經，論證有據者則為少數。

第二，音韻學有進一步的發展。宋真宗時期編修的《廣韻》是我國歷史上完整保存至今並廣為流傳的最重要的一部韻書。此書全名為《大宋重修廣韻》，由陳彭年、丘雍等奉敕完成於大中祥符元年（1008）。此書由隋朝陸法言所著《切韻》和唐代孫愐所著《唐韻》增補而來，是研究中古音韻，推究上古音韻的重要材料。此書共五卷，分為 206 韻，按韻編排，分平、上、去、入四聲，收字 26194 個。此書廣為流傳，為時人寫詩作文時查找韻字的重要工具書。

第三，注音誤用叶音法。叶音指以改變字的音讀來使之合韻的方法。這種稱呼最早由朱熹提出，大量運用於《詩集傳》中。先秦兩漢時期的韻文皆採用上古韻部，隨著語音的發展和變化，後人閱讀這些文字時自然感覺音韻不和諧。為了使詩文合韻，宋人就人為改變字音。這種不顧語言發展事實而妄改的做法自然是錯誤的。在《詩集傳》中往往此字在一章葉某音，而在另一章則叶他音，毫無根據，自相矛盾。這種做法受到明人陳第的批判，後來逐漸被淘汰。

與宋朝對峙的遼、金分別為契丹族和女真族所建立，在與中原的交往中逐漸漢化，將儒家思想作為治國理念，以儒家經典作為科舉取士的依據。遼代僧人行均撰有《龍龕手鑒》，此書共四卷，收字二萬六千四百三十餘字。所收字分列於以四聲順序排列的部首之下，每一部首下又按四聲排列。每字下列出正體、俗體、古今字，仿唐代顏元孫所撰《干祿字書》體例。引文中不僅有佛教典籍，亦引《說文》《玉篇》等。

元代沿襲了宋代學風，推重理學，重義理而流於空虛。元代最為著名的注釋之作為胡三省《資治通鑒音注》。此書共 294 卷，為注釋《資治通鑒》之作。原仿《經典釋文》體例，後書稿丟失，再撰時不僅注音釋義，而且「凡紀事之

本末，地名之同異，川縣之建置離合，制度之沿革損益，悉疏其所以然」。此書前後耗時近三十載，博大精審，辨正《通鑑》記事之謬，糾正前人注《通鑑》之誤，並對歷史事件和人物加以評論，可謂《通鑑》之功臣。

（二）宋遼金元的文獻翻譯

後周世宗時期，為減輕國家負擔，周世宗下令禁止私自出家，故佛教發展受到打擊。趙匡胤建立宋朝後一改後周政策，支持佛教發展，對佛經翻譯直到了一定的推動作用。

宋太宗信奉、扶持佛教，在太平興國寺設立譯經院，請天息災等人入院翻譯佛經，還派人到益州開雕大藏經。宋太宗對佛教的態度基本為宋朝後世歷任皇帝繼承。宋代譯經家有法天、天息災、施護、法護（中印人）、法護（北印人）、惟淨、日稱、慧詢、紹德、智吉祥、金總持、天吉祥、相吉祥、律密、法稱等。據元慶吉祥《至元法寶勘同總錄》統計，宋代共譯大小乘經、律、論及西方聖賢集傳 285 部 741 卷。雖然宋代譯經數量不少，但對思想文化的影響不及唐代。

女真臣服於契丹，以契丹文為自己的文字。金國建立後，創造女真文。金世宗時，朝廷設立譯經所翻譯漢文著作，金章宗時設立弘文院翻譯儒家經典。當時的翻譯是由契丹文轉譯為女真文。廢除契丹文，才由漢文直譯。

遼國還曾翻譯、頒行了《史記》《漢書》《五代史》等中原史籍。

元朝作為少數民族入主中原，歷代元朝皇帝大多不識漢文，在治理廣大漢族地區時，通常依靠怯里馬赤來翻譯。元文宗設立了奎章閣，其下設藝文監，專門負責將儒家典籍譯成蒙古文字。這一時期主要翻譯為蒙漢互譯、用蒙文翻譯漢文以外其他文字、用漢文翻譯蒙文以外其他文字。由於印度佛教的沒落，譯經來源匱乏，到了元代，佛經翻譯進入尾聲，漸趨沒落。

四、明代的文獻校理

（一）明代的文獻注釋

明太祖朱元璋建國後，明朝政府承襲元代以程朱理學為正統的傳統，奉程朱理學為官方學術，以程朱注解為科舉考試的標準。至成化年間（1465～1487），科舉改變為八股的形式，內容從四書五經中選取，具有嚴格的寫作格式。明代王陽明繼承了陸九淵「心即是理」的思想，主張「心即理也」「心外無物」。心學末流學風空疏，所謂「束書不觀，遊談無根」。

　　明代有官修《四書大全》《五經大全》，胡廣等人奉敕編修，皆襲宋元之人舊說，良莠不分，故後世評價一般。

　　明代較為重要的注釋學著述有呂柟《周易說翼》《尚書說要》《毛詩說序》《春秋說志》，楊慎《檀弓叢訓》《古音駢字》《古音復字》《俗言》《石鼓文音釋》《山海經補注》，梅鷟《尚書考異》，焦竑《易筌》《老子翼》《莊子翼》，陳第《毛詩古音考》，姚舜牧《易經疑問》《書經疑問》《詩經疑問》《禮記疑問》《春秋疑問》，陳與郊《杜詩評注》《文選章句》，朱謀㙔《駢雅》，趙宦光《六書長箋》，郝敬《周易正解》《尚書別解》《毛詩原解》《周禮完解》《儀禮節解》《禮記通解》《春秋直解》《論語詳解》《孟子說解》，張自烈《正字通》，梅膺祚《字彙》，袁子讓《字學元元》，徐孝《合併字學集篇集韻》，呂維祺《音韻日月燈》，孫奇逢《讀易大旨》《書經近指》《四書近指》等。

（二）明代的文獻翻譯

　　與前代相比，明代文獻翻譯最鮮明的特點是科學著作的翻譯。

　　明朝初年，中原與周邊民族、國家在貿易與外交方面往來頻繁，為了培養翻譯人材，明朝設立四夷館。分為蒙古、女直、西番、西天、回回、百夷、高昌、緬甸八館，「置譯字生、通事，通譯語言文字」。四夷館是最早的為培養翻譯人材而設立的官方機構，主要負責翻譯朝貢國家往來文書。

　　後來，為了遏制倭寇侵擾，明朝實施海禁，對外交流愈發不便。至隆慶年間（公元 1567～1572）才解除。

　　萬曆年間（1572～1620），隨著西方傳教士進入中國，一批西方著作被翻譯到國內，其特點是西方傳教士與中國士大夫合作譯書。西方傳教士中最為著名的翻譯家為利瑪竇。利瑪竇是意大利的天主教耶穌會傳教士，其代表譯作有耶穌會士羅明堅所著《天主實錄》、與徐光啟合譯的歐幾里得《幾何原本》前六卷。他還將《四書》《五經》《資治通鑒》翻譯為外文。

　　中國士大夫中影響最大的翻譯家為「聖教三柱石」──徐光啟、李之藻和楊廷筠。

　　徐光啟，字子先，上海人，官至禮部尚書兼文淵閣大學士，著名科學家，學問涉及天文學、農學、軍事學、數學，著有《農政全書》。中國科技著作翻譯始於徐光啟，其翻譯著作有《幾何原本》《測量法義》《泰西水法》等，對我國古代科技史有重要貢獻。今天使用的數學術語「平行線」「三角形」「對角」「直角」「銳角」「鈍角」「相似」「幾何」等，都是他在翻譯《幾何原本》時創造的。

在 1631 年上呈的《曆書總目表》中，徐光啟提出「欲求超勝，必須會通；會通之前，先須翻譯」〔註66〕。這一理論闡明了學習西學的三大步驟，在當時極為難得。

徐光啟譯書是為了「裨民用」，他在《跋二十五言》中說：「先生所攜經書中，微言妙義，海涵地負，誠得同志數輩，相共傳譯，使人人飫聞至論，獲厥原本，且得竊其緒餘，以裨民用，斯千古大快也，豈有意乎？」

李之藻，字我存，浙江杭州人。李之藻與利瑪竇過從甚密，合譯了《渾蓋通憲圖說》《圜容較義》《同文算指》，又與他人合譯了《寰有銓》《名理探》等書。崇禎二年（1629），協助徐光啟編訂曆法。

楊廷筠，字仲堅，浙江杭州人。早年信奉佛教，後信奉天主教。譯有《職方外紀》等。

五、清代的文獻校理

（一）清代的文獻注釋

清代考據之風盛行，注釋之學復興，進入全面繁榮的階段。這一時期注釋學的特點是反對空疏學風，重考據訓詁，講求實事求是，注釋學體例上更為成熟和發達。

清代湧現出一大批高質量的注釋著作，舉其要者，經部有陳奐《毛詩傳疏》、馬瑞辰《毛詩傳箋通釋》、胡承珙《毛詩後箋》、劉文淇《春秋左氏傳舊注疏證》、焦循《孟子正義》、孫詒讓《周禮正義》、劉寶楠《論語正義》；史部有王先謙《後漢書集解》《漢書補注》；子部有孫詒讓《墨子閒詁》、郭慶藩《莊子集釋》；集部有王夫之《楚辭通釋》、王琦《李太白詩集注》、仇兆鰲《杜詩詳注》、趙殿成《王右丞集箋注》。此外，小學類有段玉裁《說文解字注》、桂馥《說文解字義證》、王筠《說文句讀》《說文釋例》、朱駿聲《說文通訓定聲》、王念孫《廣雅疏證》、王引之《經傳釋詞》；筆記類有王念孫《讀書雜志》、王引之《經義述聞》。

清代注釋學復興的原因：

第一，清政府文化政策的影響。清政府對士人思想採取鉗制政策，大興文字獄，如順治帝興文字獄 7 次，康熙帝興文字獄 12 次，雍正帝興文字獄 17 次，乾隆帝興文字獄 130 多次。這些文字獄往往斷章取義，羅織罪名，士人動

〔註66〕（明）徐光啟：《曆書總目表》。

輒得咎。在這種政治背景下，士人多不談國事，將精力投入到學術研究中。清政府為網羅人才，又積極發展文化事業，組織學者整理和編纂各類大型文獻，《四庫全書》即是一例，這些官方活動對注釋學的發展產生了推動作用。

第二，前代研究成果的積累。自先秦以來，我國注釋學經過長期的發展，出現了大批注釋學著作。清代學者能夠繼承以往成果，取其精華，推陳出新。

第三，清代語音學、訓詁學的進步。清朝古音學家輩出，古音研究更加精確可靠。清代學者認識到形、音、義之間的相互聯繫，主張因聲求義，從而在訓詁方面取得了遠超前代的成就。

（二）清代的文獻翻譯

清政府對翻譯較為重視，設立翻譯科，通過翻譯科科考選拔通曉滿蒙漢三語的翻譯人才。所翻譯的書籍不僅數量增多，而且種類多樣，既重視儒家經典、的翻譯，還涉及宗教、軍事、科技、小說等書籍的譯著，還編纂了不少滿漢翻譯辭書，《御製增訂清文鑒》《御製四題清文鑒》《御製清漢字對音字式》《御製翻譯名義集》《同文韻統》《兼滿漢字滿洲套語清文啟蒙》《翻譯類編》《六部成語》《清文補匯》《清文典要》《清文典要大全》《三合便覽》等。

晚清時期形成了中國歷史上又一次的翻譯高潮，以翻譯西學為主要特色。鴉片戰爭前，林則徐為瞭解西方情況，組織翻譯團隊，「日日使人刺探西事，翻譯西書」，翻譯的報刊有《澳門月報》《澳門新聞紙》《澳門雜誌》等，翻譯的書籍有《世界地理大全》《各國律例》《對華鴉片貿易罪過論》以及梁廷枏在海防書局收集的諸國稟件禁令等。林則徐被稱為中國近代史上「開眼看世界的第一人」。

隨著西方勢力的入侵以及鴉片戰爭的失敗，越來越多的中國人開始關注西方文化，大量西方著作被翻譯進來。這一時期的官辦翻譯機構有洋務運動時創辦的同文館和江南製造局翻譯館。

同文館於 1866 年由大學士奕訢奏請成立，為洋務運動的產物。同文館隸屬總理衙門，其職能是培養翻譯人才。館中教師皆聘用外國人。由美國人丁韙良擔任總教習。館員學成後大多擔任任政府譯員、外交官員和其他洋務機構官員。同文館也曾翻譯外國著作，如丁韙良翻譯美國人惠頓所著《萬國公法》。1902 年併入京師大學堂。

江南製造總局翻譯館成立於 1867 年隸屬於江南製造總局。其中代表人物有徐壽、徐健寅父子，機械學家、數學家華蘅芳，英國人傅蘭雅、偉烈亞力美

國人金楷理、林樂知、瑪高溫等人。據 1909 年翻譯館所編《江南製造局譯書提要》統計，該館先後共譯書 160 種，包括兵學、工藝、兵制、醫學、礦學、農學、化學、交涉、算學、圖學、史志、船政、工程、電學、政治、商學、格致、地學、天學、學務、聲學、光學等方面，其中著名的出版物有傅蘭雅、應祖錫合譯的《佐治芻言》等。

甲午戰爭後，洋務運動失敗。人們對西方的關注不再局限於技術層面，開始多方面地瞭解西方世界。這一時期最富盛名的翻譯家有嚴復和林紓，時謂「譯才並世數嚴林」。〔註67〕

嚴復，字幾道，福建侯官（今福州市）人，近代著名翻譯家、啟蒙思想家。早年入福州船政學堂，後留學英國，歸國後呼籲變法，提倡西學。曾任北京大學校長。其翻譯著作以西方哲學、經濟學、社會學、政治學為重點，將赫胥黎《進化論與倫理學》、斯賓塞《社會學研究》、亞當・斯密《國富論》、孟德斯鳩《論法的精神》翻譯為《天演論》《群學肄言》《原富》《法意》。這些著述均為近代西方思想家的代表作，在中國思想界風靡一時，影響甚大，起了啟蒙的作用。嚴復在翻譯方面的另一貢獻還在於提出了「信、達、雅」的三原則：

> 譯事三難：信，達，雅。求其信已大難矣，顧信矣不達，雖擇
> 猶不擇也，則達尚焉。海通以來，象寄之才，隨地多有；而任取一
> 書，責其能與於斯二者，則已寡矣。其故在淺嘗，一也；偏至，二
> 也；辨之者少，三也。〔註68〕

所謂「信」，即忠於原文，不可任意發揮、曲解原文。「達」，即文通意順，不使讀者產生閱讀障礙。至於「雅」，嚴復的原意是古雅，用漢代以前的字詞語法來翻譯，然而這種標準實施起來相當困難，頗受爭議，因此，後來的譯者對此進行了改造，理解為語言優美、文字典雅。此三字理論對後來的中國翻譯產生了深遠影響。嚴復還闡述了三個標準之間的關係：「《易》曰：『修辭立誠。』子曰：『辭達而已。』又曰：『言之無文，行而不遠。』三者乃文章正軌，亦即為譯事楷模。故信、達而外，求其爾雅。」〔註69〕即認為信、達為文獻翻譯的基本要求，雅應當以信、達為基礎。

林紓，字琴南，號畏廬，福建閩縣（今福州市）人。光緒八年（1882）中

〔註67〕　（清）康有為：《琴南先生寫〈萬木草堂圖〉題詩見贈賦謝》。
〔註68〕　（清）嚴復：《天演論》「譯例言」。
〔註69〕　（清）嚴復：《天演論》「譯例言」。

舉後,七次參加會試不第。1897 年開始翻譯法國小仲馬著《茶花女》,題為《巴黎茶花女遺事》,一時洛陽紙貴,在國內引起轟動。後陸續翻譯包括《黑奴籲天錄》(美國斯托夫人《湯姆叔叔的小屋》)、《魯賓遜漂流記》(英國笛福《魯賓遜漂流記》)等 180 餘部西方小說,其中世界名著有 40 餘種,是近代翻譯西方小說最多的翻譯家。其翻譯以辛亥革命為界大致可分為兩個時期,辛亥革命之前的譯著大多精到,辛亥革命後雖數量眾多,然質量遜色於前期作品。林紓精通古文,卻不通外文,故翻譯時由他人口譯,自己筆錄潤色成文。其翻譯手法多為意譯,每以己意刪改原文。又因翻譯不得不依賴旁人,因此時有舛誤,如將莎士比亞的戲劇翻譯為小說,將挪威易卜生的國籍誤作德國。儘管如此,林紓在翻譯上成就卓著,功不可沒,已為世人所公認。

六、近代的文獻校理

民國時期,隨著封建帝制的覆滅,整個中國社會都發生巨變,國家經歷戰爭,動盪不寧,民國學者總結了清人的訓詁學和注釋學理論,注釋方法更加科學化,較有影響的注釋著作有章炳麟《莊子解故》,黃侃《文心雕龍札記》,朱星《周易解詁》,楊筠如《尚書核詁》,盧弼《三國志集解》,程樹德《論語集釋》,楊樹達《論語疏證》《漢書窺管》,梁啟雄《荀子簡釋》,馬敘倫《老子核詁》,高亨《周易古經今注》《老子正詁》《莊子今箋》《韓非子補箋》,陳夢家《老子今譯》,劉文典《淮南鴻烈集解》《莊子補正》,許維遹《呂氏春秋集釋》,吳曾祺《國語韋解補正》,余嘉錫《世說新語箋疏》,駱鴻凱《楚辭集釋》,游國恩《楚辭注疏長編》,范文瀾《文心雕龍注》等。

民國時期,許多著名的作家本身也是翻譯家,如魯迅、郭沫若、巴金等。魯迅主張通過譯文改造語言,堅持直譯,提出「寧信而不順」的主張。郭沫若譯有《少年維特之煩惱》《浮士德》《戰爭與和平》等。巴金翻譯了《屠格涅夫中短篇小說集》《父與子》《快樂王子》等。朱生豪翻譯《莎士比亞戲劇全集》,文字典雅流暢,優美如詩。梁實秋也以翻譯莎劇聞名。傅雷致力於歐洲文學的翻譯,譯出《巴爾扎克全集》《約翰·克里斯朵夫》《名人傳》等作品。楊憲益與夫人戴乃迭將中國的古典名著翻譯為英文,推向世界,包括《紅樓夢》《儒林外史》《聊齋誌異》等,又將古希臘、古羅馬的戲劇譯為中文。其他著名的翻譯家還有冰心、林語堂、鄭振鐸、楊絳、蕭乾等。